年報 日本現代史 第 23 号 2018

新自由主義の歴史的射程

現代史料出版

特集にあたって

戸邉　秀明

驚きあきれるニュースの連続にも慣れてしまったかのような毎日。考えてみると、この状況はいったいいつから続いているのだろうか。日本の政治家や官僚の振る舞いばかりではない。いまやどの国でも、恣意的な政権運営や国家財政の私物化が常態化している。これがアベノミクスの末路か、もしやさらに底があるのか——生活者としての私たちの不安は尽きない。しかし他方で、この状況に対する絶望と非難が深ければ深いほど、分析抜きの責任者追及がくり返され、適確な宛所を持たない怒りの反響は、事態のいっそうの単純化と安直な「解決策」となって、私たちの社会に跳ね返ってくる。今日、この単純化の被害を被っている典型が、「新自由主義」という言葉＝概念である。

社会科学の分野ではもちろん、歴史研究でも、一九七〇年代以降の現代世界を「新自由主義の時代」と把握することが一般化している。しかしながら多くの場合、それは研究主体にとって漠然たる与件としてあるだけで、「世界史的趨勢」と大摑みに把握されはしても、二〇世紀後半を対象とする政治史・経済史等々の個別分析との連関は、必ずしも意識的に追究されていない。日本現代史の場合、一九七〇～八〇年代は、福祉国家の危機を迎えた英米による新自由主義改革とはなお異なる状況にあったと理解されることが多いため、なおさらである。これは大きく言えば、新自由主義という概念を、特定の「主義」を検出するための物差の役割を超えて、世界体制から民衆の生活意識までを底深く変容させていく動態的な構造を指す概念として鍛えていけるか、という問題に及ぶ。したがって課題は、優れて方法的かつ全体的である。ではこの課題に、歴史研究が貢献できる独自の役割とはなんだろうか。

本号の特集「新自由主義の歴史的射程」は、おおよそこのような関心から組まれたものである。その中心は、菊池信輝著『日本型新自由主義とは何か――占領期改革からアベノミクスまで』（岩波現代全書、二〇一六年、以下「本書」と略）をめぐって、本年一月二一日、年報日本現代史編集委員会と、歴史学研究会現代史部会、立教大学文学部史学科との共催で、立教大学にて行われた同題シンポジウムをもとに構成している。

菊池氏の本書は、日本において新自由主義のアイデアが、戦時統制期から二〇一〇年代まで政官財労の各界でどのように現れ、日本特有の反応として結果したのかを、具体的な政治過程に即して通時的にたどった作品である。その特徴は、第一に、市場への国家介入の是非を中心にして、長期にわたる産業・金融政策の政治過程、とりわけアクター間の志向性の相違とその変化を捉えたこと、第二に、英米の新自由主義的政策の展開との比較を念頭に置いて、日本の新自由主義の段階性を把握し、安倍政権の新自由主義の性格を明確にすること、の二点に集約されるだろう。

歴史研究で新たな解釈が提起されるには、それまで自明とされてきた時間や空間の枠組み（＝歴史的射程）を捉え返す必要がある。本書の魅力は、一貫した視点で長期の過程を語り直し、それによりごく最近の現代史を段階的に把握する視点を打ち出したところにある。新自由主義という言葉がインフレーションを起こして単純化される現状に向かって、現代における歴史的思考の意義と有効性を、新たな分析によって示そうとする野心作といえるだろう。

そこで私たち編集委員会では、専門や視点の異なる四名の方々から、本書をどのように読むか、また本書に触発されてどのような議論の展開がありうるか、批判的に論じていただくことで、現代史研究に関する新たな関心と議論を呼び起こしたいと考え、前述のシンポジウムを企画した。本号では、それら当日の報告をもとに、執筆・寄稿していただいた論考を掲載した。以下、登壇順＝掲載順に、簡単ながら紹介してみたい。

まずヨーロッパ現代史がご専門の小沢弘明氏からは、「新自由主義の時間と空間」と題して、本書の議論が置かれている世界史的な文脈を整理し、問題を「歴史的」に把握するための方法的視座が提起された。本書の「日本型」という表現を支点に、あえて挑発的な批判が繰り出されるが、新自由主義の歴史分析に必要な、さらなる思考の深まりを促そうとする小沢氏の意図は明確だろう。一八世紀以降の世界史をふまえた新自由主義の位置づけや、新自由主義時代ゆえの国家論の必要性といった論点は、続く各氏のコメントを位置づける地図の役割をも担っている。

次に、現代日本経済史の観点からいただいたコメントが、浅井良夫氏による「現代日本経済と新自由主義――経済史の観点からの考察」である。浅井氏は、前述した本書の特徴に対して、経済思想史の軌跡に関する深い理解を背景に、厳しい批判を加える。ここでは特に、具体的な論点を通じて浅井氏が指摘した叙述上の難点、すなわち一方の長期的視点、他方の段階性を打ち出すために、本書で一貫させた対立軸が、歴史分析の要となる画期性の意義をかえって減殺してはいないかとの批判の宛先は、本書の著者に限らないはずだ、という点だけを指摘しておきたい。

さらに、現代日本政治史の立場からは、源川真希氏に「現代政治史―都市再開発の比較政治史―の観点から」の応答をお願いした。今回は、東京、ニューヨーク、ウィーンにおける再開発をめぐる政治過程を比較し、同時代の日本の位置を明確にすることで、本書の描く段階性とその内実を検証する手法が採られている。その含意のひとつは、新自由主義的政策の具体的な実施主体は誰（何）か、という点にある。そこには国家論の新たな展開という課題が浮上しており、またそれは政治史・経済史等々に分立する研究体制の克服という難問にもつながっていく。

最後に、金井郁氏から「ジェンダー論の観点から――ケアと就業の関係に着目して考える」と題する批評をいただいた。一読してわかるように、本書には、ジェンダーの視点が弱い。金井氏はこの点を指摘するにとどまらず、労働や福祉をめぐる政策とその結果表れる雇用や家族の動態とを対置することで、日本の新自由主義の段階性という本書の仮説を批判的に検証している。福祉国家批判という新自由主義の志向性の要となる労働や福祉（さらには医療や環境）をめぐる政治的争点の分析を、いかに現在への根本的批判につなげるか。議論はここでも方法論に焦点を結ぶ。

　これらを受けた菊池氏による「コメントへのリプライ」では、本書執筆の動機と方法的含意があらためて示され、研究史の面での争点がより明確となっている。個々のコメントへの応答については、当然ながらこれで何か決着するものではない以上、このやりとりを、読者各自の分析を研ぎ澄ますための参考にしてもらえればと願う。

　当日はその後、会場との質疑も活発に行われた。寒い日和ではあったが、大学の内外を問わず、さまざまな分野と世代にわたる五〇名以上の参加者を得て、閉会まで良い意味での緊張が途切れずに会場を充たした。詳しい紹介の紙幅がないのは残念だが、右の各氏論考の指摘と重複しない範囲で、重要と思われる二つの論点を紹介する。

　ひとつは、新自由主義と新保守主義との関係である。本書によれば、日本は「ナショナリズムの動員による社会の安定化策が効果を発揮していない」、新自由主義と「新保守主義との結びつきが弱い」社会とされる。だが、具体的な分析に本書の紙幅が割かれているとは言い難い。ここで課題となるのは、新自由主義段階における象徴天皇制の機能と位置の解明である。この点は、一連の退位問題に煽られて活発化した感のある現天皇や皇后個人に関する諸研究によって代えられるものではない。安田常雄氏が「「天皇退位問題」と象徴天皇制――戦後思想史の視角から」（『歴史評論』第八一四号、二〇一八年二月）で指摘するように、それは日本における新自由主義時代の民衆思想の分析にとってなお枢要な論点であり、近現代史研究における天皇制論の豊富な蓄積が活かしうる側面でもあるだろう。

　もうひとつは、新自由主義の歴史をめぐる分析と叙述の方法にかかわる。本書は主に経済政策に関する政官財労の角逐を描き、各アクターにおける国家介入如何をめぐる志向性の相違を軸に、政策選択とその結果を描く手法を採っている。もちろんこれ自体は堅実な分析だが、本書が分析を集中させた中央政治におけるマクロな政策選択における新自由主義的志向性と、最終的に生活世界にまで立ち現れる新自由主義的な社会変動との間に存在する諸関係を、どのように分析していくか、それによりさらに緻密な現代史分析はいかに可能か、という問いが提起された。

では、これらの指摘=課題を受けて、私たちはどのような実証を進めれば良いだろうか。特集論文の沼尻晃伸「都市における水辺空間の再編――一九七〇～八〇年代の川をめぐる諸運動と政策」は、開発をめぐる争点の分析を通じて、シンポジウムで提起されたさまざまな論点と切り結ぶ。今日では新自由主義にもとづく開発事例として一括されてしまうものが、実際にはいかなる思惑とその合力によって現出したのか。市民運動、商工団体、行政担当など、多様な担い手によって水辺空間が新たな視線のもとに発見され、「利用」価値が捉え直される。その複雑な過程を解きほぐす作業は、過去に実在した選択肢とそれを阻んだ単線的でない過程を証すことで、敵対的な世界のなかでこわばった私たちの思考を柔軟にしてくれる。沼尻論文は、「新自由主義」という言葉こそ禁欲的に用いないものの、新自由主義がこの社会に立ち上がってくる段階性について、新たな論点を提起している。

以上の特集を契機として、新自由主義なるものの動態、あるいは「新自由主義の時代」の全体像を、いかに対象化するか、また歴史研究という視座に立つことが新自由主義分析=批判にとっていかに有効なのか、さらなる議論が興ることを期待したい。今日では菊池氏の本書のように学術出版の形態が多様化しているにもかかわらず、学会誌の書評の対象は、依然として浩瀚な上製本に偏り、多くの人を惹きつける論争を興すことができていない。また近年は大学院生の私的な読書会から学会の合評会まで、重要な作品（史料ではない）の読解を通じて、良い読み手を作ることで良い書き手を育てていくという、研究者コミュニティの重要な機能が失われつつある。本特集が、あえてシンポジウムの記録を中核としたのは、このような状況に対する向かい火の役目が果たせればとの思いからである。

そのほか、本号では、以下のように多彩な論考で誌面を構成することができた。

まず戦時期に関する小特集を組んだ。この「戦時期東アジアと帝国日本の空間」の主旨と発表の経緯については、小特集冒頭の「掲載にあたって」に詳しいが、安達宏昭「戦時期日本の国土計画と華北・蒙疆」、小林元裕「日中戦争と華北・蒙疆」、唐利国「戦時期日本における思想戦の展開――国内議論を中心に」の三論文によって、戦時期の日中関係に新たな検討が加えられている。いずれも従前の侵略史や近年の帝国史的な文化史とも異なる視角から、戦争で開かれた日中の〝交渉〟の空間で生じた角逐や日本側の矛盾を、綿密に把握しようとする試みである。

また今号では、二本の投稿論文を掲載することができた。保城広至「福田ドクトリンとＡＳＥＡＮ」は戦後外交史の領域において、大月功雄「総力戦体制と戦争記録映画――亀井文夫日中戦争三部作をめぐって」は戦時期の文化史の領域において、いずれも従来注目されてきた政策や人物の機能と意味を捉え直している。その結果、通説を事実のレベルで批判するだけでなく、批判の矢は通説の背後にある時代の思惑にまで届いている。味読していただきたい。

「研究動向」では、高田雅士氏に、一九五〇年代の文化運動に関する諸研究の検討をお願いした。多分野に散在する研究をまとめあげて丁寧に紹介したうえで、今後の課題が明示されている。興味深いのは、当該主題が近年隆盛する背景には、社会の分断によって「個と個が切断されていく」新自由主義の思想状況があり、それゆえに六〇年も前の「つながり」や「共同性」の真剣な模索に、新しい関心が注がれるようになったことである。私たちはここからも、新自由主義の時代に向きあう歴史研究の姿勢を読みとることができる。同時にそこから、社会運動にとって「文化」とは何か、それはいまどのようなかたちで可能か、という問いを現在に向かって受け取ることができるだろう。

恒例の「現代史の扉」では、吉見義明氏にご登場いただいた。吉見氏が築かれた研究の背後にある、生い立ちから研究の軌跡までが簡潔に綴られており、氏の研究の全体像をあらためてつかむための貴重な導きとなっている。

最後となったが、特集担当である私の不手際から、例年より刊行が遅れてしまい、早くから原稿を寄せてくださった執筆者、そして読者のみなさまに、ご迷惑をおかけしたことをお詫びしたい。結果として、年報にふさわしい豊富な盛り合わせの誌面構成にたどりつけたことで、お許しを願えれば幸いである。

新自由主義の歴史的射程　目次

執筆者紹介（掲載順）

小澤弘明［千葉大学教授］
浅井良夫［成城大学教授］
源川真希［首都大学東京教授］
金井　郁［埼玉大学准教授］
菊池信輝［都留文科大学准教授］
沼尻晃伸［立教大学教授］
吉見義明［中央大学名誉教授］
安達宏昭［東北大学教授］
小林元裕［東海大学教授］
唐　利国［北京大学副教授］
高田雅士［一橋大学大学院博士後期課程］
保城広至［東京大学准教授］
大月功雄［立命館大学院社会学研究科博士課程後期］

【シンポジウム】

菊池信輝著『日本型新自由主義とは何か』をめぐって

コメント1

新自由主義の時間と空間

小沢　弘明

はじめに

小稿が課題として設定するのは、新自由主義を「歴史的に」把握するための方法に関わる議論を提示してみることである。それは「日本型新自由主義」という問題設定に対する違和感を表明することでもある。

表1　古典的自由主義・社会的自由主義・新自由主義

時期区分	思想	運動	体制	帝国主義	グローバル・サウス
古典的自由主義	古典派経済学	営業の自由・自由貿易	資本の時代	自由貿易帝国主義	自由主義経済体制
社会的自由主義	「社会問題」の把握	社会（民主）（主義）運動	福祉国家	古典的帝国主義	輸入代替工業化
新自由主義	新古典派経済学	1940～70年代の「長征」	新自由主義国家	新帝国主義	新自由主義経済体制

一　新自由主義を「歴史的に」把握する

新自由主義の問題を歴史的に把握するためには、まず、新自由主義を同時代史的に体制から語るだけではなく、思想・運動・体制の総体として議論する必要がある。思想としては、一九三〇年代からの新古典派経済学や新自由主義の哲学の生成過程が問題になろう。前者ではハイエク、ミーゼス、フリードマン、後者ではポパーの分析が新自由主義の本質に迫るには欠かせない。また、一九四〇年代のモンペルラン協会の創設を始めとして、各国のシンクタンク等を通じて新自由主義が一九七〇年代に体制化し始めるまでの運動期を考察しなければならない。この過程を紅軍の大移動になぞらえて「長征」と表現する研究もある。そして、一九七〇年代以降、新自由主義国家が成立し、現代に至る体制化の局面がある。

［表1］に示したのは、一八世紀以降の自由主義の歴史的展開を、思想・運動・体制、および帝国主義の性格、グローバル・サウスにおける「受容」「対応」の性格について一覧にしたものである。ここには、新自由主義を語るには、自由主義の思想から考察を始めることが必要だという主張が表現されている。それは、新自由主義に対する批判が、しばしば、社会的自由主義（介入的自由主義）の再評価につなげられたり、新自由主義と古典的自由主義は異なるとして、古典的自由主義を救おうとする心根が見られたりすることへの批判を含意している。新自由主義についての議論の多く

は、しばしば自由主義内部の歴史的内戦として理解することができ、これまでの議論の枠組みは、あくまで自由主義という制約の内部に設定されているのではないか、というのがここでの主張である。

つまり、新自由主義を、単にその思想・運動・体制の問題として把握するのではなく、古典的自由主義、社会的自由主義との対抗と連続の問題と見ることが、現在の事態を理解する鍵となるのではないか。三つの自由主義は、前者の体制期に次の思想が準備されるという重層性を有する関係にある。また、新自由主義は単なる市場主義ではなく、市場（駆動）国家として、国家の果たす役割が大きいという議論も、ひるがえって、一九世紀の古典的自由主義においても、同様に自由主義国家の果たした役割が大きかったのではないか、という問題群の検討をうながしている。

同様に、新自由主義と新帝国主義との関係を歴史的に捉えるためには、自由主義が必ず帝国主義を伴うこと（古典的自由主義と自由貿易帝国主義、社会的自由主義と古典的帝国主義の相補性）の意味を検討することにつながるのではないだろうか。さらに、グローバル・サウスの対応の諸形態を考慮に入れれば、古典的自由主義の時代に植民地から脱脚したラテンアメリカ諸国がなぜ自由主義経済体制を受容したのか、社会的自由主義の時代に植民地から脱脚したアジア・アフリカ諸国はなぜ輸入代替工業化政策を採用せざるをえなかったのか、現代の新自由主義の時代において、グローバル・サウスはなぜ新自由主義経済体制という先進資本主義国の似姿をとらざるをえないのか、という問題を一貫した視点から分析することにつながる。こうして、新自由主義の把握は、必然的に一八世紀以来の世界史の把握全体に影響を及ぼすのであって、新自由主義の時代にのみ焦点を当てることは、新自由主義の理解それ自体を曇らせることになる。

表2　新自由主義の空間

地域	年号	新自由主義国家の成立
「周縁」の実験	1970	エジプトのサーダート政権（ナーセール主義の放棄）
	1973	チリのピノチェト政権（「もうひとつの9.11」）
中国	1978	改革開放体制への転換
英米の体制化	1979	イギリスのサッチャー政権（サッチャリズム）
	1981	米国のレーガン政権（レーガノミクス）
オセアニア	1984	ニュー・ジーランドのロンギ労働党政権（ロジャーノミクス）
日本	1982～87	中曽根政権（→90年代後半の橋本六大改革、00年代の小泉構造改革）
トルコ	1983	民政移管後の新自由主義化
ベトナム	1986	ドイモイ体制への転換
東欧	1989	新自由主義革命（「民主化」ではなく、新しい階級形成）
ロシア	1991	同上
インド	1991	中産階級の拡大と私有化（「民営化」ではなく）
ラテンアメリカ	1990年代	静かな革命と新自由主義的多文化主義
南ア	1991～94	新自由主義的解放（Neo-liberation、「民主化」ではなく）
イラク	2003	対テロ戦争＝戦争という手段による新自由主義化

二　新自由主義の空間を把握する

第二の論点は、新自由主義の空間をどう把握するか、という問題である。新自由主義を単に先進資本主義国の政治・経済体制と見るならば、資本主義や福祉国家の多様性論や型分析と同じことをしていれば良い。しかし、すでに述べたように、新自由主義が新帝国主義を不可欠の構成要素としていることは、新自由主義が世界体制の問題であることを示している。新自由主義の歴史を語るさいに、エジプトやチリといった「周縁の実験」から議論を始めるのは、それがたとえば英米の新自由主義の「序章」であるからではない。むしろ、「第三世界プロジェクト」の解体過程こそが新自由主義化の本質のひとつである、というのがここでの主張である。

［表2］に示したように、新自由主義国家の成立（体制期）は、一九七〇年代から二〇〇〇年代まで継続する長期の過程であると同時に、世界的過程である。それは一国史の出来事ではなく、新自由主義の制度化権力、たとえば、グローバライザーと呼ばれる国際機関（ＩＭＦ、世界銀行、ＷＴＯ等）

によって主導されている。これを非対称的権力と言っても良い（最近の研究では、もともとこれらを国際機関と見るのではなく、主要構成国による地政学的道具 Geopolitical Tools と見るものも現われている）。また、地域統合の動きも、EU、NAFTA、MERCOSUR、SAARC、ASEAN、NEPAD等、いずれをとっても、地域ブロックを通じた新自由主義世界体制への標準化・平準化という性格をもつ。

しかも、新自由主義化は、国民国家単位で進められるわけではない。メキシコのグアダラハラ、インドのベンガルール、スコットランドのシリコングレン、フランドルのバイオクラスター等々、国家内の地域が新自由主義化を先導し、新自由主義の世界と直結する事態も生じている。

新自由主義を世界史的に把握することは、個々の事象の評価を変更することにもつながる。たとえば、しばしば「民主化 democratization」という新自由主義の言語で語られていることの実態はどうか。東欧やロシアの体制転換は民主化ではなく「新自由主義革命」であったのではないか、南アのアパルトヘイトからの転換は民主化ではなく「新自由主義的解放」であったのではないか、イラク戦争は対テロ戦争という「戦争という手段を使用した新自由主義化」であったのではないか、いずれの地域も体制転換後の事態を目にすれば、「民主化」とは異なる把握が求められていると言って良い。

こうした状況を考慮に入れれば、事態を分析するためには、新自由主義の世界史が必要なのであって、新自由主義の日本史などいらない、ということになるのではないだろうか。

いま少し敷衍しておこう。新自由主義の日本史であれ、日本型新自由主義であれ、そこでは、新自由主義の世界を一国の政治・経済体制を規定する国際環境と見なす、あるいは、そうした新自由主義の時代における日本の特徴を把握する、という方法上の前提が存在する。これは、世界史は一国史の総和であるという考え方を反映している。日本の分析ののち、韓国の分析を行い、ついで中国、米国、英国、インド、ブラジル等々と一国ごとに分析していけば、全体像に到達するという立場である。また、別の言い方をすれば、ここでの新自由主義の世界史は、世界史マイナス日本史を意味しており、世界史はあくまで比較対象あるいは日本史を取り巻く環境にすぎないと考えられている。比較のための「材料」を提供するものとして理解されていると言っても良い。

もとより、このことは、「国家」の分析が不要だという主張ではない。新自由主義の時代こそ国家論が大きな意味をもつ。その点は次節で触れよう。

三　新自由主義の世界史と知識資本主義の世界史

新自由主義を一国の政治・経済体制と捉えるならば、二〇〇八年の金融危機を目にして、新自由主義の「破局」「終焉」「総括」を唱える言説が広まったことも理解できる。しかし、新自由主義の「奇妙な不死」(コリン・クラウチ)の要因は、むしろ新自由主義が資本主義自体の構造転換に支えられているからではないか、というのが私の提示したい仮説である。

また、冷戦体制の解体を見て、グローバリゼーションの時代の到来と国民国家の時代の終焉を語る言説も多く存在した。私自身、一九九〇年代前半には「国民国家の歴史的相対化」について語り、書いてきた。しかしそれから三〇年、国家の役割は減退しているだろうか。新自由主義の理念のひとつである「補完性原理」という点から見るならば、一方では国家の果たす役割は相対的に縮減されている。しかし、他方では、刑罰国家 penal state としての治安機能は増し、新自由主義国家の非自由主義国家 illiberal state としての性格も指摘されている。また、以下に述べる市場化権力やNIS(National Innovation System)の主体としての国家の権力はむしろ拡大していると見て良い。なぜか。

表3　知識資本主義の推進政策（例）

地域	知識資本主義の推進政策・官庁等
フィンランド	1993年から本格的なNIS政策
米国	イノベート・アメリカ（2004）、米国競争力法（2007）
英国	イノベーション・大学・技能省からビジネス・イノベーション・技能省を経て、ビジネス・エネルギー・産業戦略省（2016）へ
デンマーク	研究・イノベーション・高等教育省（2011）
ニュー・ジーランド	ビジネス・イノベーション・雇用省（2012）
バルバドス	教育・科学・技術・イノベーション省
カーボベルデ	高等教育・科学・イノベーション省
ナミビア	高等教育・科学・イノベーション省
中国	自主創新（イノベーション）型国家（2008）、国家知的財産権戦略綱要
韓国	大韓民国知識経済部（2008～2013）を中心とした知識経済化
インド	Indovationと呼ばれる知識経済への転換（2008）
UAE	石油経済から知識経済への転換（ビジョン2021）
カタール	石油・天然ガス経済から知識経済への転換（QNV 2030）

産業革命で始まった工業資本主義（産業資本主義）の時代は、一九七〇年前後から知識資本主義 knowledge capitalism へと移行しつつある。これは、主として知識や情報の差異を利用して資本蓄積を行う資本主義の新たな形態である。この変容は、知識経済、知識主導経済、ニュー・エコノミー、知識基盤社会、知識社会、無形資産経済 intangible economy など、さまざまな用語で呼ばれ、情報資本主義や認知資本主義といった諸概念もこれと関連している。「富はもはや工場・土地・機械にはなく、知識と技術にある」とは、世界銀行の言である。

［表3］に示したように、知識資本主義を支えるナショナル・イノベーション・システムの構築は世界的課題となっている。これは、国家が新自由主義の時代に知識資本主義の推進主体として、グローバル経済における競争主体となっているからである。この「国民競争国家」（ヨアヒム・ヒルシュ）としての国家の再定義こそが、国家権力の再強化の一因である。中国はすでに「科学技術は第一の生産力」「自主創新」「大衆創業、万衆創新」といった定義から発して、政策的に知識資本主義への転換を図っている。また、知識資本主義の中核に大学における教育・研究が据えられていることから、高等教育とイノベーションは直結するものとして理解されている。

表 4　日本の知財立国路線

年	事項
1995	科学技術基本法
1996	科学技術基本計画（目標17兆円、実績17.6兆円）
1998	大学等技術移転促進法（TLO 法）
1998	研究交流促進法の改正（産学共同研究に係る国有地の廉価使用）
1999	産業活力再生特別措置法（日本版バイ＝ドール条項）
2000	産業技術力強化法（TLO の国立大学施設無償使用）
2001	平沼プラン（「新市場・雇用創出に向けた重点プラン」）
2001	遠山プラン（「大学（国立大学）の構造改革の方針」）
2001	第二期科学技術基本計画（24兆円、21.1兆円）
2002	知的財産基本法公布
2003	知的財産戦略本部発足
2003	国立大学法人法
2004	国立大学法人化
2005	知的財産高等裁判所設立
2006	第三期科学技術基本計画（25兆円、21.7兆円）
2006	教育基本法改正（大学の役割として「社会貢献（産学官連携等）」を明文化）
2007	産業活力再生特別措置法等の一部を改正する法律案
2008	研究開発力強化法（議員立法）
2010	知的財産推進計画2010（知的財産戦略本部、以後毎年策定）
2011	第四期科学技術基本計画（25兆円）
2011	経済財政白書で「無形資産大国」を提唱
2013	知的財産政策に関する基本方針（閣議決定）
2013	知的財産政策ビジョン（知的財産戦略本部）
2013	新たな成長戦略～「日本再興戦略―JAPAN is BACK―」
2013	科学技術イノベーション総合戦略（以後、毎年策定）
2014	研究開発力強化法改正
2014	産業競争力強化法制定
2014	総合科学技術・イノベーション会議（CSTI）への改組
2016	未来投資会議設置
2016	第五期科学技術基本計画（26兆円）
2017	未来投資戦略2017―Society 5.0の実現に向けた改革―（閣議決定）

こうした理解が、日本に限らず、現代世界の大学政策の根幹にあることは言うまでもない。日本の知財立国論（二〇〇二年）や無形資産大国論（二〇一一年）の展開はこうした知識資本主義への転換を表現している［表4］。総合科学技術会議が総合科学技術・イノベーション会議に改称したり（二〇一四年）、惨事便乗型資本主義として福島イノベーション・コースト構想（二〇一七年）が法定化されたりするのも、こうした知識資本主義への展開を背景としているのである。

おわりに

以上、新自由主義を歴史的に把握するための基本的な視点、新自由主義と国家との関係に関する考え方などを端的に提示してきた。しかし、ここで触れることなく残った論点がある。それは、「日本型」という把握の妥当性を検証するためのいまひとつの視点としての、社会と文化に関わる論点である。新自由主義は、単なる政治・経済に関わる体制や政策ではなく、現代世界の人びとの生活を隅々まで規定している。新自由主義時代の文化や思想、言語や行動、労働・生業・再生産、環境や自然、こうした特徴的な論点を考察していくことによって、ますます「日本型」という問題設定が因習的であることが明らかになっていくのではないだろうか。

コメント2

現代日本経済と新自由主義——経済史の観点からの考察——

浅井　良夫

一　新自由主義と自由主義

（1）菊池信輝の議論

菊池信輝『日本型新自由主義とは何か——占領期改革からアベノミクスまで』は、戦時期からアベノミクスまでの約八〇年間の政治経済史を、自由と統制との対抗を軸に描いた著作である。新自由主義に関する文献は数多く出版されているが、日本の新自由主義を長期の歴史的視点に立って位置づけた文献は意外に少ない。本書の刊行は、時宜を得た企画だと言えよう。

本稿では、菊池の著書を素材に、新自由主義と経済との関係を論じる。最初に、『日本型新自由主義とは何か』の要点を示せば、以下のようになる。

一般に新自由主義とは、一九八〇年代にサッチャリズム、レーガノミクスが先鞭をつけ、九〇年代に英米で開花した「金融主導型新自由主義」を指す。そうした理解に立てば、九〇年代末に「金融主導型新自由主義」に移行した日本は、「新自由主義の後進国」とみなされることになる。しかし、日本はけっして、「新自由主義の後進国」だったわけではない。日本の新自由主義は、「金融主導型」ではなく、「製造業主導型」であり、移行した時期は英米とほぼ同じであった。日本が「新自由主義の先進国」たりえた理由は、歴史的に自由主義が強かったことに求められる。財界の抵抗、国民の忌避によって、戦時から今日まで、一度たりとも統制・計画経済が成功したことはなかった。通説では、日本は後発近代国家であったがゆえに、国家の経済への介入が強く、八〇年代まで「官僚統制型経済体制」が続いたとされるが、こうした理解は修正されなければならない。その後日本はバブル崩壊後の九〇年代後半に「金融主導型新自由主義」へ移行した。しかし、福祉国家の形成が未成熟な状態で推進された八〇年代の新自由主義改革は深刻な社会的歪みをもたらし、もはやそれを放置できない状態に至った。そのため、「金融主導型新自由主義」は本格的に展開されないままに、ポピュリズムと「新保守主義」に裏付けられた「二〇〇〇年代型新自由主義」（小泉内閣・安倍内閣）に移行することになる。

菊池の議論の特徴は、以下の三点に押さえることができよう。第一に、後発近代国家であったがゆえに官僚統制型経済体制が成立したという「通説」を批判する根拠として、自由主義の歴史的伝統を強調した点、第二に、英米と異なる一九八〇年代の日本の状況を説明するために、「製造業主導型新自由主義」という類型を設けた点、第三に、「小泉改革」を新自由主義改革の典型とする通説的な見解に対して、「金融主導型新自由主義」の頂点を橋本内閣期に求め、小泉・安倍内閣を「金融主導型新自由主義」の修正版と位置づけた点である。

以下、これらの論点を検討していきたい。

（2）日本には自由主義的伝統があったのか？

菊池が自由主義の伝統の強さを強調する裏には、渡辺治の新自由主義論を批判する意図がある。[1] 渡辺は、周知のように、新自由主義批判を精力的に行ってきた政治学者である。渡辺の議論は、私なりに要約するならば、次のように

まとめられる。(2)

新自由主義は、資本蓄積の危機に対する資本の打開策（＝階級権力の再確立）である。日本においては、資本蓄積の危機が一九八〇年代末まで顕在化しなかったために、新自由主義改革は英米よりも遅れて、細川政権期（九三〜九四）に始まった。日本で資本主義の危機が八〇年代末まで顕在化しなかった理由は、資本が労働者に対して妥協を迫られ、妥協の産物として福祉国家体制が成立するという西欧諸国で見られた事態が、日本では生じなかったことにある。また、「開発主義体制」に守られ、輸出主導型成長が実現できたこと、「開発主義」（＝保護主義）がグローバリゼーションを阻止したことも、新自由主義改革が九〇年代にずれ込む原因となった。

日本経済は戦前から一貫して自由主義的であり、官僚統制が貫徹しなかったと菊池が主張するのは、日本の官僚制の強固さを強調する渡辺の「後発近代国家仮説」では、官僚統制の打破を掲げて規制緩和を唱える新自由主義に有効に対抗しえないと考えるからである。

それでは、果たして菊池の議論は、新自由主義の規制緩和論に対する説得的反論たりうるだろうか？　チャーマーズ・ジョンソンの『通産省と日本の奇跡』（一九八二年）に描かれた官僚主導型の日本経済像は、数多くの批判にさらされ、現在ではもはや通説ではない。むしろ最近の学界では、資本の自律性を評価する議論が主流である。官僚による的外れの行政指導は企業の発展を促進するどころか、かえって阻害した、経営者は政府の干渉に逆らって企業家精神を発揮したために見事に成功を収めたのだ、という言説が有力になっている。西山弥太郎（川崎製鉄）の「神話」は、その顕著な一例である。(3)

菊池の評価の問題点は、経済的自由主義を、政府の干渉からの資本（企業）の自由に限定する点にある。それは結果的に、新自由主義者が好む、「国家」対「市場」の図式に嵌り込むことになる。そもそも歴史的に見れば、「国家」と「市場」は対立していたわけではなく、両者は補完関係にあった。たしかに初期のイギリスの産業資本は重商主義と対立したが、ひとたび資本主義が確立した後は、「国家」は「市場」が機能するための環境整備、市場メカニズムの維持に努めた。一九世紀に「安価な政府」が実現したのは、「社会」（中間団体）が統治機構の一端を担ったからであり、「国家」はけっして受動的・消極的だったわけではない。その後、一九世紀末に社会が機能不全に陥ったために、社会統合の要請から、「国家」が前面に押し出され、「介入的自由主義」に移行した。(4)

経済的自由主義が資本の国家の束縛からの解放と同義ではないとすれば、その本質はどこにあるのだろうか？　その本質は、価格メカニズムに対する絶対的な信頼にあると言えよう。経済的自由主義の根底には、市場の価格メカニズムを通じて公共の利益が図られ、社会秩序が保たれるという発想がある。経済的自由主義に立てば、価格メカニズムを歪める政府の介入、市場の独占、保護貿易主義はいずれも否定されるべきものである。独占に対して融和的なマネタリストのフリードマンであっても、少なくとも原理的には独占を否定する。(5)ところが、戦時下で鉄鋼統制会の理事を務め、戦後に八幡製鉄社長になった財界の有力者稲山嘉寛は、コスト・プラス・適正利潤の水準で生産者が価格を決定するのが正しいと主張し、「ミスター・カルテル」と呼ばれた。この主張は、経済的自由主義とはまったく異質である。資本主義である以上、戦時経済統制下であっても、経営者が自律性を主張するのは当然である。戦時期に、国家統制に対して自主統制を掲げた事実をもって、財界人が自由主義者であったとみなすことはできない。(6)

そもそも、近代日本の思想史を振り返っても、田口卯吉以外に、経済的自由主義者を探すのは困難である。この点は、一九三〇年代に台頭し、戦後ドイツの支配的経済思想となったオルド自由主義が工夫を重ねて、「競争」原理と両立しうるような形で政府介入と自由な市場が両立するの論理を組み立てたのとは大きく異なる。(7)

日本における自由主義の伝統的強さを強調する菊池の議論は、「自由」対「統制」という超歴史的な把握に陥り、古典的自由主義と異なる新自由主義の歴史的画期性を見逃すことになる。菊池の議論では、新自由主義の「新」の意味が不明瞭になってしまうように思われる。

二　自由主義と新自由主義

（1）新自由主義とは何か

新自由主義を、まず、私なりに定義しておこう。(8)

新自由主義とは、一九七〇年代半ばに現れ、八〇年代に世界に拡大した資本の反動である。高度成長が終焉した後、七〇年代に世界各国でスタグフレーション（インフレと不況の同時進行）が蔓延し、資本蓄積が阻害されると、マネタリズムを始めとする新自由主義は、修正資本主義体制（ケインズ主義的福祉国家）こそが元凶だとして攻撃を始めた。新自由主義が攻撃目標としたのは、ケインズ主義の二つの柱である、福祉国家システムと国際資本移動規制であった。

思想としての新自由主義の淵源は、一九三〇年代にまで遡ることができる。新自由主義は、社会主義とファシズムの台頭に危機感を抱いた自由主義者によって唱えられた思想であり、その嚆矢と目されるのが、一九三八年八月にパリで開催されたリップマン・シンポジウムであり、それは、第二次大戦後の一九四七年に創設された新自由主義者の国際的な組織モンペルラン協会に引き継がれた。新自由主義の歴史については、くわしくは、権上康男編著の『新自由主義と戦後資本主義』（日本経済評論社、二〇〇六年）に譲りたい。

新自由主義は、社会主義、ファシズムへの対抗思想として登場し、出発点においては反ケインズの運動ではなかった。しかし、市場の不安定性を強調し、価格メカニズムに全面的な信頼を置かないケインズ主義に、自由主義者が最初から対抗意識を抱いていたことは事実である。ケインズ主義の興隆期であった一九四〇～六〇年代には、いまだ陰に隠れた存在にすぎなかった新自由主義は、七〇年代ににわかに注目を集めるようになり、八〇年代にはアメリカ、イギリスで体制イデオロギーに上り詰めた。「リベラル」なケネディ、ジョンソン政権の福祉拡大政策をターゲットにした政治的なイデオロギー論争が展開される過程で、新自由主義は草創期に見られた多様なニュアンスを失い、反ケインズのアメリカ流の新自由主義に純化・収斂した。本稿の議論にとって重要なのは、このアメリカ流の新自由主義である。

アメリカ流新自由主義を、その甚大なイデオロギー的影響力の点から、マネタリストの経済学者フリードマンに代表させることは許されるだろう。その思想の特徴を示せば、以下のようになる。

第一は、「労働の独占」に対する激しい攻撃と、「産業の独占」に対する寛容の非対称性である。フリードマンは、「労働の独占」（＝労働組合）は、賃金価格を市場の水準から乖離させ、資源配分を歪めていると非難する一方で、「産業の独占」はつねに競争にさらされ、永続しえないので、その弊害は問題にするに足りないと擁護する。(9) フリードマンの思想に共鳴するシカゴ学派の反トラスト法学者たちも、自由競争を通じて形成された私的独占は無害であり、企業合同を制限する必要はないと主張している。(10)

第二は、ケインズの「大きな政府」に対する批判である。その批判の照準は、福祉支出に向けられた。フリードマンは、「現行の福祉政策の大半は、そもそも制定されるべきではなかった」、「福祉政策に依存させておくよりも、低賃金で魅力の少ない仕事であってもそれらの仕事に従事させるべきだ」と説く。(11) ただし、新自由主義者の間でも、「小さな政府」の実現方法については、金融ルール（財政のマネタイゼーションの防止）に力点を置くマネタリストと、財政ルール（均衡財政）を重視する公共選択論（ブキャナンら）との間には違いがある。(12)「財政再建」、民営化の中曽根政権で重用されたのが、公共選択論の加藤寛であったのはけっして偶然ではない。

第三は、ケインズ経済学に批判的であるにもかかわらず、マクロ経済政策を容認した点である。国内総生産（GDP）や物価指数などの一国規模の集計値であるマクロ経済指標にもとづくケインズ経済学（マクロ経済学）は一九三〇年代に始まるが、マクロ経済統計が先進諸国で整備されたのは第二次世界大戦後であった。その時にはじめて、マクロ経済学は実用の道具となった。(13) 従来の、各経済主体の経済活動を分析対象とする新古典派経済学は、マクロ数値にもとづくケインズ経済学とは根本的に発想を異にする。そのため、オーストリア学派のハイエクは、経済活動は個々の経済主体の行動なので、それを集計するのは無意味だとみなしており、ケインズ経済学のマクロ的発想に違和感を抱いていた。ハイエクにとっては、マクロ経済変数の操作は、人知の限界を弁えない傲慢不遜な行為であった。ところが、ハイエクの弟子を自認し、ケインズ批判では共同戦線を組んだフリードマンは、マクロ経済の概念を受け入れることで、師と袂を分かった。(14) フリードマンは、経済政策の恣意的運営を否定しつつも、マクロ的な数値にもとづく操作を認めた。フリードマンは、マネーサプライ増加率を一定に保つというルール(「k%ルール」)に中央銀行を従わせることを提唱した。ルールにこだわったのは、フリードマンの目には、「中央銀行の独立性」は少数のメンバーが金融政策を左右する裁量的システムだと映ったからである。(15) しかし、「k%ルール」もマクロ政策の一種であり、それをより弾力的なルールに置き換えてしまうこともできる。このように、フリードマンの経済政策についての考え方は、中央銀行の廃止を理想としたハイエクとは対極に位置する。(16)

(2) グローバリゼーションと新自由主義

一九七〇年代に新自由主義が台頭した根本的原因は、グローバリゼーションにある。それは、情報通信技術の飛躍的発展に裏付けられた金融のグローバリゼーションを核とする。それに対して、ケインズ主義的福祉国家を支えた国際的な枠組みであるブレトンウッズ体制は、「自由貿易」(17)(モノとサービスの移動の自由)と国際資本移動規制(カネの移動の制限)を組み合わせた国際システムであり、国際資本移動規制は各国が柔軟に経済政策を実施することを可能にする仕組みであった。

グローバリゼーションの起点は一九七一年のブレトンウッズ体制の終焉にある。一九六〇年代に始まった国際的な資本移動は、小さな穴が堤防を決壊させるようにして、金ドル本位制を崩壊させた。ドル本位制に移行した後には、各国は資本規制を次々と撤廃した。一九七四年にアメリカが資本移動規制を撤廃し、七九年にイギリス、八〇年代に日本や西欧諸国が続いた。こうして、金融のグローバリゼーションが一挙に動き始めた。

金とドルとの交換の停止によっても、ドルの優位は揺るがなかった。ブレトンウッズ体制の終焉後も、ドルの覇権を支える先進国（G5、G7）による体制が構築されたからである。アメリカの国内産業にとってはドル安が好ましいが、ドルの覇権を維持し、世界の資金をアメリカに集中させるためには強いドルが条件となる。そこで、アメリカはドル高是正策（プラザ合意など）とドル安是正策（クリントン政権期など）の間を揺れ動き、他の先進諸国は、アメリカと摩擦を引き起こしながらも、協調してドルを支えた。変動相場制に移行した後も、為替相場が市場で決まるようになったわけではなく、為替相場は政治の力と市場の力とのベクトルにほかならなかった（ダーティー・フロート）。

変動相場制が、国際的な資源配分を円滑にし、経済成長に寄与する効果を発揮するという当初の予想は裏切られ、変動相場制は投機的な短期資金移動の跳梁を招くことになった。一九八二年の中南米通貨危機、九四～九五年のテキーラ危機、九七年のアジア通貨危機、二〇〇七～〇九年のサブプライム危機と、世界経済はバブルと金融危機とが交互に出現する「バブル循環」の様相を呈した。(18) こうして、「バブル循環」は、ケインズ主義的福祉国家とは異なる、金融危機に対応するための新たなタイプの救済型の政府介入を必然化することになった。

欧米からアジアへの生産拠点の大移動は今後、国際通貨体制を変化させずにはおかないだろう。(19) その兆候の一つは、一九九九年に新設されたG20がG7に代わって主役になりつつあることに現れている。ドル体制は、ドル、ユーロ、人民元の複数基軸体制に取って代わられるという説もある。(20) また、ユーロに代表される地域的な通貨システムや通貨協定に、不安定化した国際金融市場を安定化させるサブ・システムとしての役割を果たすことを期待する向きもあるが、地域通貨協定はドル体制を崩壊させる要因も孕んでいる。

一九七一年の円切り上げ、七三年の変動相場制への移行、八三年の「日米円ドル委員会」への過程は、こうしたグローバリゼーションの流れの中に位置づけられ、日本は国際経済の影響から隔離された存在ではなかった。菊池の「一国主義的」で閉鎖的な一九八〇年代新自由主義像は、現実からやや乖離しているように見える。

三　日本における新自由主義

(1) 転換点としての一九七五年

一九八〇年代の日本を「製造業主導型新自由主義」と規定する菊池説を吟味してみよう。

バブル期までは「企業社会」、「企業国家」が盤石であったので、日本の資本主義は新自由主義を必要としなかったという渡辺説に菊池は批判的である。渡辺と菊池の相違は、一九七〇年代前半の状況に関する認識の差にある。大企業経営内部の労使の力関係を重視する渡辺は、「日本的経営」が八〇年代まで強化されていった側面を重視するので、七〇年代前半においては、日本型の大企業システムは微動だにせず、新自由主義が生まれる余地はなかったと考える。これに対して、菊池は、民間大企業労組は七〇年代初めまで、労働市場で規制力を持っていたととらえ、七〇年代初めの労働運動が資本に与えたインパクトを強調する。

私は、一九七〇年代前半は、日本経済が欧米と肩を並べる実力を持ったにもかかわらず、資本の側が強い危機感を持った時期と考える。六〇年代後半以降、消費者物価の高騰、公害、都市問題などの高度成長の歪みが一挙に噴き出し、「反大企業ムード」はかつてない高まりを見せた。「国民春闘」を掲げた労働組合の攻勢で、七四年には民間のベースアップ率は三三％にも達した。投機的な買い占めを行った大手商社のトップが国会に喚問され、追及される事態が起きた。「企業性悪説」の世論にさらされ、資本の側は防戦一方であった。自治体レベルでは、社会福祉政策の推進、公害対策の実施を掲げる革新自治体が相次いで出現し、三島・沼津を先駆とする地域開発反対運動が広がりを見せていた。これは、四六～四七年に次ぐ、戦後第二の資本の側の危機であった。ところが、「スト権スト」の中止で国労が全面敗北した七五年を境に、局面は大きく転換し、八〇年代の新自由主義の時代に突入することになった。渡辺は、企業内部の力関係の変化を重視するあまり、七〇年代前半の全体状況を過小評価する傾向がある。

日本では新自由主義に移行する条件が熟していなかったにもかかわらず、いわば予防的に新自由主義に移行したと解釈すべきだろう。早期の新自由主義への移行が可能であった理由を菊池は日本の伝統的な自由主義の強さに求めているが、私は、日本の労働者の組織力が弱かったからという単純な理由で説明できるだろうと考える。

（2）金融政策の政治化

一九九〇年代以降、とりわけ二〇〇〇年代に入ってから、金融政策（日銀の政策運営）が政治の争点になる、「金融政策の政治化」といった現象が生じている。その焦点は、ゼロ金利政策であり、インフレ・ターゲット論であった。この現象に、グローバル化時代の問題が集中的に現れているように思われる。

固定相場制の時代と較べて、日銀の金融政策が置かれる環境は二つの点で、大きく変わった。一つは、固定相場制の下では限定されていた政府の為替市場への介入が、大規模かつ頻繁になった点であり、もう一つは、世界的に金融危機が多発するようになった点である。この二つとも、金融グローバル化によって生じた現象である。これらの現象は、中央銀行が新たな役割を果たすことを促した。政府の外貨資金は限られているので、急速な勢いで拡大する国際為替市場に立ち向かう手段として為替介入は、誇張した表現を用いるならば、「蟷螂の斧」にも等しい。そこで、貨幣を創出する力を持つ中央銀行のバックアップが不可欠になる。また、金融の自由化とグローバル化によって、予想できない大規模な金融危機が頻発し、金融機関救済のための「最後の貸し手」としての中央銀行の役割がクローズアップされた。

「金融政策の政治化」のきっかけは、二〇〇〇年八月の速水日銀総裁によるゼロ金利の解除であった。上記の二つの点で、日銀と政府との間に齟齬が生じた。バブル崩壊後、一九九七～九八年の大手の金融機関が相次いで破綻する第二次金融危機が勃発し、全国銀行の不良債権はピークの〇二年三月には約四三兆円に達した。速水は、不良債権が膨らみつつある段階で、ゼロ金利解除の決定をしたとして非難をこうむることになる。その背後には、大蔵省がG7で取り付けた九九年九月の円高是正の合意と、速水の「強い円」（円の基軸通貨化）の理念にもとづく金融緩和消極論との摩擦があった[23]。

一九九八年に新日銀法が施行され、法律上は日銀の独立性が増したにもかかわらず、速水、福井、白川の三代の総裁が政治に翻弄されるという、日本の金融史上、かつてない事態が生じたのである。こうした中で、二〇〇〇年頃から「インフレ・ターゲット論」が力を増し、紆余曲折を経て、一三年一月に日銀の公式の政策として採用された。不良債権は〇四年度までには解消し、〇三～〇七年には景気も上向いたが、好況・不況にかかわらず、政府は一貫して、デフレからの脱却を政府の優先的課題に据えてきた。低成長・ゼロ成長を国難と称し、国民の危機感に訴える戦略があった。しかし、本来は景気の調節弁である金融政策に、成長のエンジンの役割を負わせようとした点に無理があり、黒田総裁一期目の五年間の実績はまさにそれを実証する結果となった。

菊池は、一九九〇年代の「金融主導型新自由主義」と、政府の介入なしに存続できない「二〇〇〇年代型新自由主義」とを対照的に描いている。新自由主義は変質を重ねた結果、現在の安倍内閣は「もはや新自由主義というよりも、「国家資本主義」や「新保守主義」と呼ぶに相応しい」と述べられている（二〇九頁）。しかし、金融グローバル化と政府・中央銀行・国際機関による救済政策とは補完関係にあるのだから、あえて九〇年代と二〇〇〇年代の新自由主義を区別する必要はない。この点でも、政府の介入と新自由主義とは相容れないという菊池の思い込みが窺われる。

四　おわりに

マネタリストの元祖であるフリードマン自身は、金融政策と物価水準との間には強い相関関係はないとして、インフレ・ターゲット論には批判的であった(24)。しかし、均衡財政・通貨安定を唱えていたマネタリストの日本の新自由主義者が、クルーグマン流の新ケインズ主義に宗旨替えしたことは、不思議ではない。新自由主義の本質は、グローバリゼーションの環境に適合した国内的・対外的な新たなシステムを構築することにあるからである。小泉、安倍内閣（第一次〜第四次）は、一九九〇年代とは異なる新自由主義と考えるよりも、九〇年代の新自由主義改革を一層推し進めたと見る方が妥当である。

一九八〇年代以来の実質賃金の傾向的低落、二一世紀に入ってからの雇用形態の不安定化という状況からは、一九世紀的な搾取制度（sweating system）の復活といった様相も見える(25)。

労働の面においては、ドラスチックな形で新自由主義が貫徹してきた。労働市場への市場原理の導入は、派遣労働の解禁と拡大から始まり（一九八五年労働者派遣法制定、九六年、九九年、二〇〇三年改正）、正規雇用の流動化へと広がっていった（二〇一八年働き方改革関連法の成立）。その結果、日本的雇用関係は変容し、雇用劣化はとめどなく進行しつつある(26)。労働分配率は一九八〇年以降傾向的に低落し、七三％から六一％（二〇一一年）にまで大幅に下落し（ＯＥＣＤ統計）、労働組合組織率はこの間に、三一％から一八％に低下している。

福祉の面では、家族・地域の相互扶助を謳う「日本型福祉国家」理念が掲げられた一九七九年以降、見直しが進んだ。老齢者の医療費一部負担（一九八二年）、国民年金制度の破綻を避けるための基礎年金制度の創設（八五年）、被保険者の医療費窓口負担の二割（九七年）・三割（二〇〇三年）への引き上げが実施されたが、「改革」の歩みは労働と較べれば緩慢である。他方では、介護保険法の制定（九七年）など、新自由主義改革とは異なる普遍的福祉の方向も模索されている(27)。福祉については、労働のように、大企業と中小企業、正規と非正規といった階層間の分断が深刻になっていないので、新自由主義的な改革を押しとどめる方向に国民全体の力が働いたと見られる。しかし、今後国民の分断が進めば、新自由主義改革が一挙に進む可能性も十分にある。

第二次世界大戦後に成立したケインズ的福祉国家体制は、市場原理と社会との妥協を図る「埋め込まれた自由主義」であった。しかし、それは先進資本主義国のみに有効なシステムであり、開発途上国は埒外にあった。現在の新自由主義をめぐる角逐は、グローバルに拡大した範囲での社会と市場との境界の新たな線引きの過程と見ることもできよう。

注

（1）本書では明示的に渡辺批判を行っていないが、この点については、赤堀正成・岩佐卓也編著『新自由主義批判の再構築』法律文化社、二〇一〇年、に収録された菊池らの渡辺・後藤道夫「開発主義国家」論批判の諸論稿において展開されている。

（2）渡辺治「日本の新自由主義―ハーヴェイ『新自由主義』に寄せて」デヴィッド・ハーヴェイ『新自由主義』作品社、二〇〇七年。

（3）米倉誠一郎「戦後日本鉄鋼業における川崎製鉄の革新性」『一橋論叢』第九〇巻第三号、一九八三年、ほか。

（4）高田実「ニュー・リベラリズムにおける『社会的なもの』」小野塚知二編著『自由と公共性―介入的自由主義とそ

の思想的起点』日本経済評論社、二〇〇九年。
（5）ミルトン・フリードマン（村井章子訳）『資本主義と自由』日本経済新聞社、二〇〇八年、第八章。
（6）菊池は、一九三〇年代までの日本資本主義をアングロ・サクソン型と見るのが通説だと述べているが（二頁）、アングロ・サクソン型は金融構造やコーポレート・ガバナンスに関する議論で、資本主義全体に及ぶものでなく、また、通説とも言えない。
（7）雨宮昭彦『競争秩序のポリティクス―ドイツ経済思想史の源流』東京大学出版会、二〇〇五年。
（8）もともとは、二〇世紀初頭に出現したT・H・グリーン、ホブソン、ホブハウスらの介入的自由主義が新自由主義と呼ばれていた。現在は、介入的自由主義をニュー・リベラリズム、ハイエク、フリードマンらの新自由主義をネオ・リベラリズムと呼ぶことが多い。
（9）ミルトン・フリードマン（村井章子訳）『資本主義と自由』日本経済新聞社、二〇〇八年、第八章。
（10）ロバート・ピトフスキー編（石原敬子・宮田由紀夫訳）『アメリカ反トラスト政策論』晃洋書房、二〇一〇年。水野里香「変化する市場への対応―反トラスト政策の変遷」谷口明丈・須藤功編『現代アメリカ経済史』有斐閣、二〇一七年。
（11）M&R・フリードマン（西山千明訳）『選択の自由』日本経済新聞社、一九八〇年、一九〇頁
（12）J・M・ブキャナン、R・E・ワグナー（大野一訳）『赤字の民主主義』日経BP社、二〇一四年。
（13）ダイアン・コイル（高橋璃子訳）『GDP：〈小さくて大きな数字〉の歴史』みすず書房、二〇一五年、第一章。
（14）ハイエクは、フリードマンの思想を批判しなかったことを後悔した（スティーブン・クレスゲ、ライフ・ウェナー編（嶋津格訳）『ハイエク、ハイエクを語る』名古屋大学出版会、二〇〇〇年、一八六―一八七頁）。
（15）フリードマンの議論の原点は、一九二九年の「大恐慌」を引き起こした原因を、当時のFRB（連邦準備制度理事会）の誤った金融政策に求めた実証的研究にある（ミルトン・フリードマン、アンナ・シュウォーツ（久保恵美子訳）『大収縮一九二九―一九三三』日本経済新聞社、二〇〇九年）。
（16）ハイエクは『貨幣発行自由化論』（一九八〇年）を著して、中央銀行による貨幣発行権の独占を否定し、貨幣発行の

民営化を提唱した。

(17)「自由貿易」とは、経常取引（貿易等）にかかわる為替規制の制限撤廃であり、実際に、すべての貿易制限が撤廃されたわけではない。為替制限の撤廃も先進国に限定され、途上国にも及んだのは一九九〇年代である。

(18) 伊藤正直『なぜ金融危機はくり返すのか』旬報社、二〇一〇年。

(19) 藤井彰夫『G20—先進国・新興国のパワーゲーム』日本経済新聞社、二〇一一年。

(20) バリー・アイケングリーン（小浜裕久監訳）『とてつもない特権』勁草書房、二〇一二年。

(21) 為替介入の決定権は財務省（大蔵省）にあるが、「日銀の為替介入」と呼ばれている。

(22) 各国の協調介入であればそれなりの効果を上げることは可能であり、単独介入の場合にも、条件が満たされれば短期的には為替市場の影響を与えることができる。

(23) 鯨岡仁『日銀と政治』朝日新聞出版、二〇一七年、六〇—六四頁

(24) FRBに不信感を抱くフリードマンは、インフレ・ターゲティングは金融当局（FRB）の自由裁量の余地を大きくするだけだと考えた（前掲、フリードマン『資本主義と自由』、一一六頁）。

(25) 竹信三恵子『正社員消滅』朝日新書、二〇一七年。

(26) 伍賀一道・脇田滋・森﨑巌編著『劣化する雇用』旬報社、二〇一六年。

(27) 宮本太郎『福祉政治』有斐閣、二〇〇八年、第五章。

コメント3

現代政治史―都市再開発の比較政治史―の観点から

菊池信輝著『日本型新自由主義とは何か』をめぐって

源川　真希

はじめに

なぜ都市再開発と政治なのか?

現在、大都市に限られる形で都市再開発が進行している。東京・都心区のすさまじい現状がそれを示していよう。現状の都市再生は、ハーヴェイがいうように、土地のもつ将来の利子の期待から引き出される資本の擬制的形態という性格を前面化しているものであり、一部大都市の再開発のみが進行するという不均衡な発展がみられる。(1) その意味で、都市再開発の検討は新自由主義の歴史的検討という点で有益だと思う。

菊池著作の問題提起は、一九八〇年代型、一九九〇年代型、二〇〇〇年代型という歴史的過程として新自由主義を把握した。一九七〇年代~現在の都市政治は、経済成長のなかのケインズ主義的福祉国家とアーバン・リベラリズム、社会都市ないしは革新自治体から、経済成長鈍化と国・自治体の財政危機を経て、「小さな政府」と企業都市への転換がみられる。

菊池は、日本においては社会党を含め政府による経済介入が忌避されたという前提のもとで、高度経済成長ののち、製造業優位・開発主義の行き詰まりのなかでの新自由主義的政策が登場し、展開（一九八〇年代）し、世界的な金融改革のなかで本格的新自由主義政策（一九九〇年代）、政府の経済介入による新自由主義政策（二〇〇〇年代）が展開するという。

本稿の視点と構造

本稿では、日本の都市再開発と政治という観点から菊池の見解を検討する。都市再開発政策は、一九六〇年代後半に法制整備がなされる(2)。その際一九六八年の自民党都市政策大綱が重要で、ここで都市再開発政策が地方開発と一体のものとして位置づけられた。後者は「日本列島改造論」として国土開発の主流となった。他方で政策大綱の基調は民間活力の利用であり、都市再開発法（一九六九年）のなかにもディベロッパーの活用が盛り込まれた。地方開発への財政措置の一方、民間資金を動員し利子分について政府が負担するという方式である。これは、財政悪化と国債累積のなか一九八〇年代中曽根民活のもとで展開した(3)。

この歴史は菊池の段階論と一致する。とはいえ、ここで議論したいのは、新自由主義を進めた主体は何か、ということを考えることである。菊池は財界研究の専門家であり、財界がどのように市場化を進めようとするか、ということは、本書の随所でふれられている。しかしながら、資本の圧力が、どのように政治主体に作用し、いかなるメカニズムで、新自由主義的政策が選択されていくのかということについては、もう少し議論したいと思う。ここでは、都市再開発の政治史を中心に議論の素材を出してみたい。

そこで筆者は、日本における都市再開発と政治の展開過程を東京を中心に概観し、比較のための事例として諸外国の都市政治、アメリカの都市とオーストリアのウィーンのあり方にふれる。特に、資本と政治権力の関係に着目しながら、やや強引に整理して、各都市における新自由主義推進のパターンを提示する。

一　日本における都市再開発と政治

高度経済成長期～低成長期の東京の都市再開発

まず高度経済成長期から一九九〇年代までの東京の政治史を概観する(4)。一九六〇年代後半～七〇年代の美濃部革新都政では、高度経済成長を背景とした所得再分配の強化、国に先んじた福祉政策・公害対策の展開がみられた。しかしオイルショック後の経済成長鈍化のなか財政難に陥り、一九七九年に自民党などが擁立した元自治官僚鈴木俊一が当選する。鈴木は行政改革等により財政赤字を解消した。その後バブル経済による都財政安定化のなか一九九〇年代なかばまで都政運営を担う。青島都政を経て一九九九年誕生の石原都政は、国レベルの構造改革・都市間競争に対応した行政を行い、こうした都政の基調は以後も継続していく。

高度経済成長期から一九八〇年代の都市再開発に目を移そう。一九六〇年代後半は、都市再開発法制定などにみられるように、その後の再開発を進めるための法制が整備された。しかしこの時期、都市再開発が進んだわけではなく、国土開発の軸足は工業化と地方開発であった。一九七〇年代には列島改造政策とインフレのなか過剰資金が土地に流入し地価高騰があらわれていく。そのなかで、革新自治体は民間主導の都市再開発に対抗的であった、東京の大規模再開発プロジェクトは、工業の地方分散により生じた空間を対象としたものであった、例えば江東防災拠点整備がある。その他、西新宿の開発もこの時期である。また一九七〇年代には、開発における市民参加促進が美濃部都政により政策的に後押しされていった。

続く一九八〇年代は中曽根民活と臨海副都心開発の時代と概括できる(5)。この時期は、自動車輸出などをめぐる対米経済摩擦・国債累積が問題化し、従来の産業構造の見直しが必要とされた。そこで都市再開発政策は、お金のかからない「民間版ニューディール」として財界から強い要請があった。中曽根内閣は民活路線を打ち出し東京の再開発を政府主導で進める。他方で東京都は、臨海（部）副都心開発を独自に進め政府と微妙に対抗関係が生まれた。一九八〇年代後半、土地基本法制定により投機的な土地取引に歯止めをかけようとしたが、政府・都の再開発のなかで地価高騰がみられた。

一九九〇年代以後の展開〜不良債権処理から都市再生へ

都庁新宿移転完了（一九九一年三月）の頃、バブル経済崩壊・税収落ち込みが起こり、臨海副都心での世界都市博覧会開催も批判を受けた。一九九五年の知事選では都市博開催中止を唱えた青島幸男が当選し、中止の決断をした。一方、彼は「生活都市・東京」を打ち出した。(6)

その頃バブル崩壊・地価下落で、企業・金融機関は不良債権を抱えた。とはいえ一九九〇年代中・後期に、一九九〇年代型新自由主義が展開し、橋本内閣六大改革の一つとして金融システム改革も進められた。そして、不良債権化した土地は、民間都市開発推進機構（民都。もとは東京などを除く地方開発の金融的援助のため設置）を活用・処理した。企業等の土地を購入、企業は自己資金でその土地で事業を展開し、企業が一〇年後に優先的に買い戻すことができるというものであった。

一九九〇年代末になると、経済全体の構造改革が開始する。そのなかで都市再開発は、経済を牽引する手段として重視されていった。二〇〇二年の都市再生特別措置法制定は、産業空洞化に対応する経済活性化の役割を担った。(7)まさに政府の積極的な介入（二〇〇〇年代型新自由主義）であった。そのなかで、石原都政は環状メガロポリス構想を打ち出した。同構想は都心への集中を促すという点で、鈴木都政の時代の多心型都市構造からの転換であり、都内にいくつかの拠点を配置しつつも、センター・コア（都心区）での再開発を重視したものであった。(8)これは政府主導の緊急都市整備区域とも重なっている。

さらに、二〇一一年には民主党政権下で総合特別区域法が制定され、産業の国際競争力強化・地域活性化施策の総合的・集中的推進をはかる。閣議決定で基本方針決定がなされ、国際戦略総合特別区域などが設定されていった（例：東京都によるアジア・ヘッドクォーター特区）。二〇一三年第二次安倍内閣で国家戦略特別区域法を制定し、国・地方公共団体・民間が三位一体で取り組むプロジェクトを対象に規制改革を行うこととした(9)。

二　参照事例としての諸外国の都市

アメリカの都市政治

東京の事例の意味を考察するため、一九七〇年代～二〇〇〇年代のニューヨークなどアメリカの都市に若干ふれ、さらにオーストリアのウィーンについて、おもに既存の研究をもとに検討する。

アメリカでは一九六〇年代以後、アーバン・リベラリズムと概括される都市政治、すなわち都市を社会政策と社会的公正の遂行の実験室とする努力にもとづく政治が行われた。ニューヨークでは、一八六〇年代、民主党系の利益配分構造（タマニーホール）が生まれた。ビジネスと結合し、かつ社会福祉給付が政治的動員の手段として利用された。共和党系も独自の支持基盤獲得のため社会福祉の拡充を行った。これが戦前までのアメリカ都市政治の枠組をつくった。戦後、国政レベルにおいては、特に一九六〇年代にジョンソン政権が「偉大な社会」を打ち出し、社会福祉の重視の姿勢がみられていく。それは都市政治にも反映した。ニューヨークでは、一九六六年にリンゼイが共和党から出馬して市長となり一九七三年までつとめた。彼のもとで社会福祉政策が展開された。この時期のアメリカの都市政治のあり方をアーバン・リベラリズムと呼ぶ。これはビジネスとの協働を維持しながら福祉などの都市社会政策を推進した。以後、ニューヨークでは民主党系市長が続くが一九八〇年代から性格が変化し、社会福祉政策の大きな転換をみたのが一九九三年の共和党ジュリアーニ市政であった。(10)

アーバン・リベラリズムの衰退

ブリンクリーによれば、アーバン・リベラリズムは、経済成長と労働者の権利保護・社会福祉政策に尽力したが、一九七〇年代後半、新保守主義による攻撃を受け、さらにリベラリズムそのものの論理としての人種的公正・人間的自由などの争点には弱い構造をもっていたことから衰退したとされる。(11) これは文化史的説明であるが、政治経済の面からいえば、アーバン・リベラリズムの所得再配分的志向と、ビジネスに良好な環境を作るという二つの課題の両立が困難になったことを考えなければならない。

またハックワースによれば、都市政治の変容をめぐって資本の攻勢が強調される。(12) 一九七〇年代、都市財政危機が発生し起債に依拠する財政となるが、そこで格付け会社の査定が大きな意味をもち、ネオ・リベラルな基準が自治体運営に大きな影響を与えた。ニューヨークでは、公的予算が金融・保険・不動産（FIRE : finance, insurance, real estate）の産業基盤形成にまわされ、社会サービス費が削減され、一九九〇年代には都市は企業としてふるまうべきという考えが共有されていった。そのなかで、格付け会社のムーディーズは、伝統的なケインズ主義や労働組合へのシンパシーが、市財政構造の未来にとって脅威となるという、政治的な方向付けを行うような主張もしたという。

ウィーンの事例

オーストリアでは一九一九年に社会民主党が勝利し、ウィーンでも同党が多数を制した。一九二〇年代には、福祉・保健・住宅整備や独自の教育政策などが展開した。(13) これが「赤いウィーン」である。第二次世界大戦後の国政においては、社会党（一九九一年に社会民主党と改称　SPÖ）が大きな影響力をもち、国民党（人民党とも訳されるÖVP）と連立政権を組み、一九七〇〜八三年にはクライスキーが社会党単独政権を指揮した。以後一時期政権から離れることもあったが、二〇一七年の政権交代まで社民党は与党として政権を担った。そのなかで一九九〇年代、自由党（FPÖ）はイェルク・ハイダーのもとで失業問題・外国人問題を争点に勢力を拡大していく[14]。社民党は緑の党の誕生や、自由党の強大化で相対的な地位を落としていった。

第二次世界大戦後のウィーンの市政構造をみると[15]、一九七〇年代に市議会選挙で社会党は六割の得票率を誇った。その後、緑の党の結成や自由党の躍進のなかで、社民党の得票率は四割台に落ちたが現在に至るまで相対的優位は続いている。市長は社民党のホイプルが約四半世紀つとめ、二〇一八年五月下旬に同党のルートヴィヒに交代した。

「赤いウィーン」の終焉

このような社民優位が長く続いたウィーン市政であるが、二一世紀のはじめに「赤いウィーン」（この場合戦後史における社民優位のこと）の終焉が議論された[16]。「終焉」は、特に都市再開発政策を通してあらわれた。公共住宅建設についていえば、一九二〇年代から労働者向けの共同住宅が建設されており、これは一九九〇年代まで取り組まれ、市民の住宅環境の整備に寄与した。財政面では、第二次大戦後、中央政府に財政的に依存した住宅供給が行われ、政党と協同組合を軸とした住宅供給となった。

戦後オーストリアではネオ・コーポラティズムと概念化される政治経済体制が機能していた[17]。これは労働組合と経営者団体などの協力という観点から、社会パートナーシップとも呼ばれる。戦後、労働組合と経営者団体などによる賃金・物価抑制のための協議が行われ、一九五七年にはこれが正式かつ永続的な機関である「賃金と物価に関する同権委員会」となった。ここには商業会議所、農業会議所、労働者会議所、労働組合総同盟が利益団体として位置づけられた。委員会では利益団体代表による協議が行われ、経済成長と完全雇用の実施、それに物価の安定に寄与した。またこれと関連して、戦後おもに政権を担った国民党と社会党の間で、連邦政府・州政府、国営企業、それに公共施設・マスメディアなど半公共的事業において、総選挙の結果に従って両党から比例配分によって人事を行う制度(プロポルツ)が存在した。

このような政治経済体制のもと、ノヴィらによれば住宅供給においてはおもに社会党(社民党)のトップダウン型利益配分が行われた。[18] この住宅供給に移民などは包摂されなかった。一九八〇年代の規制緩和で民間ディベロッパーによる都市再開発が開始し、ディベロッパーが住宅分野にも台頭していった。

また一九九〇年代から二〇〇〇年代にかけて、ネオ・コーポラティズムは崩壊していった。[19] そもそもこの利益政治の形態は、政府・経営者・職能団体・組織労働者を軸としたものであるが、法曹家・医者などの専門職は組み込まれていなかった。また問題となったのは就業者のうちでも非正規労働者などが排除されることであった。こうした排除と貧困化に対する対応はなされなかった。一九八〇年代には経済成長の鈍化により利益政治の前提条件が変化していった。またEU加盟(一九九五年)は、国民国家レベルでの行動の自由に制約をもたらし、これまでのような諸団体の協議による賃金や商品価格の決定を困難化させた。こうして同権委員会などの機能が低下し、さらに社民党・国民党支配による政治経済体制は、一九八〇年代後半から自由党などに激しく攻撃された。

特に国民党と自由党の連立政権時代(二〇〇〇〜〇七年、なお二〇一七年一二月から再び両党の連立政権となる)に、社会パートナーシップは大きく変容した。それも経営側が労働組合側より優位に立つ形で、従来型の交渉のあり方を変え、そのことは雇用削減・賃金水準の低下などにあらわれている。それに伴い、従来はストライキがほとんど起こらなかったオーストリアでも争議戦術に対する考えが変化しているという。

再開発をめぐる政治

以上のような政治経済体制の変容と同時に、都市再開発が活性化した。特にドナウ・シティ（Donau City）という、ドナウ川河畔再開発プロジェクトが、社会パートナーシップの変容とも関連して重要な意味をもっていた。ドナウ川をはさんで市域の中心の対岸に位置するこの区域は、一九七〇年代に国連施設の建設と開発が行われた。一九八〇年代なかば、この区域での博覧会構想がもち上がり[20]、ハンガリーのブダペストと共同で一九九五年に万国博覧会を開催することになり、一九八八年にはウィーン市議会を通過した[21]。準備にあたってオーストリア側は連邦政府とウィーン市（州）とで決定機関ならびに万博指導委員会を設置した。これらのメンバーも当時の政権党であった社会党と国民党に配分された。

万博開催計画においては「未来への架け橋」というスローガンにみられるように、東側に開かれた窓という位置にあるオーストリアと、体制の異なるハンガリーという国家が文化・芸術などを中心に交流するものであると強調された。とはいえ、開催の背景には、ウィーンを含む東部オーストリアの経済的活性化の欲求があった。この地域はもともと経済的ダイナミズムが欠けており、一九六〇年代から一九八〇年代前半にかけてウィーンの国民経済に対する貢献度は低下していた。万博によって建設業の他、旅行業のさらなる振興が期待できるとされたのである。他方、計画に対する議論不足を批判する意見もあり、また実際的な問題として景気の過熱と生活用品価格の高騰、交通の混乱、観光客を迎える準備不足などが指摘されていた。東部に比して西部オーストリアでは、相対的に万博開催への熱意は高くなかった。またハンガリーの体制転換により「架け橋」というモットーの意味も変わっていった。一九九一年五月、万博開催に対する国民投票が実施され、六四％以上が開催に反対する票を投じた。政党では与党の社民党、国民党が賛成したが、国民投票を求めた自由党が反対の立場を表明した。

万博中止後、ドナウ・シティという形での再開発計画が実施、一九九一年にマスタープランの作成が行われた。開発事業にあたって、もともと設立されていたウィーン・ドナウ区域開発会社㈱（WED）となる。ウィーン万博㈱は国内の銀行・保険会社、それに外国資本として野村證券から出資がなされた。この場所には二〇〇〇年代にかけて住居施設、高層のオフィスビルが建設され、二〇一四年にはDCタワー1（二五〇メートル）がオープンした。

この開発事業には市とビジネスや建築家が参画していくが、政策決定は都市エリートが中心となった。そこでは不平等な参加方式がとられ（コーポラティズムによる意思決定もトップダウンであったといえる）、市民討論会・国際シンポジウムなどが新しい計画立案方式・「開かれた手続」であるとされた。(22)

公営企業の民営化と社民党

さらにノヴィによれば、「赤いウィーン」の終焉は、公営企業の民営化という形でもあらわれた。(23)もともとオーストリアは産業の多くの分野で公営企業が設置されていたが、一九九〇年代以後これらの民営化が進められた。そのなかで、一九九一年にウィーン市営中央貯蓄銀行、レンダーバンクなどの民営化と統合によってオーストリア銀行（BA）が設立された。同銀行は民営化後も個人的な関係により社民党との関係を強くもった。二〇〇〇年に同銀行はドイツ・バイエルンのヒポ・フェラインス銀行に売却され（のちに同行はイタリアのウニ・クレディト傘下となり、BAもそのメンバーとなっている）、この過程で社民党支配が衰退したという。

先に述べたように、ウィーンは戦後一貫して社民党の相対的優位が続いている。そのなかで、コーポラティズムの枠組による市政構造自体が変化したというのが、「赤いウィーン」の終焉といわれる事態の全容である。

とはいえ政党による利権的構造は残っており、民営化企業と公共事業との関係において社民党の人脈がいまだに有効に機能しているという報告もある。例えば社民党のある人物は、元BA支配人、公共施設に関連するいくつかの不動産会社（ドナウ・シティの物件も扱う会社を含む）や建設会社の支配人・取締役、社民党系出版社取締役などをつとめていた[24]。このように、社民党はウィーン市の政権与党としても、住宅・再開発関連企業の中枢を担う人々を送り出している政党としても非常に大きな役割を果たしている。先にふれた自由党のハイダーは、一九九四年の段階で、社民党が国のあらゆる領域やオーストリア放送協会などに影響力を行使し、それに公営企業から成立したBA、ヴィーナー・シュテティッシェ保険などへ多額の税金をつぎ込んでいることを批判していた[25]。

このような民営化の推進のなかで、ウィーンの社民党組織は住宅政策までも含めて従来の社会民主主義的方針を変更したとはいえない。同党の住宅政策の変化を一瞥してみよう。一九九一年の時点で、社民党は一九八〇年代に廃止された家賃制限の廃止を批判し、暮らしていくに十分な住宅の供給、賃貸契約の保護、住宅新築と都市再開発、借家人を含む決定過程への参加、住居の転貸人の救済などを求め、他方で家賃高騰による暴利、保証金などの悪い慣習、土地・住宅による投機、借家人の権利廃止、公営共同住宅の売却に反対するとした。総じてコントロールの利かない市場経済ではなく社会的住宅経済を求めていた[26]。それから一〇年後の二〇〇一年には、連邦政府の的確な助成金維持、やさしい都市の再興（住居や開発等についての地域指導員制度）、高い水準の住宅新設などをめざし、住宅投機を批判し、借家人の権利保護、賃貸料制限、社会的住宅の心臓としての公営共同住宅を守り民間への売却に反対する。さらに住宅建設などにおける環境への配慮がうたわれた。都市再開発については、「ウィーンには新しい中心が生まれるべき」との考えのもと、質のよい高層建築を選択的場所で推進すること、計画立案過程における市民参加などをうたっている[27]。このように、特に借家人の権利保護、公営住宅の民間への売却反対といった点で従来の社会民主主義的路線を維持しているが、他方では現状の都市再開発についても政策的に肯定する立場をとっている。

以上、ウィーンでは社会民主主義政権がその形式を維持しつつ、かつ社民的住宅政策を残しつつも、民間資本主体の都市再開発の推進をもはかっているのが現状であり、他方での民営化推進のなかで、社会パートナーシップが従来と異なる形で、資本に有利な形で再編されているものと考えられる。[28]

三　新自由主義の日本的展開を考えるために

比較の上での考察

最後に、以上の都市再開発のあり方と政治の関係を比較史的に考察する。

アメリカの都市では、一九七〇年代後半から、財政危機に対応して資本（ＦＩＲＥ）の攻勢がみられアーバン・リベラリズムの解体が進んだ。こうして都市において社会福祉などを切り詰め、むしろ資本の活動しやすい環境を作るというのが基本的な姿である。

一九八三年の『日本経済新聞』では、都市再開発事業の担い手のインタビューにより各都市のプロジェクトを紹介している。日本財界は、アメリカの都市を民間主導の都市再開発方式のモデルとして認識していたと思われる。例えばシカゴ市では、オフィス地域・住宅地域・工業地域に区分された市域で民間会社に優遇策を講じて開発事業が進められた。完成後の不動産税も開発担当者と開発会社の協議で決定されていく。[29]またニューヨーク市副市長は、住民の反対に対抗しながら、民間の積極的なプロジェクトの提案を市役所が評価・実現したことを強調していた。これは一九五〇～六〇年代のニューヨークでの都市再開発をめぐる反対運動を意識した行政側の対応だと思われる。

ウィーンでは、概括的にいえば社民党・国民党によるコーポラティズム型国家・自治体のもと、前面に登場していなかった資本が、次第に都市再開発の中枢に位置していく。政権を担い続ける社民党は、プロポルツのもとで、国家・自治体諸機関ないし、関連企業などに影響力を行使したが、支配体制はそのままの形では存続せず「赤いウィーン」の終焉をもたらした。とはいえ社民党は、民営化された企業・金融機関にも隠然と影響力を行使している。もちろん資本にイニシアティブを握られた形であるが。

東京においては、一九七〇年代の都市再開発は十分な展開はみせず、革新自治体は地価高騰とそれを招いた資本に対抗的であった。この時期の東京の大規模再開発は、防災対策を含む都市計画の文脈で実施される。また開発における自治体行政と住民（市民）との連携が促された。しかし一九八〇年代には都市再開発は財界により積極的に推進されていく。のち地価高騰に対応して土地取引抑制が主張されるが、不良債権蓄積のなか経済活性化の観点から、むしろ取引が促進され二〇〇〇年代の都市再生につながる。こうして脱工業化のなかでの経済成長の牽引力として国家主導の都市再開発が至上命令となる。都市再生のなかで、資本は再開発会社という形で事業遂行の強制権を獲得する(30)。このような資本の都市計画における地位の上昇は、不動産協会などの圧力団体活動はあるものの、国家主導によるものと思われる。

まとめにかえて

日本の一九七〇～八〇年代には、自治体政治の革新から保守への移行がみられた。一九八〇年代に、保守政権と鈴木都政のもとで都市再開発が始動し、都市政策大綱の二つの路線間の移行、つまり財政出動による地方開発から、民間主導の都市再開発への転換がみられた。これは保守内の選択肢の変化として位置づけることができる。その際、アメリカの都市再開発の動向を意識していたことは間違いない。しかし、アメリカの都市のように、資本（ＦＩＲＥ）が自治体行政の方向付けをするようなあり方はみられていない。

都市再開発政策は、日本においては国家主導で進められたというのが、当面の結論である。とはいえアメリカの都市、ウィーンの事例から資本の役割の大きさははっきりしている。東京を含む各都市において国際金融資本が都市再開発を通じて、どのように関わってきたのか、またそのことは新自由主義の展開にいかに作用してきたのか、この点

の検討が今後の課題となる。(31)

注

（1）David Harvey, "The Urban Roots of Capitalist Crisis." In *Rebel Cities*（Verso, 2013）, p. 28. ハーヴェイ（森田成也他訳）『反乱する都市』（作品社、二〇一三年）。

（2）源川「都市・自治体政治における『戦後体制』とその変容―都市再開発の政治史的研究・序説―」（『年報日本現代史』20、現代史料出版、二〇一五年）。

（3）下村太一『田中角栄と自民党政治』（有志舎、二〇一一年）。

（4）源川『東京市政』（日本経済評論社、二〇〇七年）。

（5）町村敬志『「世界都市」東京の構造転換』（東京大学出版会、一九九四年）。

（6）ただし進藤兵によれば、青島都政の時代に経団連、建設省、都政による「再版開発主義」型の都市構造再編戦略が進められたという（進藤「都市福祉国家から世界都市へⅡ」、名古屋大学『法政論集』一八〇、一九九九年）、一一〇頁以下。

（7）五十嵐敬喜・小川明雄『「都市再生」を問う』（岩波書店、二〇〇三年）、橘川武郎・粕谷誠編『日本不動産業史』（名古屋大学出版会、二〇〇七年）。

（8）武居秀樹「石原都政の歴史的位置と世界都市構想」（小宮昌平編『石原都政の検証』青木書店、二〇〇七年）。

（9）近年の動向は、北崎朋希『東京・都市再生の真実』（水曜社、二〇一五年）、岩見良太郎『再開発は誰のためか』（日本経済評論社、二〇一六年）。

（10）ニューヨークの政治史については、西山隆行「アメリカの福祉国家と都市政治」（『思想』九六二、二〇〇四年）、同「ニューヨーク市における社会政策をめぐる政治」（『甲南法学』四五―一、二〇〇四年）、同「アメリカ型福祉国家の起源」（『甲南法学』四七―一、二〇〇六年）。また横田茂『巨大都市の危機と再生』（有斐閣、二〇〇八年）も参照。

（11） Alan Brinkley, "Reflections on the Past and Future of Urban Liberalism," In *Rethinking the Urban Agenda: Reinvigorating the Liberal Tradition in New York City and Urban America*, edited by John Mollenkopf, Ken Emerson（The Century Foundation Book, 2001）: pp. 13-22.

（12） Jason Hackworth, *The Neoliberal City: Governance, Ideology, and Development in American Urbanism*（Cornell University Press, 2007）, pp. 33-39.

（13） 田口晃『ウィーン』（岩波書店、二〇〇八年）。

（14） 村松恵二「オーストリアの新右翼」（山口定・高橋進編『ヨーロッパ新右翼』朝日新聞社、一九九八年）、古賀光生「現代ヨーロッパにおけるいわゆる「極右」政党の台頭の分析」（『本郷法政紀要』一四、二〇〇五年）、同「オーストリア自由党の組織編成と政策転換」（『立教法学』八六、二〇一二年）、同「戦略、組織、動員」（四）（『国家学会雑誌』一二六—一一・一二、二〇一三年）。Lother Höbelt, *Defiant Populist: Jörg Haider and the Politics of Austria*（Purdue University Press, 2003）.

（15） 近年のウィーンの選挙については、東原正明「ウィーンにおける赤と緑の連立」（『福岡大学法学論叢』五六—四、二〇一二年）、馬場優「オーストリアにおける極右ポピュリズムの動向」（龍谷大学『社会科学研究年報』四一、二〇一一年）、ならびにウィーン市ホームページ（https://www.wien.gv.at/wahl/NET/GR151/GR151-109.htm 二〇一八年四月一五日最終閲覧）。なお二〇一五年の市議選での各政党の得票率は、社民党三九・六％、国民党九・二四％、自由党三〇・八％、緑の党一一・八％となっている。

（16） Andreas Novy, Vanessa Redak, Johannes Jäger, Alexander Hamedinger, "The End of Red Vienna: Recent Ruptures and Continuities in Urban Governance," *European Urban and Regional Studies*, 8（2）: pp. 131-144. Vanessa Redak, Andreas Novy, Joachim Becker, "Modernizing or Polarizing Vienna?" In *The Globalized City: Economic Restructuring and Social Polarization in European Cities*, edited by Frank Moulaert, Arantxa Rodriguez, Erik Swyngedouw（Oxford University Press, 2003）: pp. 167-180.

（17） シュミッター・レームブルッフ（山口定監訳）『現代コーポラティズム（1）』（木鐸社、一九八四年）、一一七頁以下、矢田俊隆・田口晃『オーストリア・スイス現代史』（山川出版社、一九八四年）、二〇〇頁以下。

(18) Novy, et al., “The End of Red Vienna,” p. 136.

(19) Emmerich Tálos, “Vom Vorzeige zum Auslaufmodell?： Österreichs Sozialpartnerschaft 1945 bis 2005”, In *Sozialpartnerschaft： Österreichsche und Europäische Perspektiven*, edited by Ferdinand Karlhofer, Emmerlich Tálos（Lit Verlag, 2005）： pp. 185-213.

(20) Alfred Lang, “Chronologie zur EXPO’95,” In *EXPO’95 abgesagt! ：Ein dokumentarischer Rückblick zum Forschungstag 1990*, edited by Cornelia Krajasits, Alfred Lang（Burgenländische Forschungsgesellschaft, 1991）： pp. 4-25.

(21) Gottfried Pirhofer, Kurt Stimmer, *Pläne für Wien ：Theorie und Praxis der Wiener Stadtplanung 1945 bis 2005*（Stadtentwicklung Wien, Magistratsabteilung 18, 2007）, p. 107（https：//www.wien.gv.at/stadtentwicklung/studien/pdf/b008280a.pdf 二〇一八年四月一五日最終閲覧）.

(22) Novy, et al., “The End of Red Vienna,” pp. 139-140.

(23) Ibid., pp. 141-142.

(24) Reinhard Seiß, *Wer baut Wien?： Hintergründe und Motive der Stadtentwicklung Wiens seit 1989*（Verlag Anton Pustet, 4. Aufl, 2013）, p. 111.

(25) Jörg Haider, *Österreich-Erklärung zur Nationalwahl 1994*（FPÖ, 1994）, p. 3.

(26) Rudolf Edlinger, Andreas Höferl（Sozialistische Partei Österreichs/Arbeitsgemeinschaft “Österreich-Dritte Welt”〈Wien〉）, *Soziale Wohnungspolitik für Wien*（SPÖ-Wien, 1991）, pp. 69-71.

(27) SPÖ Wien, *Zukunftsprogramm der Wiener SozialdemokratInnen für ein weltoffenes, modernes, soziales und demokratisches Wien*（SPÖ-Wien, 2001）, pp. 24-26.

(28) Tálos, “Vom Vorzeige zum Auslaufmodell? ”p. 203.

(29)『日本経済新聞』一九八三年三月二七日。

(30) 安本典夫「市街地再開発事業『民営化』の法的検討」（『立命館法学』二八六、二〇〇二年）。

（31）　シンポジウム当日、小沢弘明は戦後版「赤いウィーン」終焉の理由を、オーストリアの社民主導によるネオ・コーポラティズムが、もともと社会自由主義的な性格であったことから説明した。示唆に富む見解だが、筆者は国際金融資本の動向を注視したい。

（付記）本稿は、ＪＳＰＳ科研費（JP17K03104　平成二九年度　基盤研究(c)「都市再開発政策の歴史学的基礎研究」）による研究成果である。

コメント4

ジェンダー論の観点から――ケアと就業の関係に着目して考える

金井　郁

菊池信輝氏の著書『日本型新自由主義とは何か』の第一の主張は、新自由主義には八〇年代型新自由主義、九〇年代型新自由主義、二〇〇〇年代型新自由主義といった段階性があるというものである。すなわち、八〇年代型新自由主義は、「小さな国家」化による租税負担の軽減と強力な労働組合運動の弱体化により製造業の輸出競争力を回復するという段階、九〇年代型新自由主義は金融業をはじめとするサービス業を主体とし、国際的な自由な資本移動を実現するという段階、二〇〇〇年代型新自由主義は、新自由主義によって経済が破たんした後に政府の介入に頼りながら改革が進められる段階であるという。第二の主張は、日本は戦時期の反省と大企業労組の特殊性ゆえに、福祉国家形成が未熟なまま八〇年代から新自由主義改革に取り組み、日本の八〇年代型新自由主義だけが成功を収めたということである。これは、日本の新自由主義が九〇年代半ば以降始まったと解釈する先行研究(1)への挑戦であり、一九七〇年代末に始まったと考えられている欧米での新自由主義を、製造業の輸出競争力を回復するという八〇年代型新自由主義の失敗という解釈を与えている。

本稿では、主に評者のこれまでの非正規労働を中心にした実証研究からみて、菊池氏の新自由主義の時代区分に批判的検討を加えることを目的とする。さらに菊池氏の考察には、ほとんどジェンダー視点がないために見落とされている論点についても指摘する。ただし、評者は新自由主義がいつ始まったのか、新自由主義に段階があるといった議論について、新自由主義を推進するアクターを特定せずに議論できないと考えている。菊池氏の著書にはそれが明確には書かれていないため、新自由主義に段階があるといった主張の是非には踏み込まずに、それぞれの時代における事象を記述することから、菊池氏の指摘する新自由主義の時代区分を批判的に検討しなおしたい。

そもそも菊池氏は、新自由主義の定義を明確にしているとはいえない。本書中では、新自由主義を「国家の経済領域への介入による各種の調整を否定し、契約自由の原則、市場原理による景気調整等、自由主義の『復活』を企図する思想及び政策体系のこと」(v頁)と説明していたり、「福祉国家を攻撃対象とし、非市場化された、社会保障や国営企業を始めとする様々な公的サービス供給を再市場化するとともに、その改革に抵抗する労働運動その他の社会運動の影響力を直接的国家権力や世論形成によって減退させようとするものに他ならない」(八八頁)と記述されている。このように、新自由主義について検討する際、市場への国家介入の有無のみを主題としているようにみえる。家族と市場、家族と国家の関係、もしくは家族内でのケア提供の役割分担についての検討がほとんどない。国や時代を問わず、私たちの生活と生存にはケアは不可欠である。ケアを必要とする人々、ケアを担う人々が社会においてどのように位置づけられているのかを考察することこそ、資本主義の内実や特質を明らかにするために必要であることを本書評を通してみていきたい。

本稿の結論を先取りすれば、評者は一九八〇年代に「日本型福祉社会」政策によって福祉国家形成が放棄されたのではなく、「男性稼ぎ主型」の生活保障システムが強化された（大沢、二〇一三）と考える。一方で、家族のあり方や人口構成は徐々に変容し、少子化社会を印象づけた一・五七ショック[2]、生涯未婚率は九〇年代以降大きく上昇、離婚率・離婚件数ともに九〇年代に急増するなど日本の福祉国家が前提としてきた家族のあり方—男性稼ぎ主の夫と家族のケアを提供する妻とその子どもからなる世帯—が崩れてきていることが九〇年代に顕在化した。また、労働市場についても九〇年代後半以降に非正規化が急速に進むがそのタイミングや動向は男女で異なる。女性に関わる労働法制をみると一九八〇年代後半以降規制緩和が進められてきたが、新たに規制をかける動きもみられた。この動きは、一つには、男女の平等を推進する法制を整備し、男女平等な社会を実現していくこと、二つに、少子高齢化が急速に進み、労働力不足への対応と出生率の回復を促すことが喫緊の課題となったことが挙げられる。労働市場全体に対する「柔軟化圧力」および「男女平等」「少子高齢化」への対応[3]は、相互に密接に関連しているとはいえ、独立であり、ある局面では矛盾した状況を生み出してきた。企業行動の変化だけでなく家族のあり方や人口構成の変化が国家介入の仕方を変えることを捉えれば、菊池氏が指摘するような単なる国家の市場介入の有無という視点や八〇年代型、九〇年代型、二〇〇〇年代型の新自由主義という時代区分、特に二〇〇〇年代型の新自由主義の特徴とされる「新自由主義によって経済が破たんした後に政府の介入に頼りながら改革が進められる段階」は内容も含めて再考する必要があるのではないだろうか。

日本の失業率は九〇年代半ばまで諸外国と比較しても低水準で、[4] 福祉国家の一つの大きな目標と考えられる完全雇用を達成してきたといえる。そこで、日本では誰の失業が社会的に問題であると考えられたのか、完全雇用達成の内実と九〇年代後半以降の失業問題をジェンダー関係に注目して検討したい。失業時の生活を保障する雇用保険のあり方の変遷から、[5] 菊池氏の八〇年代、九〇年代、二〇〇〇年代という時代区分とその解釈についても考察する。

一九五八年以降持続した経済成長は、厖大な労働力需要を発生させると同時に、技術革新と産業構造の変動に伴う労働力の産業間・職業間・地域間の大規模な再配分を要請したが、これが大規模な構造的失業の発生、労働力不足→賃金上昇→急激な物価上昇といった現象を伴うことなしに可能であったのは、高等教育を終えた新規学卒労働力が供給されたからと考えられている（氏原、一九八九）。つまり当時確立されつつあった年功賃金制という雇用慣行のもとで、新卒一括採用という方法で地域間移動が容易で新技術に対する適応力が高い大量の安い労働力を確保するといった日本的雇用システムが効率的に機能したといえる。さらに、同時期、人手不足から男性の臨時工の本工化も進み、「七〇年代に入ると政府当局は不完全就業状態の解消がほぼ実現された」[6]（氏原、一九八九）と認識していた。確かに、一九六〇年代には失業率は一％台となり、世界的にみても非常に低い失業率を達成している。一方で六〇年代以降、徐々に女性の無業化と雇用者におけるパートタイム労働者数は増え始めていた。それは企業が若年未婚女性に[7]ついては結婚・出産までの短期的な正規雇用、既婚女性を非正規雇用としてパートタイム雇用するといった雇用慣行を定着させるのと軌を一にする。こうしたジェンダー化された雇用慣行は、失業政策のジェンダー化とともに、強固な男性稼ぎ主型の生活保障モデルを作り上げている。

雇用保険制度の失業給付は雇用者が職を失い賃金収入の道を閉ざされたときの当面の生活を支えるという機能を持つがその適用基準や範囲は時代によって変わってきた。「失業給付を受けて生活保障されるべき者」の適用基準と範囲をめぐる歴史をみると、非正規労働者のなかでも、日雇い労働や季節労働など家計維持者の役割が期待される者の失業がクローズアップされると、その失業者性の認定は寛容になる一方、女性が多数を占めるパートタイムという働き方については、家計補助者として労働者性や失業者性がなかなか認められなかった。一九五〇年の行政通達「臨時内職的に雇用される者に対する失業保険法の適用について」を根拠に、パートタイム労働者は被保険者として扱われないことが多かった。これは「家庭の婦女子」による「家計補助的」労働者と前提されたことで、パートタイム労働者が同通達の適用対象だと捉えられたと考えられる。その後、徐々にパートの適用拡大は進むもののジェンダー規範に沿った形での線引きが雇用保険制度に内在してきたといえる。例えば、一九八九年改正によって、新たに「短時間労働被保険者制度」を設けてパートタイム労働者の適用拡大をしたものの受給要件を厳しく設定し給付水準を低位にするなどパートタイム労働者を「家計維持者」である通常の労働者とは異なったタイプの労働者としての制度的扱いを強めている。二〇〇〇年の雇用保険法改正までは「家計補助的」な働き方を見分けるために年収要件が一律に設けられ、要件を満たさなければ、実際は家計維持者だったとしても雇用保険は適用されなかった。

九〇年代後半以降は、特に派遣労働法の規制緩和に合わせる形で、派遣労働者の雇用保険におけるセーフティネット強化が政治的課題となり、パートタイム労働者についても派遣労働者に牽引される形で適用拡大が進み、「家計補助的」な働き方であるかから「自らの賃金で生計を立てている労働者」であるかに適用の論理は変化した。しかし、それ以降も働き方が多様化していくことで「自らの賃金で生計を立てている労働者」を年収や雇用契約期間などから判断することが難しくなった。さらに世界的な金融危機の影響で、製造業を中心とした急激な雇用調整により、突然解雇され同時に家をも失ってしまう非正規労働者たちのセーフティネットの脆弱性が「年越し派遣村」報道などでクローズアップされて政治課題となり、二〇一〇年の雇用保険法改正により、「週所定労働時間二〇時間以上、三一日以上雇用見込み」の者について適用対象となるよう拡大され、結果的に適用に関してのジェンダーによる線引きは解消されてきたといえる。

雇用保険制度を例にとっても、日本では一九八〇年代に「日本型福祉社会」政策によって、福祉国家形成を放棄（一四二頁）したというよりも「男性稼ぎ主型」の生活保障システムが強化された（大沢、二〇一三）といえるのではないだろうか。大沢（二〇一三）は、「男性稼ぎ主型」の生活保障システムを以下のように説明する。壮年男性に対して安定的な雇用と妻子を扶養できる「家族賃金」を保障するべく、労働市場が規制され（保障がすべての男性にいきわたるわけではない）、それを前提として、男性の稼得力喪失というリスクに対応して社会保険が備えられ、妻子は世帯主に付随して保障される。家庭責任は妻がフルタイムで担うものとされ、それを支援する保育、介護等のサービスは低所得や「保育に欠ける」などのケースに限っていわば例外として提供されるとしている。雇用保険制度に関しては二〇〇〇年代以降、特にリーマンショックへの対応で週二〇時間以上の雇用者全員が基本的に適用対象となり、雇用保険で対応できない失業者については、二〇一一年に新たに求職者支援制度が創設されるなど規制強化が行われてきた。菊池氏が主張する二〇〇〇年代型の新自由主義は新自由主義によって経済が破たんした後に政府の介入に頼りながら改革が進められる段階というが、少子化が顕在化した九〇年代には育児休業法の整備などが進められたし、男性稼ぎ主の失業が顕在化すると雇用保険制度の機能強化が進められるというように、労働力の維持・再生産の危機が顕在化すると形を変えた政府介入が促されているという見方もできる。

それでは、労働市場の変化はどうであったのだろうか。前述したように、失業率は低位に抑えられ男性稼ぎ主には安定的雇用が提供されてきたといえよう。総務省「労働力調査」で非正規比率の推移を一九八四年からみると、男女計では九〇年代に急上昇しているが、男女別にみるとその動きは異なる。女性は一貫して非正規比率は上昇しているが、特に八〇年代後半、九〇年代後半での伸びが著しい。一方で、男性は九〇年代まではほぼ一割のまま横ばいで二〇〇〇年代以降に非正規化が進展した。前述した非正規雇用のセーフティネットの強化の必要性が政策的に注目されるのは、稼ぎ主と考えられてきた男性の非正規化が顕在化した一九九〇年代後半以降の時期と重なる。このような

図1　非正規比率の推移

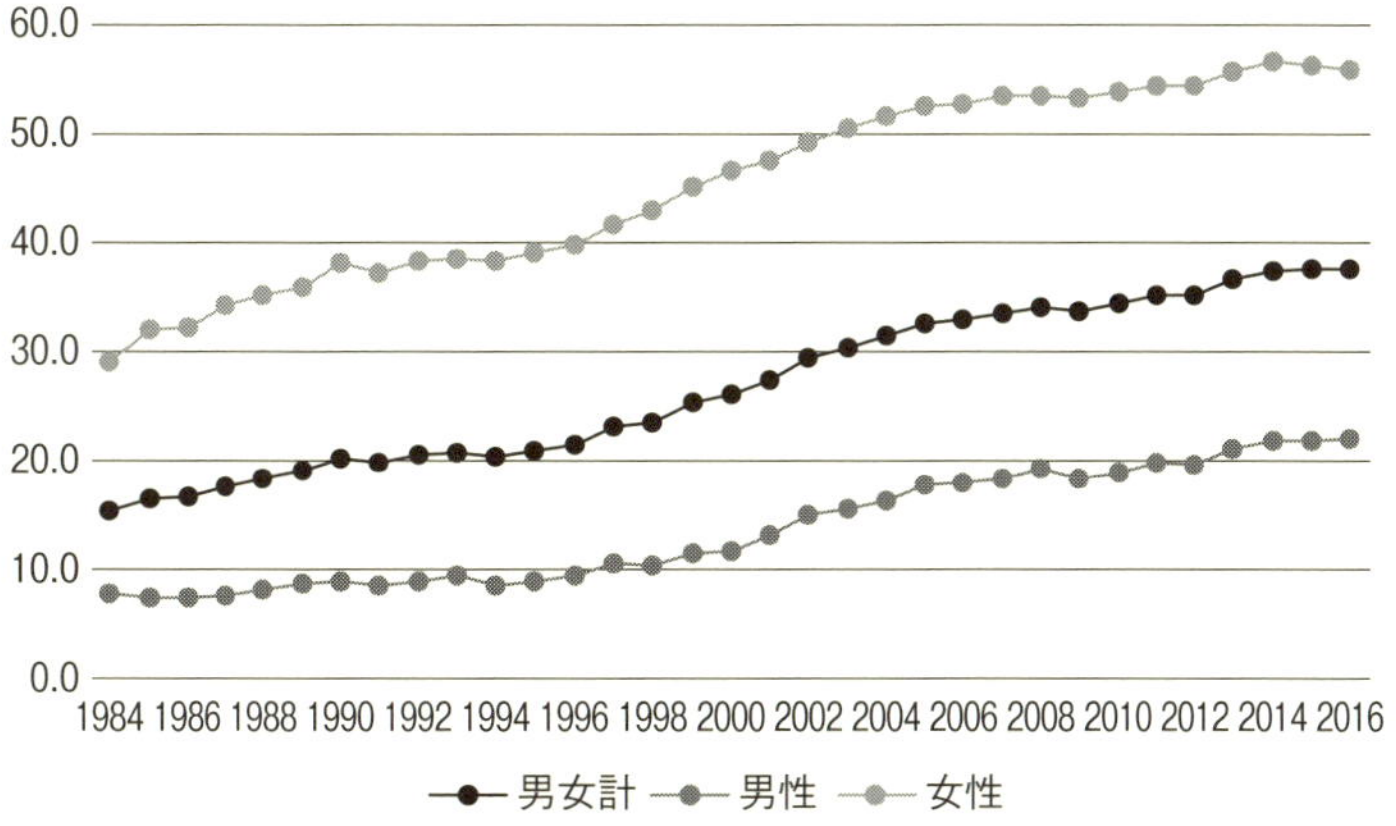

注1：1984～2001年は労働力調査特別調査より作成。2002年以降と集計月が異なる。
注2：非正規は呼称による把握。
（厚生労働省「労働力調査」各年版より作成）

ジェンダーによる非正規化の時期のずれと政策的対応を、菊池氏の新自由主義の段階論ではどのように説明できるのだろうか。

次に厚生労働省「雇用動向調査」でマクロの賃金動向をみよう。図2では、雇用者全体の名目賃金・実質賃金は、九〇年代後半以降現在まで低下傾向にある。この間、戦後最長といわれるいざなみ景気もあったが常に低下していることがわかる。これを一般労働者とパートタイム労働者に分けて検討してみる。図3では、いわゆる正社員[8]の所定内賃金は、バブル崩壊後も九〇年代は上昇していたが、九〇年代後半以降に横ばい傾向に転じている。ボーナスをみてみると九〇年代は所定内賃金とほぼ同様の動きをみせていたが、九〇年代後半以降は所定内賃金の動きとは切り離され、いざなみ景気の時にはボーナスが上昇し、リーマンショック時にはボーナスが急減するなどボーナスによる増減が激しくなっていることがわかる。一方図4では、パートタイム労働者[9]の所定内賃金は、名目・実質ともに上昇し、消費税増税の影響により二〇一四年で実質賃金が減少しているが、その後上昇傾向にある。ただし、正社員の賃金と比較するとパートの賃金水準は低く、厚生労働省「賃金構造基本統

図２　実質賃金、名目賃金の変化

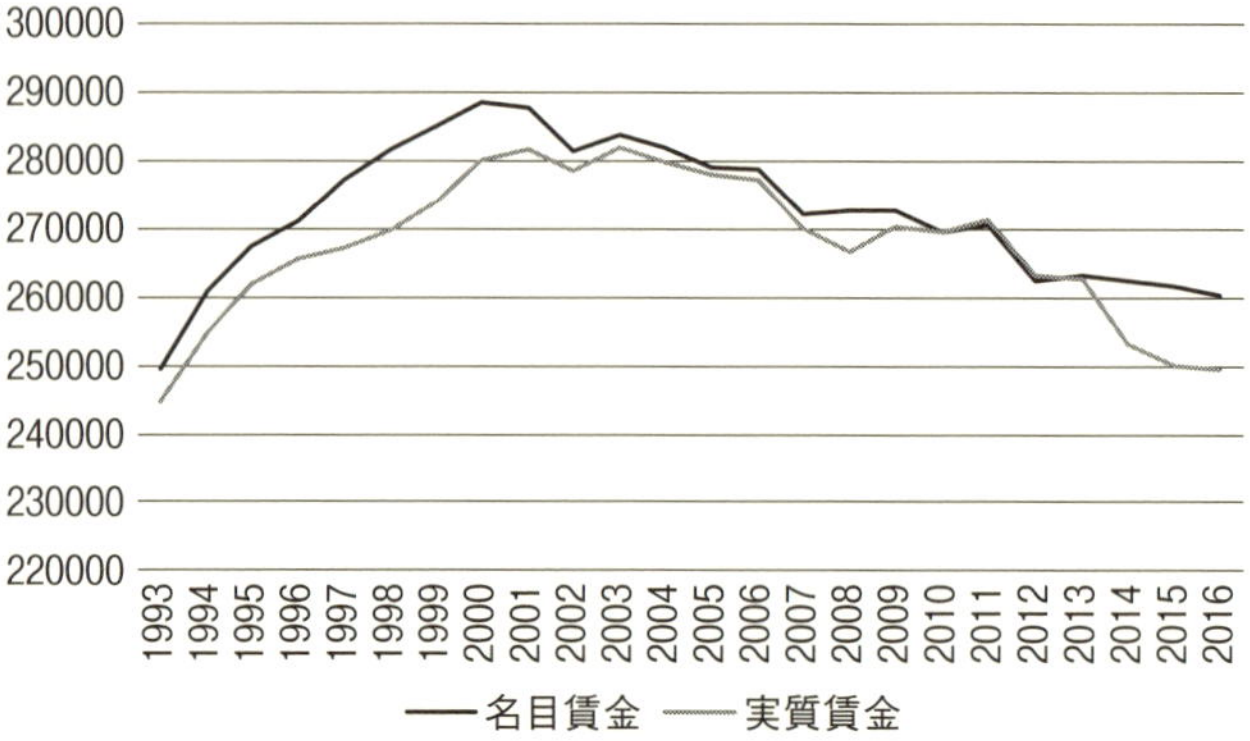

（厚生労働省「毎月勤労統計」各年版より作成）

図３　一般労働者の名目賃金と実質賃金の推移

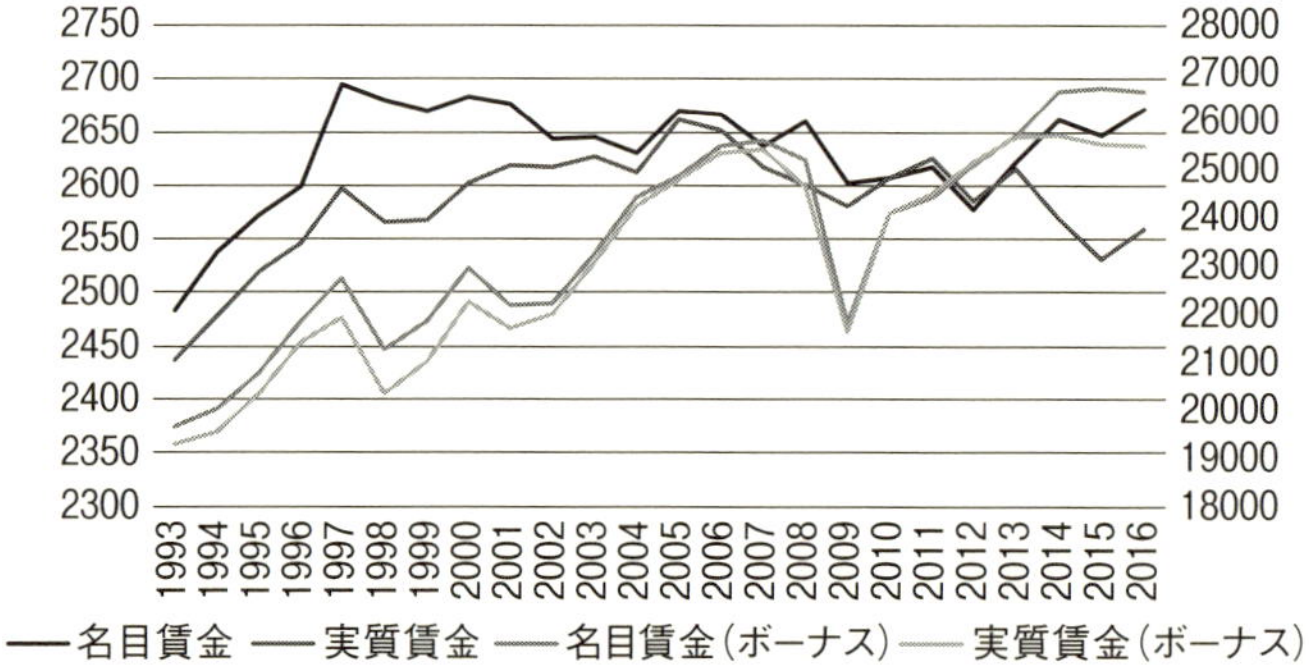

（厚生労働省「毎月勤労統計」各年版より作成）

図４　パートの名目賃金と実質賃金の推移

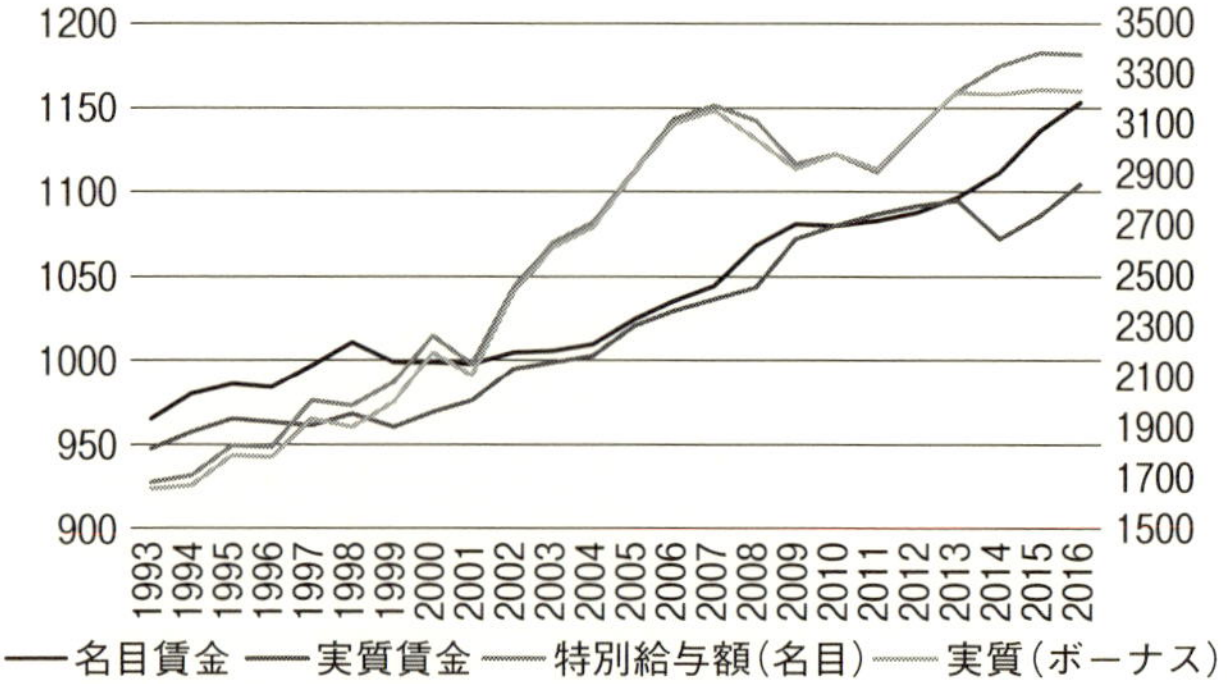

（厚生労働省「毎月勤労統計」各年版より作成）

計調査」でみると所定内賃金の時間当たり賃金額は二〇一七年平均でも、男性一般労働者を一〇〇としたときに男性パートで五七・一%、女性パートで五三・一%水準となっている。したがって、全体の賃金が一九九〇年代後半以降減少傾向にあるのは、雇用者に占める非正規比率が上昇したことで、賃金の絶対水準の低い非正規雇用者の割合が増えたことと、正社員の賃金が九〇年代後半以降、景気回復期にも所定内賃金が上昇していないことによって生じているといえる。マクロの賃金動向からみると、一九九〇年代後半以降に企業行動が変化したと考えられる。

労働市場を検討するのに非正規化やマクロの賃金動向だけでは当然不十分である。しかし、労働をめぐる実証分析を中心に行ってきた評者からみると、八〇年代から九〇年代半ばまでは中核の男性正社員のあり方に大きな変化は生じていないようにみえる。

菊池氏は日本的雇用システムについて「八〇年代型新自由主義の梃子」[10]となり、「九〇年代型新自由主義の攻撃対象」[11]となったと解釈している。ここも定義が「日本的雇用システム」なのか「日本的経営」なのか「日本型経済システム」(一五〇頁)なのか明示的ではないが、本書で書かれていることからは新卒一括で採用され、年功カーブが適用されて、(出向や転籍などを含めたとしても)定年まで勤める大企業労働者が企業別労働組合で労使協調路線の要求を掲げること、その結果労働市場の流動性が低いことを指していることが推察される。菊池氏が主張するように日本的雇用システムと新自由主義の関係の転換が九〇年代に起こったといえるだろうか。日本的雇用システムは、労働のフレキシビリティが高度に担保され、ピラミッド型の労働力年齢構成の中では年功賃金は効率的に機能してきた。労働のフレキシビリティは、男性正社員に対しては勤務地を含めた異動・頻繁なジョブローテーションなどにより、企業拘束性を高めることによって機能的フレキシビリティを求める一方で生活を保障する賃金を提供してきた。一方、女性に対しては企業拘束性の低い非正社員という選択肢を用意し、企業としては数量的フレキシビリティを確保し処遇も低く、被扶養者としての地位によって生活保障されると考えられてきた。

九〇年代後半以降、年功賃金制や長期雇用主義といった日本的雇用システムにおける中核正社員層の特徴に対して批判が高まるのは新自由主義によってというよりも、労働力の年齢構成が崩れたことによって必然的にもたらされたともいえる。またマクロの賃金動向や非正規化にもみられるように、九〇年代後半以降の企業行動に変化はあったといえそうであるが、低学歴層や女性に偏って非正規化が進んでいる実態を鑑みると、九〇年代後半以降も日本的雇用システムの中核正社員はその人数を減らしながらも構造的には維持されているといえるのではないか。したがって、菊池氏が指摘するような日本的雇用システムと新自由主義の関係の転換が九〇年代型新自由主義によって起こっているという解釈には再考の余地があると考える。

この日本的雇用システムの特徴とされる年功賃金制や長期雇用主義といった中核正社員層から多くの女性は排除され、一九八五年に男女雇用機会均等法が成立するまで公然と女性は差別的に処遇されてきたといえる。[12] 一方、男女雇用機会均等法を契機に八〇年代に、企業拘束性の高さと昇進上限や賃金体系を結び付けた雇用管理区分が作り出された。そこでは、同一の雇用管理区分内での差別的取り扱いは禁止されるが、多くの女性は自ら低い昇進上限や低い賃金体系の雇用管理区分を「選択」しているし、雇用管理区分間での処遇格差は「合理的」とみなされている。昇進上限の高い雇用管理区分を選択する一部の女性に対して「能力ある主体」とみなすことは、非正規を「選択」する女性に対してその理由や背景を考慮することなしに努力や能力不足、自己責任という言説を生み出すことになった。同様に、ジェンダー公平の視点から福祉国家を再編していくために、税・社会保険の支え手としての女性の対象化、労働力としての女性の対象化は、新自由主義的なアプローチと親和的な側面もあるとされる。

そこで最後に、ジェンダー研究の視点から福祉国家や新自由主義といった事象を検討する際に蓄積されてきた研究視角を提示することで本書評を締めくくりたい。菊池氏は「国家介入」という用語を一括りに使用するが、その国家介入の仕方自体がいかなる作用をもたらすものなのかを検討する必要があると考える。ジェンダー研究では性別役割分業や男性稼ぎ主モデルを前提とした福祉国家のあり方を問題にしてきた。そのことは、前述したように新自由主義的なアプローチと親和的な側面もあるともいわれている。この男性稼ぎ主を前提とした福祉国家のあり方を変更するにはいくつかの方向性があり、新自由主義と親和的とならない方向性も整理されている。代表的な論者であるナンシー・フレイザー（二〇〇三）は、ジェンダー公平とは異なる七つの規範的原理の混合物であるとして、ポスト家族賃金の福祉国家でジェンダー公平を促進するために潜在的に対立しうる多様な目的に注意を向ける必要性を指摘する。目標は妥協を避け、七つの原理すべて、あるいは少なくともそのほとんどを満たす見込みを最大化するアプローチを見つけることであるとして、女性も含めてあらゆる人々が一家の稼ぎ手の役割を担う「総稼ぎ手モデル」、ケア提供者の役割を一家の稼ぎ手の役割と同等にする「ケア提供者対等モデル」の二つのモデルについて思考実験を展開する。フレイザーは「総稼ぎ手モデル」も「ケア提供者対等モデル」も七つの原理に照らし合わせてジェンダー公平の実現に弱点を抱えていると指摘する。そこで、第三の可能性として男性がケアワークを公平に分担し今の女性のあり方に近づくようにする「総ケア提供者モデル」を提示する。このモデルは究極的にはジェンダーの脱構築を示唆しており、市民社会をケアワークのための付加的な場として位置づけることで、総稼ぎ手モデルの「労働者主義」およびケア提供者対等モデルの「家庭的私事本位主義」の双方を克服するものとして考えられている(14)。

アベノミクスでは、「男性稼ぎ主」を前提とする生活保障の一九七〇年代モデルから、「二一世紀（二〇二五年）日本モデル」への転換を主張する。すべての世代を給付やサービスの対象とし、すべての世代が年齢ではなく、負担能力に応じて負担し、支え合う仕組み（＝「受益と負担の均衡」）、支え手を増やす（女性、高齢者、障がい者など）というものである。理念的には「総稼ぎ手モデル」を目指しているようにもみえるが、実態としては女性がパート就労しながら家計維持に貢献しつつ無償のケアを提供するという範疇から抜け出せていない。理念的にも実態的にも日本はジェンダー公平に弱点を抱えたままとなっている。ただし、二〇一四年「日本再興戦略（改訂）」で、突如として日本人女性の活躍のために「外国人家事支援人材」の活用を提起した。特区の「外国人家事支援人材」の狙いには、介護保険制度の生活援助の削減を外国人の活用で「安価に」市場提供することを視野に入れている可能性もある。家族による無償のケア提供から「ケアの市場化」へ大きく舵を切る可能性も含まれる。一方で、安倍政権下では三世代同居推進も政策的に促進されており、ケアの家族提供維持の方向も残される。このようにアベノミクスの性格を検討する上でも、ケアを必要とする人々、およびケアを担う人々を社会でどのように位置づけるのかが中心的な課題だといえる。

またフレイザー（二〇〇三）が「承認と再分配のジレンマ」と呼ぶような状況を理解しジレンマに陥らない方向性を探ることも重要である。フレイザーは多くの行為者たちが再分配を公正の中心問題とする社会主義的な政治の想像領域から、ナショナリティ、エスニシティ、人種、ジェンダー、セクシュアリティなどの集団としてのアイデンティティの差異の承認を公正の中心問題とする「ポスト社会主義的」な政治の想像領域へと軸足を移していると指摘する。そして、河野（二〇一七）がフレイザーの指摘を整理したように「承認と再分配双方の側面におけるフェミニズムの解放への衝動と批判が、部分化され収奪され資本主義の新たな精神を正当化する物語を提供してしまった」ということは、新自由主義とフェミニズムの関係を考える上で、非常に重い課題であることを付け加えたい。

引用文献

氏原正治郎『日本経済と雇用政策』東京大学出版会、一九八九年
大沢真理『生活保障のガバナンス―ジェンダーとお金の流れで読み解く』有斐閣、二〇一三年
金井郁「雇用保険制度における包括性―非正規労働者のセーフティネット」駒村康平編『最低所得保障』岩波書店、二〇一〇年、一二五―一五四頁

「雇用保険の適用拡大と求職者支援制度の創設」『日本労働研究雑誌』六五九号、二〇一五年、六六―七八頁
河野真太郎『戦う姫、働く少女』POSSE叢書、二〇一七年
ナンシー・フレイザー著、仲正昌樹監訳『中断された正義―「ポスト社会主義的」条件をめぐる批判的省察』御茶の水書房、二〇〇三年
ナンシー・フレイザー著、向山恭一訳『正義の秤―グローバル化する世界で政治空間を再想像すること』法政大学出版局、二〇一三年
堀江孝司『現代政治と女性政策』勁草書房、二〇〇五年
渡辺治「付録　日本の新自由主義―ハーヴェイ『新自由主義』に寄せて」デヴィッド・ハーヴェイ著、渡辺治監訳『新自由主義―その歴史的展開と現在』作品社、二〇〇七年

注

（1）例えば渡辺（二〇〇七）など。
（2）厚生省が一九九〇年六月に公表したひとりの女性が生涯に産む子供数の理論値を示す合計特殊出生率が一九八九年（平成元年）に一・五七まで下がり、六六年の丙午（ひのえうま）の年の一・五八を下回ったとして少子化を印象づけることになった。
（3）堀江（二〇〇五）は、フレキシビリゼーション・平等・再生産への取り組みが女性政策にさまざまなベクトルの力を加えているという考察を行っている。
（4）二〇一七年平均の失業率は二・八％とバブル期を含めた一九九〇年代前半の失業率水準となっている。
（5）詳しくは金井（二〇一〇）、金井（二〇一五）を参照のこと。
（6）日本では低賃金労働者、家内労働者、臨時日雇い労働者等の不完全な就業のもとに多くの潜在失業者を擁するという認識があった。
（7）日本ではフルタイムパートの存在が指摘されているように、パートタイム雇用とは労働時間が短いという以上に身分

的な意味合いが付加されている。

（8） 雇用動向調査では、常用雇用を（1）期間を定めずに雇われている者（2）一か月を超える期間を定めて雇われている者（3）一か月以内の期間を定めて雇われている者又は日々雇われている者で、前二か月にそれぞれ一八日以上雇われた者と定義した上で、一般労働者を常用労働者のうちパートタイム労働者でないものと定義されるが、いわゆる正社員と考えることができる。

（9） 同調査でパートタイム労働者は常用労働者のうち、一日の所定労働時間がその事業所の一般の労働者より短い者、又はその事業所の一般の労働者と一日の所定労働時間が同じでも一週の所定労働日数が少ない者と定義される。

（10） 日本的な労使協調路線、企業主義的労働組合運動の主流化は、福祉国家に最も近づいた一九七〇年代初頭から新自由主義への接近の時代への転換の梃子となった（二一二頁）。

（11） 財界が一九八〇年代の日本型新自由主義を成功させてきた日本型経済システムそのものを改革するという意思統一を行ったことは、当然のことながら急進的な新自由主義改革を招来せずにはおかなかった（一五〇頁）。自らが新自由主義の改革対象であることをようやく理解した企業経営者たちは明らかに動揺していた（一五五頁）。

（12） 男女別定年制に対する訴訟や女性差別賃金に対する訴訟をみると、いかに企業が差別的に女性を処遇してきたのかが裁判資料から明らかになっている。

（13） ①反貧困原理、②反搾取原理、③平等収入原理、④平等余暇原理、⑤尊重の平等原理、⑥反周辺化原理、⑦反男性中心原理主義。

（14） その後、フレイザー（二〇一三）は社会正義の第三の次元として、誰が構成員かを決めどのようなルールのもとで正義を達成するのか等を決める代表という概念を付加し、正義論において国民国家の枠組み自体も問い直している。

コメントへのリプライ

菊池　信輝

一　本書を書いた理由

シンポジウムにおける私のリプライの冒頭では、あらためて本書の執筆意図を明らかにさせていただいた。まずその執筆意図を、コメンテーター報告へのリプライを交えながら三点ほど述べさせていただきたい。

（1）新自由主義を国家介入に対する反発と広く定義し直す

一つは新自由主義を、世界共時的に生まれた国家介入に対する反発と広く定義し直すことにより、例えば日本のそれを日本固有の特殊な事象と見るのではなく、新自由主義政策がそれぞれの国家・社会の歴史的経緯によって相貌を違えるに至った一類型として捉えることができるのではないかと示すことであった。

一九三〇年代に社会主義やファシズムを批判して生まれ、四〇年代になると早くも福祉国家形成の萌芽期にあった英国を批判するに至った新自由主義は、各国の政治・社会情勢に左右され、強力な労働組合運動や労働者政党のヘゲモニーの下、多くの時間雌伏の時を過ごした。しかし、イデオローグ達の書物やメディアを使った運動、各国に支持者を広げるオルグ活動は、間歇的に米大統領選や、中南米のクーデター政権における実験に結びつき、主として一九七三年のオイル・ショック後の不況克服策として、各国で様々な社会的抵抗を受けて前進と後退を繰り返して変容しながらも、実現していったのである。

つまり、新自由主義は、ナチスを始めとするファシズムを敵とすれば市民的自由主義（国家からの自由という古典的な自由主義）を標榜してファシズムを攻撃し、ケインズを含む社会的自由主義、修正主義が福祉国家を形成するに至れば、選択の自由（国家による自由をさらに否定する新自由主義）を標榜して福祉国家を攻撃する。鵺のように変化するのは、新自由主義が敵に対する否定によって自らを成り立たせる、弁証法的な存在であるからに他ならない。

私がD・ハーヴェイによる新自由主義の定義、「経済エリートの権力を回復するための政治的プロジェクト」(1)に飽き足らなかったのは、この一点にある。というのも、新自由主義が敵と見定めれば、資本にとって都合の良い国家介入、あるいは資本自身すら、新自由主義は攻撃するはずだと主張したいからであった。

コメンテーターのみなさまだけでなく、当日会場に来て下さった清水習氏、さらには各種メディアで本書に書評を賜った多くの論者から向けられる本書への疑問点は、この新自由主義の定義に関わるものであった。よって、ここで以上のように再度強調させていただく。

(2) 新自由主義が段階性を持っていたことを明らかにする

二つには、これは本書に収録されている浅井良夫氏のコメントが強調していることであるが、私の指導教員であった渡辺治氏、そして勤務校の大先輩である後藤道夫氏が掲げる「開発主義国家論」(2)に基づいた新自由主義論、とりわけ、日本資本の多国籍企業化が遅れた結果、日本の新自由主義改革が英米に遅れて一九九〇年代にスタートしたとする仮説を批判することであった。

とはいえ、開発主義国家と命名するか否かは別として、エスピン＝アンデルセンを引くまでもなく、日本の福祉国家的性格、特にその基盤となる労働運動のあり方が、西ヨーロッパや北欧、そして米国とも異なるのは明らかである。よって、新自由主義の攻撃対象が福祉国家を支える労働組合と労働者政党ではなく、自民党利益政治とそれと結託した官僚機構になったことや、日本が金融業を始めとするサービス産業主体のグローバル経済化に後れを取ったということ自体を否定するつもりはない。

むしろ本書が志したのは、日本の新自由主義を新自由主義の一類型として客観視することによって、新自由主義が（その鵺的性格によって）攻撃対象を段階的に変化させていったこと、すなわち新自由主義に段階性があることを明らかにすることであった。

強力な製造業大企業における労働運動を攻撃すると同時にその圧力を削ぐことによって福祉を削減する段階、続いてその改革の結果余剰資金が生まれて金融業が覇権を握り国際的な資本移動を可能にするように各国に規制緩和を強制する段階、そして国際金融資本が資本増殖の基盤である企業や投資不適格な貧困者すら利益増殖の対象したことによって新自由主義改革自体が破綻し、国家権力によってそれを補おうとする段階、これである。

新自由主義の歴史的な発展段階を捉えることによって、（真贋論争のような）始期をめぐる論争を止揚するとともに、浅井氏が的確にまとめられているように、官僚統制の打破を掲げることによって支持を集める日本の新自由主義に対する批判視座を再構築する必要があると考えた結果である。必要なことは、各国の新自由主義の態様を見定めて実証的に批判ないし論争をいどむことであって、批判者同士の論争は、あくまでも批判を陶冶するために存在しているのである。

段階性を八〇年代、九〇年代、二〇〇〇年代と年代で区切ったことについては、小沢弘明氏がシンポジウム当日のコメントで厳しく批判されている。また、会場の沼尻晃伸氏からは、政権ごとに次の段階が用意されていたように読めるという批判もなされた。

この点に関する私の回答は、本書に収録された金井郁氏のコメントへの回答ともなるが、年代や政権ごとにきれいに切ることがナンセンスなのは理解しており、例えば日本における金融主導型の新自由主義改革の嚆矢が一九八六年の中曽根康弘内閣下の前川レポートにあったように、前段階のうちに伏在的に変化は進み、なかには一定の女性労働や高齢者介護に対する環境改善、国家介入といった反動も起こる。宮沢喜一内閣や民主党政権の政策はその最たるものであろう。

年代を名称に利用したのは、あくまでも段階性を明示し、日本の新自由主義の位相をより分かりやすくするための便宜上のものである。

このことによって、「新自由主義改革に遅れた日本」論を相対化する効果をどのように想定しているか。これについては、小沢氏が強く主張される、新自由主義がそもそも知識社会化に対する対応であるという説[3]に従えば、製造業中心ではなく金融を始めとするサービス産業中心の産業構造になる中、男女を問わない雇用が生まれること、それを実現するために一定の社会保障を再建せざるを得なくなることを位置づけられることが挙げられるだろう。これらは時の主流派たる資本の要請と密接に重なることである。

これを日本にあてはめて考えれば、日本の製造業大企業が、企業主義的労働組合運動の存在のお陰で一九八〇年代の製造業段階の新自由主義改革の成功によって国際競争を勝ち抜き、その後金融主導型新自由主義への転化を試みつつも、現在もなお財界トップの経団連会長が製造業大企業の出身者であり続けていること、このことは新自由主義類型の特徴をもたらす最大の要因が、その国の基軸的資本のあり方にあることを意味すると思われるのである。日本の製造業大企業が国際金融資本から株式市場や直接の企業買収圧力を通じて常に攻撃に晒されつつも、依然として自律的であることと、日本におけるジェンダー平等が他の先進諸国に比べて著しく劣っていることは、この点に起因してのことだと思われるのである。

（3）第二次安倍政権の誕生を理解する

三つ目の理由は、前著『財界とは何か』（平凡社、二〇〇五年）以降に起こった事象を新自由主義との関係で理解することである。

日本財界通史の現状分析として、主として当時の小泉純一郎内閣下の新自由主義と財界の関係を紐解いた前著では、日本の新自由主義改革が福祉国家の完成を見ることなく一九八〇年代から始まっていたが故に、いち早く社会が脆弱化して一九九〇年代の新自由主義改革に耐えられなくなったことを指摘した。そうなると小泉内閣に続く内閣――歴史的には第一次安倍内閣――が弱体化することは明らかであり、他方で財界の政治的影響力が減退することも予想された。その結果は具体的には新自由主義反動政権としての民主党政権成立へと結びつき、その民主党政権が自民党政権のままでは実現が難しかった消費税増税を手土産に自滅し、自民党に政権が返ってくることもまた容易に予想された（拙稿「誰が『経団連』を殺したか――岩崎弥太郎から奥田碩まで」『文藝春秋』第八八巻第八号、二〇一〇年六月、所収を参照）。

しかし、その民主党政権崩壊後の自民党政権が再び安倍晋三を首相に擁立したのはなぜだったのか。この事象は、新自由主義の変容との関係でどのように説明できるのか。その点の解明として用いた概念、事象が、ハーヴェイも重視している新保守主義であった(4)。

小沢氏からは、そもそも自由主義と新自由主義が同じなのか違うのか、また自由主義の変遷史が必要との批判もあったが、この保守主義についても同様の論点が生じる。私は会場でも答えた通り、単純に新保守主義を愛国心やナショナリズム、国家介入主義を意味すると捉えている。しかし、なぜわざわざ「新」を掲げる必要があるのか。

これに対しては、次のような整理が可能であろう。まず英国サッチャリズムと米国レーガノミクスが誕生した頃、彼らの政策は新自由主義ではなく、新保守主義と呼ばれた(5)。それは、それまでのリベラルな社会的自由主義ないし社会民主主義的な政治や社会を否定するために保守主義がリバイバルし、新自由主義改革遂行の梃子となっていたからであった。この保守主義的傾向を新保守主義と呼ぶことには特に異論はなかろう。

これに対し、リーマン・ショック等、新自由主義が破綻すると、政府はナショナリズムや愛国心に頼って国民の支持を調達したり国民統合の破綻を慰撫したりする。さらには破綻した金融機関を救うために国家介入を行わざるを得なくなる。

新自由主義の擬似的平等性（機会の平等）に悖り、一部の有力な資本にのみ国家権力の助けを与えるこの局面において再度登場する保守主義もまた、新自由主義を乗り越えようとするものとして、「新」を掲げた新保守主義と呼ぶべきである。

本書が、この「新保守主義は謂わば二度現れる」という整理を前提として取り組んだのは、この新自由主義が一旦破綻した後に生じる状況が、往々にして新自由主義と新保守主義の混合形態にならざるを得なくなること、当然そこには大きな矛盾が生ずるため、かつてK・マルクスがフランスを舞台に描いた「階級の共倒れ」たるボナパルティズム(6)が再現される可能性があることを唱えることであった。新自由主義を遂行しつつも格差の拡大を防ぎ、景気対策を行う政治が登場する。ハーヴェイが言うように、もし新自由主義そのものがあくまで経済エリートの権力の回復を目的とするものであって必ずしも経済的な成功を必要しないとしても、それを司る政権は国民の支持を得て政権を維持するために経済成長を必要とするからである。

無論、ハーヴェイもこの新自由主義と新保守主義の矛盾に着目しているし(7)、逆に若森章孝氏のように企業の成長を助けるための新自由主義的国家介入があり得るという評価もある(8)。浅井氏は、そもそも現代資本主義は国家介入を前提としており（介入的自由主義）、それはケインズ主義も新自由主義（フリードマン流の新自由主義は特に）も同様であると批判されている（本書収録のコメント参照）。

本書があらためて『市場対国家』[9]という文字通りの二項対立にわざわざ引き戻して考えているのは、経済的自由主義と政治的自由主義との協調と対抗関係を想起しているからに他ならない。政府は自身の正統化と国民統合のために経済成長を必要とするし、資本は経済グローバリズムの恩恵を享受するため、ナショナリズムや愛国心によって歴史問題が浮上するような状況を拒絶する[10]。

この新自由主義と新保守主義との矛盾は、独占禁止法すら資本家の目にはＧＨＱによる懲罰法規と映った日本、そして政治的自由主義の未達が言われ、本格的な社会民主主義（社会的自由主義）によって自由主義の弊害が十分に克服されることなく新自由主義に突入していった日本において、その類型上、より大きなものとなることが考えられる。第二次以降の安倍内閣が、第一次内閣ほど新保守主義的性格を前面化せず、集団的自衛権容認や共謀罪、安保法制成立の度ごとに、財界の反対を押し切ってまで賃金のベース・アップや教育の無償化、育児・介護の体制整備を打ち出すなど、非新自由主義政治を展開しているのはこの点に与ってのことだと考えられるのである。

それはリーマン・ショック後、ハーヴェイが想定したような権威主義的な弾圧ばかりでなく、世界各国でポピュリズム（大衆迎合主義）と呼ばれるべきものに新保守主義が変質し、新自由主義に代わる大きな論争テーマとなっていることとも関係し[11]、注目すべき日本型類型ということができるだろう。

本書が「モリカケ問題」のようなものが起こることを想定して終わっているのは、現政権がこうした新自由主義と新保守主義の矛盾状態にあることを主張したかったからである。

なお、本書は最終的には市場原理による「擬似的平等」調整を国民は選択するのではないかと予言しているが、それは政治的自由主義と関連したポピュリズム政治に対する分析抜きにはこれ以上述べることはできない。他日を期したい。

二　コメンテーターのご批判に対して

前記の通り、本書は司会を務められた戸邉秀明氏の言を借りれば、新自由主義の運動そのものが私をして書かしめたというべきものである。だがしかし、「あとがき」にも書いた通り、個々の論点はあまりにも穴だらけであり、個別の論点を専門の研究者に委ねるべく働きかけてはみたものの、残念ながら筆者の説に対する賛同が得られなかったため、本書はすべて自分で書かざるを得なかったという出自を持つ。

そこで以下コメンテーターのみなさまの、ご専門に基づいた個々の論点に関するご批判について、現時点での私なりの可能な限りのリプライを行うことによって、今後の広い議論の呼び水とすることとしたい。

（1）小沢弘明氏のコメント（「新自由主義の時間と空間」）に対して

小沢弘明氏には歴史学として新自由主義を捉えたことについてエールをいただくと同時に、前記「本書を書いた理由」で触れたご批判以外に、射程を一八世紀の自由主義、古典的自由主義の段階から説き起こすべきであること、そもそも新自由主義の世界史が必要であるとの、これまた厳しいご批判をいただいている（本書収録のコメントを参照）。

また、空間的にも東ヨーロッパやラテンアメリカの比較研究が可能になっているにもかかわらずそこまで射程とされていないこと、中東の情勢まで例示され、知識資本主義への転換という資本主義の構造転換に対応しているという視角の重要性をあらためて説かれた。

小沢氏の知識資本主義への構造転換という見解については、小沢氏との共著である『シリーズ戦後日本社会の歴史』第一巻（岩波書店、二〇一二年）所収の小沢論文「新自由主義下の社会――同意調達の諸相」、および歴史学研究会二〇一二年度大会全体会での小沢報告を通じて十分に咀嚼し、本書、及びその前哨戦となった拙稿「新自由主義・新保守主義の台頭と日本政治」（『岩波講座日本歴史19　近現代5』岩波書店、二〇一五年）を執筆したつもりであったが、引き続きご批判をいただいたということで、自らの力不足を恥じるほかない。

とはいえ、「新自由主義における国家」をどう捉えるのかという問題について、本書は国家が恣意的に特定の資本を支援することが政治的自由主義との関係で困難を抱えることを重視している。この点が今後「新自由主義時代の国家」を考える上での一地点を印すであろうこと、さらに政治的正統性護持のために対外政策との関係を考察する起点ともなり得ることを指摘しておきたい[12]。

新自由主義の世界史構築のために今後も努力していきたい。

（2）浅井良夫氏のコメント（「日本経済史の観点から」）に対して

浅井良夫氏には、日本の新自由主義が一九八〇年代に始まっていた、財界の危機感を過小評価すべきではない、と、私の説にご賛同いただいた。他方で、特に経済史の現在の研究水準から見た本書の至らなさについては厳しくご批判いただいている。

その中で、日本がそもそも自由主義的だったと言うのは無理があるという批判、「日本は労働組合運動が弱かった」というだけでいいのではないか、とのご批判については、いくつか再反論をさせていただき、今後の議論の深まりを期待したい。

まず、なるほど戦前期の経済的自由主義思想については、私も見つけることが難しく、むしろ社会的自由主義としての「新自由主義（new-liberalism）」を財界人の小林一三すらが受け入れていた点に驚きすら覚えた。とはいえ、その小林は本格的な国家介入の時代を迎えて反旗を翻し、戦後財界はその戦時統制の負の記憶をもとに再構成された。それが故に戦後財界は政府の産業政策一つ取っても、直接的ではなく間接的なものでなければ受け入れなかった。

また、前著『財界とは何か』で論じているがため、本書では後景化してしまっているが、GHQの置き土産であった独占禁止法と戦後日本財界の関係は、独禁法制がそもそも新自由主義者の間でも意見の一致を見ない一大論点であることに鑑みれば、この経済的自由主義の日本におけるあり方を考える上で重要である。自由にカルテルを結ぶことを自由主義と考える稲山嘉寛流の財界の自由主義は、市場を成り立たせるための政府の最小限の介入すら拒否する意味合いを有する。そうした財界の姿勢こそが、財界の意見を十分に咀嚼した経済審議会で決定される各種経済計画を、間接的なものに留め置いたのである。

この、そもそも計画経済的ではない、間接的な産業政策、経済計画の下に育まれた戦後日本経済が、規制緩和や民営化といった新自由主義政策によって息を吹き返すことは難しいだろう、ということを強調するために、戦後日本の経済政策は自由主義的だったと述べたわけである。

この点は、最近新訳が出たC・ジョンソンの『通産省と日本の奇跡』の再検証などを通じて、今後さらに踏み込んでみたい。(13)

労働組合運動について、なぜそれを「弱い」で片付けなかったのか、と言えば、一つは労働組合が協力した新自由主義という、日本の新自由主義の歴史的展開を重視したいからである。もう一つには、一九七五年の高賃上げ路線からの転轍の理由が、労働組合側（直接的には鉄鋼労連の宮田義二）の賃金決定への政府介入忌避、所謂「所得政策」を拒んだこと、ここにあったことを重視したいからである。

このことは、浅井氏がコメントの中で提起し、全体討論でも小沢氏や源川真希氏を交えて議論になったコーポラティズムとの関係も交えて考察されるべきである。というのも、労資協調は、それがファシズムの基盤の一つになったことからも分かる通り、資本の側を利するように転換する危険性を常に持っている。さらに、日本の労働運動が、財界と同様に戦時体制の負の記憶を持っていたこと、加えて、実は総評にも社会党にも国家介入忌避の傾向があったことが、国家を交えて労使関係を調整する機会を消滅させたこと、この日本の労働運動の政治的自由主義についての姿勢が、日本の新自由主義が一九八〇年代において急進していく大きな原因だったということはもっと重視されていいだろう。

したがって、私が特にコーポラティズムに期待しているということはない。現在の連合が政府の介入による賃上げ要請に強い違和感を抱いていることを見ても[14]、日本の新自由主義の社会的基盤がいかに強いのかを、直視していただきたいと考えるだけである。

(3) 源川真希氏のコメント(日本政治史——特に都市再開発の比較政治史——の観点から)に対して

源川真希氏には、都市再開発を題材に、新自由主義を推進する政治の主体と資本の運動との関係という観点からコメントをいただいた。一九九二年から九四年の野村総合研究所研究員時代、バブル期の都市再開発と地方のリゾート開発が破綻した「後始末」を主たる業務としていた私としては、日本の都市再開発の時代区分が、概ね本書の新自由主義の時代区分と一致するとされたことに胸をなで下ろした次第であった。

しかしながら、米国のアーバン・リベラリズムやオーストリアの社会民主党による都市開発が、格付け機関や資本側の要請によって新自由主義的に変質していったのに対して、美濃部革新都政の都市再開発が資本の要請に対抗的だったこと、そして日本の民主党政権における都市再開発まで視野に入れると、日本の都市開発が資本の要請によって変質したというよりは、保守政治自体の選択によって変質したと考えられるという問題提起は、実は本書を貫く財界の運動とその変質、そして新自由主義に対する社会的合意が原動力になって日本で新自由主義が展開していったという仮説への根本的な批判になっている。

この、社会主導ではなく、国家主導の新自由主義という「新自由主義における国家」の問題につながる源川説に対する再反論をする余裕はさしあたりないのであるが、本書がこだわった、新自由主義改革の司令塔となった政策決定機関が、審議会方式を採っていたこと、このことと都市再開発が国家主導となったことは密接に関係しているものと思われる。例えば、第二臨調と第一次行革審の中で民活路線が決定されていったことである。これは国民所得倍増計画を策定した経済審議会に代表される、国家の直接的な介入を阻むための合議方式であって、その施策の方向性も、国家統制ではなく、間接的な誘導政策である。都市再開発も、国家主導とはいえ、その方式は国民所得倍増計画で定式化された関係の延長線上にあるのではないか。

この問題提起については、さらに実証的に掘り下げていきたい。

（4）金井郁氏のコメント（菊池信輝著『日本型新自由主義とは何か』をジェンダー視点から読む」）に対して

本シンポジウムの企画が立ち上がった段階で最も頭を抱えたのが、金井郁氏がジェンダーの観点から本書を批判されるということであった。金井氏がコメントを本書に再録するにあたってより明確に主張されているように、本書にジェンダー視点はない。

このことは、これまた「あとがき」に書いたように、本書が一九八九年の一・五七ショックに触発され、日本が一九八〇年代に新自由主義改革を行って短期的な成功は収めたものの長期的な成長を失った、と書いた卒論をもとにしているという出立を考えれば、二一世紀にこのような新自由主義論を発表せざるを得なかったことは誠に残念なことである。

逆に言えば、ほんとど展開できてはいないものの、私は四半世紀前から一貫して「日本型福祉社会論」を新自由主義の一形態と捉えてきたのであるから、その観点から金井氏のご批判を検討してみたい。

本書は――浅井氏に批判されているが――日本は一貫して自由主義的だったのではないかという筋に沿って描かれている。戦後の経済成長が、日本型経済システム（日本的雇用システム、間接的介入型の政官財関係を含む）を形作りながら展開する過程で、男性稼ぎ主型の家族が基本とされた企業の雇用システムが、民間大企業製造業企業内の労使の対立と協調の中で形成された。これはそれが当時の日本企業にとって（労働者を支配する上で）効率的だったから選択されたからに他ならない。

国の社会福祉や社会保障は、この大企業製造業内の企業内福祉の存在を前提にして後追い的に設計され、大企業労働者向けには企業内福祉を支援する形を取り、それに与ることができない周辺層向けに直接的なサービスの提供を行う二重構造となった。これは米国型の福祉国家構造と似た構造である（だから社会保障システム的にも自由主義的だと言いたい）。

ここに石油ショック後、低成長下での新自由主義改革の検討が始まると、こうした構造を活かす形で、福祉と介護を家族という社会領域に差し戻す「日本型福祉社会論」が構想された。重要なことは、「グループ１９８４」にも自民党の「日本型福祉社会論」にも共通していたことで、「社会」は単に家族を意味するだけではなく、「企業」、もっと言えば「企業内福祉」を含んでいたということであった。

本書が重視したのは、この「企業内福祉」を前提にした「日本型福祉社会」は、なるほど大企業への就職以外の幸福モデルを失う中、教育も含め特異に競争的な社会となって、一九八〇年代の新自由主義改革成功の一因となったが、それがバブル経済の崩壊の中で立ち行かなくなると、そもそものシステムの土台が崩れる結果、さらなる新自由主義改革に耐えられなくなる結果を生んだということであった。

だから、石油ショック後の低成長下、パート・アルバイト化が進んで女性の非正規化が顕著になった段階から、一九九〇年代後半になって男性稼ぎ主においてすら非正規化が進む段階になると、政府は一方で新自由主義改革を行いながら、他方で福祉拡充政策を行う、「福祉を作りながら壊す」矛盾した状況が起こった。そうしなければ政権の安定が得られないし、財界もデフレ・スパイラルの危険性を覚えてそれを容認せざるを得なくなったからである。

本書は、これを福祉国家の完成（普遍主義的な福祉提供の段階）を見ずに新自由主義改革を行った日本のアイロニーだと言ったわけである。財界すら「セーフティ・ネット」の必要を（それを全額消費税で賄えと言っているとはいえ、それは政治的に暗礁に乗り上げている）唱えた一九九八年の「経済戦略会議」以降、日本では、純然たる理論的新自由主義の遂行、急進的な新自由主義の遂行は不可能となったのである。

その過程――漸進主義的な新自由主義、ないし新自由主義と新保守主義の混合形態――で、様々な労働者、特に女性向けの施策が出てくることになるが、それらが多分に弥縫策的で抜本的なものとならないのは、こうした事情によっているのだと思われる。

金井氏からは他にもフェミニズム運動が（家父長制を否定するあまり）新自由主義と親和的になる側面を有すること、日本企業の人口構成上、必然的に構造変化が生じたのではないか、安倍政権の女性政策をどう見るか、といった興味深い論点が提示されている。

フェミニズムと新自由主義との関係については、ナンシー・フレーザーの講演録など[15]に注目し、検討してはみたものの、最近の同時代史学会二〇一七年度大会シンポジウム（二〇一七年一二月一〇日）での報告「日本型新自由主義と社会運動」でも結局十分に取り扱えず、研究中としか言いようがない。また、日本企業の雇用メカニズムについては、近年特に各社ごとに相当程度に多様なものとなっているため、これといった定式化が不可能になったように思われる。

第二次安倍政権（第二次内閣以降）の社会・労働政策については、「安倍政権の社会・労働政策と経営者団体」と題した論稿を『大原社会問題研究所雑誌』に発表したところである[16]。そこでは、安倍首相は憲法改正に向けた支持率維持のためになりふり構わない政策を遂行し、財界は安倍一強体制の中、社会政策や労働政策について譲歩すら迫られている、とまとめている。これも（モリカケ問題と並んで）新自由主義が破綻した後の、新自由主義と新保守主義の混合形態がもたらした状況であると言えよう。参照されたい。

おわりに

これまでリプライしてきた内容から分かる通り、本書は多くの問題を残している。

シンポジウムの全体討論では、これ以外にも、瀬畑源氏からは明仁天皇と新保守主義の関係、大串潤児氏からは文化や社会との関係、清水習氏からはフーコーの議論との関係、といった多様な論点が提供され、どれも検討不足のまとなっている。

本書をもとに、より一層の議論が深まっていくこと、また、筆者自身がその論争に加わることができるような、平和な研究生活が返ってくることを願ってやまない。

注

（1）D・ハーヴェイ（渡辺治・森田成也・木下ちがや・大屋定晴・中村好孝訳）『新自由主義——その歴史的展開と現在』（作品社、二〇〇七年）三二一頁。

（2）後藤道夫編『ポリティーク05　特集　開発主義国家と「構造改革」〈労働法律旬報別冊〉』（旬報社、二〇〇二年）、および渡辺治「日本の新自由主義――ハーヴェイ『新自由主義』に寄せて」（前掲ハーヴェイ『新自由主義』所収解説）を参照。

（3）小沢弘明「新自由主義下の社会――同意調達の諸相」（安田常雄他編『変わる社会、変わる人びと――二〇世紀のなかの戦後日本〈シリーズ戦後日本社会の歴史1〉』岩波書店、二〇一二年）、同「新自由主義時代の歴史学の課題1」歴史学研究会編『第4次現代歴史学の成果と課題1　新自由主義時代の歴史学』績文堂出版、二〇一七年所収、および本書収録コメントを参照。

（4）前掲ハーヴェイ『新自由主義』一一五―一二一頁。

（5）法政大学比較経済研究所・川上忠雄・増田寿男編『新保守主義の経済社会政策――レーガン、サッチャー、中曽根三政権の比較研究〈法政大学比較経済研究所・研究シリーズ5〉』（法政大学出版局、一九八九年）。

（6）カール・マルクス（村田陽一訳）『ルイ・ボナパルトのブリュメール一八日』（大月書店、一九七一年）。

（7）前掲ハーヴェイ『新自由主義』二七〇―二八四頁を参照。

（8）若森章孝『新自由主義・国家・フレキシキュリティの最前線』（晃洋書房、二〇一三年）、八三―八六頁。

（9）ダニエル・ヤーギン、ジョゼフ・スタニスロー（山岡洋一訳）『市場対国家――世界を作り変える歴史的攻防』上・下（日本経済新聞社、一九九八年）。

（10）ハーヴェイはこの緊張状態に向けて新自由主義に対抗する諸運動が糾合してオールターナティブを構築していくことを想定している。前掲ハーヴェイ『新自由主義』二八〇―二八四頁を参照。

（11）ポピュリズムに関する言説が、日本では小泉純一郎政権辺りから橋下徹の登場に一旦ピークを迎えたことも、新自由主義の破綻との関係から注目される事態であろう。大嶽秀夫『日本型ポピュリズム――政治への期待と幻滅』（中公新書、二〇〇三年）、同『小泉純一郎ポピュリズムの研究――その戦略と手法』（東洋経済新報社、二〇〇六年）、吉田徹『ポピュリズムを考える――民主主義への再入門』（NHK出版、二〇一一年）、渡邉恒雄『反ポピュリズム論』（新潮選書、二〇一二年）等を参照。近年ではトランプ政権の誕生や英国のEU離脱、移民問題の深刻化、そして日本における安保法制反対デモなど、各国のポピュリズムに視野が広げられているが、管見の限り、本書で言う新自由主義と新保守主義の矛盾の故にポピュリズムが発生するという捉え方はあまりなされていないようである。水島治郎『ポピュリズムとは何か――民主主義の敵か、改革の希望か』（中公新書、二〇一六年）、木下ちがや『ポピュリズムと「民意」の政治学――3・11以後の民主主義』（大月書店、二〇一七年）、ヤン＝ヴェルナー・ミュラー（板橋拓己訳）『ポピュリズムとは何か』（岩波書店、二〇一七年）などを参照。なお、当然のことながら、ポピュリズムの捉え方は論者の間で統一が取れておらず、本書でいう新保守主義をポピュリズムとしているもの、左派ポピュリズムと右派ポピュリズムの区分けとその批判、ポピュリズムを新自由主義と新保守主義に対抗する民主主義の姿と期待する論等々あり、新自由主義のそれに輪を掛けて概念整理の必要性が高まっていると言える。

(12) この「新自由主義における国家」についての考察については、若森章孝、植村邦彦著『壊れゆく資本主義をどう生きるか――人種・国民・階級2・0』唯学書房、二〇一七年の特に第一、二章、ボブ・ジェソップ（中谷義和、加藤雅俊、進藤兵、高嶋正晴、藤本美貴訳）『国家：過去、現在、未来』御茶の水書房、二〇一八年の特に第八、九章、そうした国家論の批判も視座に置いている稲葉振一郎『「新自由主義」の妖怪―資本主義史論の試み』亜紀書房、二〇一八年、同『政治の理論』（中公叢書）』中央公論新社、二〇一七年、を参照。

(13) なお、この点につき、二〇一八年五月二七日開催の歴史学研究会二〇一八年度大会現代史部会において、報告者の土屋由香氏から、日本の最初の原発が米国型の軽水炉となった背景に、政府・通産省が英国型黒鉛炉導入を推進していたことに対し、電力国管の苦い経験を有する財界の反発があったという経緯をご紹介いただいた。記して感謝したい。

(14) 神津里季生『神津式労働問題のレッスン』（毎日新聞出版、二〇一八年）を参照。

(15) ナンシー・フレーザー（関口すみ子訳）「フェミニズム、資本主義、歴史の狡猾さ」（『法学志林』第一〇九巻第一号、法学志林協会、二〇一一年八月）、上野千鶴子「ネオリベラリズムとジェンダー」（『ジェンダー研究』第二〇号、お茶の水女子大学ジェンダー研究センター、二〇一七年）、大嶽秀夫『フェミニストたちの政治史――参政権、リブ、平等法』（東京大学出版会、二〇一七年）。

(16) 拙稿「安倍政権の社会・労働政策と経営者団体」（『大原社会問題研究所雑誌』第七一五号〔特集　経営者団体と労使

関係――安倍政権の社会・労働政策と経営者団体」、二〇一八年五月）を参照。

【特集論文】

都市における水辺空間の再編

――一九七〇～八〇年代の川をめぐる諸運動と政策――

沼尻　晃伸

はじめに

本稿は、都市の水辺空間の利用をめぐる諸運動と政府の政策との間でのせめぎ合いと相互の連関を、一九七〇～八〇年代を中心に分析し、当該期における日本の都市空間再編の一特質を歴史的に位置づけることを課題とする。

二〇世紀後半の都市空間の意味変容という点で、重要な問題提起をしているのが、デヴィッド・ハーヴェイの議論である。以下に、ハーヴェイの議論を紹介しておこう。

自動車が往来する以前には、道路はしばしばコモンであった。それは、人々が交流しあう場所であり、子供たちにとっての遊びの空間であった。（中略）だが、この種のコモンは破壊され、自動車の往来に支配される公共空間へと変貌してしまった（それゆえ都市行政は、歩行者天国や歩道沿いのカフェ、自転車専用道路、遊びの空間としての公園などを整備することで、過去の「より文明的な」コモンのいくつかの面を復活させようとする）。しかし、こうした新たなタイプの都市コモンズを創出する試みは実に易々と金儲けに利用されうる。それどころか、最初からそのことを念頭に置いて計画される場合もある。都市の公園は、その周辺地域における住宅不動産価格をほとんど常に上昇させる（もちろん、公園という公共空間が、ホームレスや麻薬の売人を締め出すために管理され警備されることを前提としての話だ）。[1]

ハーヴェイは、子どもたちの遊び場であった都市の道路が自動車の往来する公共空間に再編されてしまった点、同時に新たなタイプの「都市コモンズ」を創出する試みが資本主義的アーバナイゼーションのなかで進む点を描いている。本稿の課題も、このような地域住民の「コモン」であった水辺の意味変容を明らかにする点にあるが、水辺を単に「資本主義的アーバナイゼーション」に取り込まれる存在として捉えるのではなく、種々の政策のもとで水辺空間を利用し守ろうとする人々の存在に注目し、その視点から空間の変容を追究する。具体的には、以下の三点が検討課題となる。

第一に、水辺に対する諸運動とその変化を明らかにする。一九七〇年代は、公害に対する反省とアメニティへの関心が広がり、「環境権」を主張する運動が全国各地で生じた。これらの運動は、どのような水辺空間と人々との関わりのなかから生まれてきたのか。運動を進めていく上で、人々は何に自らの主張の根拠を求め、どのようにそれを実現しようとしたのか。それらの内容とその変化を追究する。

第二に、水辺空間に対する政府の認識と政策を明らかにする。建設省など水辺を管轄する省庁に注目し、そこで打ち出される新たな政策が、人々の意識や生活をどのように反映した（あるいはそれらと矛盾した）ものであったのかを検討する。なお、一九八〇年代後半は、対米関係に規定されての内需拡大方針のもとで、政府が巨額の公共事業を実施したことで知られている。[2]このことが、水辺空間に与えた影響についても検討する。八〇年代後半の公共事業の増加については、ウォーターフロントにおける都市再開発の問題としてこれまで注目されてきたが、広く都市空間全般の問題として検討される必要があろう。

第三に、一九八〇年代における消費社会化、サービス化など、人々の生活変化が水辺空間の変化を促した側面について明らかにする。吉見俊哉は、当該期における消費空間の演出戦略や都市空間のセグメント化、イメージの培養などの論点を提起したが(3)、消費社会化・生活スタイルの変化が都市空間の変容に与えた意味については、より多面的に追究する必要がある。本稿では、特に対象時期のモータリゼーションに注目する(4)。

以上の検討課題に即して、本稿では都市の水辺空間、なかでも種々の川を対象として議論を進める。多様な諸運動の動向を把握するため、同時代に刊行された複数のミニコミを取り上げ、人々にとっての水辺の意味や実際の利用の変化、政府・自治体による公共事業の受け止め方を明らかにする。そのような視点から、当該期における水辺空間の再編を歴史的に位置づけていきたい。

一　水辺への政策の広がりと諸運動

（一）河川敷への政策と利用

一九六〇年代は、政府の河川敷に対する政策の一つの画期であった。一九六四年に新河川法が制定され、その前後から河川敷の「不法占拠」バラックが河川行政上の重要課題となり、バラック居住者の立ち退き策が建設省や自治体などによって講じられた(5)。他面で、政府が進めようとした河川敷を利用する政策とは、公園や運動施設などを河川敷に整備することであった。一九六四年の東京オリンピック開催後に、政府は「国民の健康、体力増強対策」の一環として「国民広場」としての河川敷の利用の検討を開始した。これに伴い建設省は、六五年に河川敷地占用許可準則を定め、河川敷地は公共用物として一般公衆の自由な使用に供されるべきとの基本方針を定め、この方針に基づき多摩川では、それまで河川敷を占用していた民間施設を順次、公園・運動場などに開放することを主旨とする「第一次河川敷地開放計画」が実施された。一九七〇年度に建設省が創設した都市河川環境整備事業では、水質改善を目的とする河川浄化事業とともに、河川の高水敷を整備し公園や運動広場などに供することを目的とする河道整備事業が組み込まれた(6)。

一九六〇年代半ばからの建設省の政策が具体化された典型的な河川の一つが、河川敷に国営公園が建設された淀川であった。河川敷地占用許可準則制定後、近畿地方建設局淀川工事事務所は河川公園に関する計画を策定した。その後建設省、大阪府、淀川流域の自治体関係者よりなる淀川河川公園連絡協議会が設置され、公園設置に関する予算要求を続けた結果、一九七二年度から事業が着手され、七三年に一部地区が仮オープンした(7)。

淀川河川公園に関しては、革新系の府議会議員から要望が出された。枚方市選出の府議会議員岡市喜太郎（社会党）は、一九七一年二月の大阪府議会土木常任委員会で、淀川河川公園の建設を促進する点を述べるとともに、淀川の「堤防については、この暴騰する土地の活用といいますか、これをはかって交通地獄といわれておりますが、これの対策に主要幹線として利用をしていただけるように」と要望した(8)。後述するように、この時期には河川敷や堤防を公園・道路などに用いることに反対する住民の動きが生じていたが、府議会での岡市のこの日の発言に対し、そのような議論が交わされることはなかった。

（二）市民生活・諸活動の場を水辺に求める運動

政府の政策が進むのとほぼ同じ時期に、全国各地で水辺を守ろうとする諸運動も生まれていた。宮本憲一は、一九七〇年代からのアメニティを求める世論・運動を（一）都市の中へ自然を返せという運動、（二）歴史的町なみ保存運動、（三）都市の文化の再生を求める運動の三つに分類した上で、「とくにに注目されるのは、水都・水郷の再生・創生をもとめる住民の世論と運動」であったと論じている。(9) 本稿では、このような宮本の指摘を踏まえ、なかでも川を守る諸運動に注目し、立教大学共生社会研究センター所蔵の「市民活動資料コレクション」に含まれる一九七〇年代に刊行された会報などのミニコミを検討する。(10)

表1は、一九七〇年代の川を守る諸運動に関するミニコミをまとめたものである。表1の分類（（a）＝市民生活・諸活動の場を水辺に求める運動、（b）＝川や水辺の自然を守ることを第一に求める運動、（c）＝個別の公害・公共事業に反対する運動）は、便宜的な分類で、とりわけ（a）には、（b）や（c）の性格を有するものも含まれる。本稿では、（c）を検討する余裕はないので、以下、（a）（b）を中心に川を守る諸運動の論理をみる。

分類（a）の運動の先駆と考えられるのが、三多摩問題調査研究会であった。同会は、東京都小金井市における司法試験のための勉強会のメンバーなど、若い世代が中心となり生まれた団体であった。(11) 雑誌『地域開発』一〇〇号記念懸賞論文に入選した同会の研究成果「野川と社会開発」を収録した『水辺の空間を市民の手に―水系の思想と人間環境』を一九七三年に刊行し、機関誌『野川を清流に』の刊行を続けるなど、同会は多摩川の支流である野川との関わりに活動の場を求めた。会員数は一九八〇年時点で三〇余名（ピーク時は五〇名）、会の活動については（一）野川流域の流水調査、（二）滄浪泉園の緑地保全、仙川小金井分水路工事差止請求を求める住民運動の支援などにみられる「水と緑の安全な町づくり」、（三）流域下水道の可能性と限界に関する調査研究、（四）わんぱく夏祭りの実施、（五）多摩の将来像に関する研究の五つにまとめているが、(12)『野川を清流に』には、野川流域を歩く会の実施や他団体と共同で開催される集会への参加・報告などもみられ、(13) 川と関わった多様な市民活動が確認できる。

三多摩問題調査研究会のこれらの運動をその論理に即してみると、以下の三点にまとめられる。第一に、自らの活

表1　川を守る市民団体が刊行した刊行物（1970年代）

分類	誌名	団体名	立教大学共生社会研究センター所蔵分の開始号・年月
（a）	野川を清流に	三多摩問題調査研究会	28号（1976年3月）
	桜川	土浦の自然を守る会	3号（1973年3月）
	さくら通信	真間川の桜並木を守る市民の会	2号（1979年6月）
	筑後川	筑後川を守る会	10号（1979年10月）
	十勝川を守る会ニュース	十勝川を守る会	1号（1978年4月）
	呑川だより	呑川の環境を考える会	1号（1979年11月）
	わたらせ川通信	渡良瀬川研究会	5号（1979年10月）
	高知県川をきれいにする	高知県川をきれいにする会	7号（1978年5月）
	旧中川対策ニュース	旧中川対策協議会	9号（1970年4月）
	中島川と長崎	中島川を守る会	26号（1979年5月）
	十勝川	十勝川を守る会事務局	3号（1978年8月）
	筑後川水問題研究会会報	筑後川水問題研究会	1号（1978年10月）
（b）	緑と清流	多摩川の自然を守る会	—（1973年1月）
	川のしんぶん	多摩川の自然を守る会	1号（1976年10月）
	武庫川通信	武庫川の自然を守る会	1号（1978年2月）
	淀川の自然を守る会	淀川の自然を守る会	14号（1976年11月）
	相模川河口の自然を守る会会報	相模川河口の自然を守る会	9号（1978年5月）
（c）	境川	境川流域下水道計画反対連絡会議	4号（1975年5月）
	月刊　川吠え	長良川河口ぜきに反対する市民の会	1号（1974年3月）
	生命と水	危険な仙川小金井分水路から市民の生命と水を守る会	1号（1976年12月）
	えらいこっちゃ	琵琶湖・淀川汚染に反対する大阪府民連絡会議	4号（1976年11月）
	合成洗剤研究会会報	合成洗剤研究会事務局	1号（1979年3月）
	合成洗剤ボイコットニュース	合成洗剤をボイコットする連絡会三重県センター	11号（1976年5月）
	合成洗剤不買通信	合成洗剤不買同盟	3号（1976年3月）
	海鳴り	矢作川流域下水道反対市民の会	13号（1978年1月）
	蛙聲通信	甲田寿彦	4号（1970年2月）
	銀河	新潟水俣病を考える会・新潟自主講座実行委員会	2号（1972年1月）
	支援通信　鬼退治の旅	新潟水俣病を考える会	—（1972年6月）
	阿賀の岸辺に	新潟水俣病を考える会	3号（1974年2月）
	新潟水俣病とたたかう	新潟水俣病共闘会議	1号（1970年3月）

注）立教大学共生社会研究センター所蔵「市民活動資料コレクション」のなかで、発行年が1970年代で「川」という語でキーワード検索し対象となったもののなかから、内容的に都市部とその周辺の川の水・水辺を守る住民運動と関連しているミニコミを挙げた。「分類」は、（a）＝市民生活・諸活動の場を水辺に求める運動、（b）＝水辺の自然を守ることを第一に求める運動、（c）＝特定の公害・公共事業との関連が深い運動とし、多様な内容を含むもの、所蔵号数が少なく性格が判断し難いものは（a）に入れた。

動を「市民による〝ふるさと〟づくり」[14]と規定する一方で、その正当性を「環境権」という言葉で表現している点である。「環境権」については、「すべての人々がより良き環境を享受する権利」であり「私物化の対象とされてはならない」と規定した[15]。「〝ふるさと〟」という言葉から想起される人と川との関係を重視しつつ、そこに「環境権」という権利概念を関連づけようとしていたことがわかる。第二に、「市民の手」による「水辺の空間」作りの強調である。同団体の主張は、水質汚濁などの公害問題の指摘のみならず、「コンクリートの川床張り」などの公共事業批判に及んだ[16]。「市民の、まさに市民による市民のための水の制御」という言葉に示されるように[17]、一旦は公害や公共事業によって市民の手から離れてしまった「水辺空間」を市民の手に取り戻すことを求めた。第三に、自治体や他の団体との関係である。同会は、前述したように仙川小金井分水路工事に関する裁判闘争を行った住民運動を支援するなど、時として自治体と争う姿勢をみせたが、他方で滄浪泉園の保全を求める運動の際には、自治会や婦人団体、こども会、青年会議所などの賛同団体とともに「滄浪泉園の保全と活用に関する請願」を小金井市に提出した[18]。都議会でも自民、社会、共産、公明の議員が滄浪泉園を自治体が買い上げる方向での意見を述べ[19]、同敷地は都によって買収された[20]。このように、身近な景観保存のために保革双方の勢力と手を組み自治体の活動に影響を与えた点に、同会の活動の特徴がある。表1（a）のなかでは、土浦の自然を守る会も、水辺での多様な市民活動を進める点、自治体との関係を重視している点において、三多摩問題調査研究会と共通した性格を見て取ることができる。

（三）水辺の自然を守る運動

次に表1（b）に分類された団体をみよう。ここで取り上げるのは、多摩川の自然を守る会と淀川の自然を守る会である。

多摩川の自然を守る会は、一九七〇年二月に自然保護団体や日本野鳥の会の有志などによって結成された[21]。同じ時期に、都が発表した多摩川の堤防道路建設計画への反対運動を行っていた住民が、同会に合流することによって運動は広がったという。[22]淀川の自然を守る会は一九七二年に設立されたが、その契機となったのが、建設省近畿地方建設局による淀川の河川改修工事と前述した国営淀川河川公園の建設であった。これらの事業によって、湿地帯がなくなり植物や魚貝類に深刻な影響を与えることが危惧されたため、大阪南港の野鳥を守る会など七団体が参加協力して、同会を設立した。[23]政府や自治体による公共事業の実施が、会の設立や拡大の契機となっていたといえよう。

これらの運動の特徴は、以下の三点にまとめることができる。

第一に、もともと自然保護運動から出発していることから、水辺の自然観察会や歩く会の定期的な開催が活動の中心の一つになっている点である。それらの活動報告は、会誌『川のしんぶん』や『淀川の自然を守る会』に掲載された。後述するような水辺や川原の変化は、このような実際に水辺を歩く活動のなかで認識されていった。

第二に、生活と結びついた「自然」としての川の価値を、住民が運動の過程で認識していった点である。この点については、一九五〇年代に東京都狛江市に転居し、後に多摩川の堤防道路建設計画への反対運動から多摩川の自然を守る会に参加した横山理子の回顧が参考となる。横山は、子どもたちが多摩川の自然のなかで「思う存分のびのびと育つことができた」点、「多摩川べりにできた大会社の社宅は、『子育てのアパート』といわれて、幼児期の子供を持つ人たちが多く住んだ」点、開発が進み「自然が失われていくにつれて、春秋の休日の多摩川は、安らぎを求めて来る人で賑わい、その数は年とともに増し」た点を述べる。[24]しかし、多摩川の自然と自らの生活との結びつきを自覚したのは、多摩川の自然を守る会の運動に参加してからであった。一九七〇年九月に「多摩川を救え」というテーマの住民大会に参加した横山は、講師として招かれた宮脇昭の講演を聞き「自然観」が転換したという。「いま改めて見直してみると、庭先の多摩川堤が、やはり自然そのものである、と気がつくようになった。私たちはたしかにその中に四季を感じ、季節を求めて生活していたことに気がつくようになったのである。身近な自然、それは生活の中に溶け込み、意識にのぼってくることが少ないけれども、何と大きな役割を持っていたことか。それなくしては、むしろ私たちの生活そのものが考えられないほど、大切な意味をもっていたことに、今さらながら気がつくようになったのである。私たち人間も、自然の生態系の一環として、その生活を持っているのだ」[25]。横山は、「自動車道路をつくることによって、多摩川と住宅区が隔絶されてしまう、という事態が目前に迫るまで、私たちはそれを自覚することができなかったのだ」とも述べている[26]。以上の横山の回想から、一九五〇～六〇年代に転居してきた住民にとって多摩川の自然は生活の上で重要な役割を果たしていた点、にもかかわらず、そのことの意義を横山自身においても当初は明確に自覚しておらず、運動に参加する過程で気づいていった点が読み取れる。

第三に、これらの運動は、水辺の生態系を守ることに運動の主眼が置かれたため、川原の公園やスポーツ施設化に対して反対の立場をとった点である。この点で、国の政策と真っ向から対立したのが、淀川の自然を守る会であった。建設省による治水のための河川改修と国営淀川河川公園の建設に対して、淀川の自然を守る会会長の筒井嘉隆は、工事が予定通り進むと「高水敷と低水敷が完全に分離されて水際線の湿地帯が失われる」ことを問題視した[27]。公園の建設についても「建設省は人工の都市公園をも〝自然〟と考えているようである」が、「アスファルトで舗装したサイクリングロード、幾何学模様にコンクリートで囲った花壇、石膏広場・芝生・噴水・カスケード・野外展示場・児童遊戯場、どこにも自然はない」と述べ批判した。そして「どこの空地にでも造れる運動場施設のために河川敷を破壊することには反対である」と述べ、河川敷にあるゴルフ場を公園に転用することを主張した[28]。筒井の議論は、固有の生態系が育まれている水辺空間を「空地」とみなして破壊し公園建設を進める建設省の政策を批判するものであった。もっとも、建設省もこのような批判を予め想定し「淀川河川公園計画は決して野球場や陸上競技場で高水敷を埋めつくすことでもなければ、淀川の自然の破壊を企んでいるものでもない。抽象的かも知れないが、人間と自然の触れ合いをテーマとして調和点、妥協点を見出そうとしているのである」と説明していた[29]。その後、淀川の自

然を守る会は、建設省近畿地方建設局による事業を認めつつ、自然保護の観点から計画変更を求めるように運動を進めた。(30)

以上のように、一九七〇年代前半において、建設省や自治体が政策の対象とした「水辺空間」には、住民生活と水辺との多様な結びつきが既に存在しており、そのような結びつきを可能とする生態系が存在していた。建設省や自治体は、その空間にインフラや公園などの整備を進めたため、水辺を守る諸運動と時として対立した。七〇年代前半は、環境庁の設置（一九七一年）、自然環境保全法制定（一九七二年）、東京都における「東京における自然の保護と回復に関する条例」制定（一九七二年）など、(31)国・自治体の自然保護行政が開始される時期でもあり、水辺空間を対象とした諸政策が分立し始める時期であった。

二　一九七〇年代後半における新たな動き

（一）政策としての「河川環境」

一九七〇年代前半における水辺空間への諸要求を踏まえ、河川敷の利用に関して建設省が進めた政策が、河川環境管理計画の策定であった。一九七五年に発足した河川環境管理財団に対し、建設省は、多摩川、荒川、江戸川の三河川に関して河川環境管理計画の策定を委託し、同財団では学識経験者や地方公共団体関係者などを構成メンバーとした河川環境管理委員会を設置した。(32)同委員会多摩川部会長を務めた西川喬は、河川敷空間のみの利用調整をもって河川環境管理計画とする考え方をとらず、委員会では（一）治水、（二）利水、（三）水質、（四）防災、（五）都市部におけるオ水と緑のオープンスペースの五つに配慮し計画を策定することにした。その上で、「検討の中心は（四）、（五）

に集約されるであろうが、重要なことは治水、利水も含まれるということ」「五項目についてのプライオリティーはないということが、自然保護団体、河川利用者側等からの要請で確認されている」が、治水及び利水機能への配慮を十分に行うことがその前提であり、特に治水の安全性の確保は「河川の側として絶対譲れない一線」である点を強調した。(33) 治水などの建設省河川局の中心的業務を前提として、「河川環境」という新たな考え方を創出しようとしていたことがわかる。

こうして、一九七〇年代後半には前記三河川で河川環境管理計画の策定が進められた。この時期の主要都市河川の実態調査を行った『多摩川』編集班(財)とうきゅう環境浄化財団)では、各都市とも河川敷の整備についての調査研究が進んでいること、親水計画の先駆的事例として国営淀川河川公園が存在することが紹介された。(34) 首都圏と近畿圏の大河川の河川敷に対して、建設省の政策が進捗している様子がうかがえる。

(二) 異なる政策間でのせめぎ合い

一九七〇年代に開始した東京都の自然保護行政の動きをみると、東京都自然環境保全審議会は多摩川を「自然環境保全地域」として指定することを準備した。一九七四年と一九七七年に発表された「東京における自然の保護と回復の計画」のなかで、計画指定地域は二子玉川から青梅市の神代橋までの約四〇km、計一三五〇ha、河川敷のほぼ全てが含まれた。都の公害局自然保護部は、事前の生態調査や住民の意識調査などを行い、全面保護を主張する自然保護団体とスポーツ施設や公園などの建設を主張する市区町村との調整を図ったうえで、指定地域を決定したという。しかし、計画実施は延期され続けた。その主たる理由は、建設省との調整が進まない点にあった。建設省側は、指定を認めれば河川改修工事や雑草の刈り取り、河道整備などの管理面で条例に束縛される恐れがあるとし、計画実施に反対した。(35) 建設省側からみれば、自然保護行政は、「多摩川保全区域指定については一切河川管理者の意見が聞かれたこともなかったし、京浜工事事務所職員による東京都自然保護審議会の傍聴も拒否されたとのこと」と述べている。(36)多摩川の自然を守る会の横山理子は、一九七〇年代後半において多摩川の管理体制は、多摩川流域環境保全対策懇談会及び同連絡会議（環境庁に設置）、河川環境管理委員会多摩川部会（河川環境管理財団に設置）、自然環境保全審議会（東京都に設置）、各自治体の関係する部局などによって分立状況にあり、このことで「住民運動の要求が通りにくくなったことは確か」と述べた。(37)

このようななかで、実際の多摩川の水辺はどのように変化したのか？　この点を、多摩川の自然を守る会が一九七六年一〇月から月刊で刊行した『川のしんぶん』の検討からみよう。創刊当初の『川のしんぶん』の掲載記事は、そのほとんどが、多摩川に生息する野鳥や植物、それらに関する書籍、毎月実施される自然観察会に関するものであったが、一九七八年になり川原の自然破壊に関する記事が増加し、この年だけで七件の事例が確認できる。重要なことは、それらのほとんどが「S・O・S　今、多摩川では…冬という季節、多摩川は今年も、たくさんのカモでにぎわい、チョウゲンボウやコミミズクも飛びまわっています。乾燥する今は、川の水は少なく、汚れも相変わらずです。熱心なつり人達も…そして河川敷を掘りかえす、ブルドーザーの姿もいまだ変ることなく、公園に、運動場にとアシ原を消しているのです」(38)というように、公共事業による自然破壊を強調している点である。同会は、建設省や自治体などに対し河原の自然を守るための要請もおこなった。一九七八年六月二四日には建設省京浜工事事務所所長、狛江市関係者、道路反対の会、多摩川の自然を守る会などが集まり現地を視察し多摩川左岸の利用・保護について話し合われており、(39)自然破壊を個別的にでも食い止めようとしている様子がうかがえる。

淀川においても、開発による自然破壊を防ごうと、淀川の自然を守る会は度々建設省や自治体に要望書を提出したが、同会の会誌『淀川の自然を守る会』に特徴的なことは、川原の自然を守ることの正当性についての認識を深め、それを同誌に発表した点である。具体的には、以下の三点が挙げられる。第一に、「グラウンドや都市公園は市街地の中にあってこそ過密の緩和や火災などの延焼の防止に役立つもの」だが、「しかし何分場所がない。そこで見つけたのは淀川。為政者にとって自然環境もへったくそもない」[40]という記述からわかるように、川原を公園に変えることを自明視せずに、都市空間全体のなかに公園を位置づけて整備すべきという主張である。第二に、「元々淀川の河原はその川沿いに生活する人々にとって誰もがいつでも自由に入っていける場であった。葦刈り、魚取り、草摘み、散策、ドロ遊び、様々な自然を友とした地元民の営為があったはずである」という点を論拠に、「自然を損ねることなく、いつでも誰でも自由に入っていける」「入川権（正確には入河原権）」の主張がなされたという点である[41]。第三に、「淀川の陸上生態系を守るには、（中略）草に〝市民権〟を与えなければ、絶対に守ることはできない」というように、農地とは異なる川原の生態系を守る上での草の重要性を説いた点である[42]。これらの主張は、一九七〇年代に広く見られた環境権の主張と共通する性格を持ち、『淀川の河川を守る会』というミニコミを媒介に他地域の川を守る住民運動にも影響を及ぼすこととなった[43]。

(三) 地方経営者層の水辺への関心

一九七〇年代半ば以降、水辺に関心を有する新たな主体として、地方経営者や青年会議所に参加した青年層が水辺を保存する運動に乗り出した点を挙げることができる。ここでは、金沢市の事例を紹介することで、地方経営者層の水辺への関心の論理を確認する。

金沢市では、一九七八年に金沢経済同友会が水との関わりで都市美を研究することを決めた[44]。その理由の一つは、第三次全国総合開発との関連であったが、重要なことは、同会のこの動きは必ずしも政府の政策のみに規定されたものではなかったという点である。

金沢経済同友会の代表幹事であった福光博は、一九七七年に、同会が進むべき道を以下のように論じている。「高度成長期に醸成された『企業の論理』は公害や自然破壊をもたらし消費者運動が活発化しました。『生活の論理』をかかげての住民運動は、高度成長がもたらした『ゆとり』と結びついて企業の社会的責任の追求や行政への責任の追求へと向いました」。さらに、石油ショック後「低成長経済や資源の問題をかかえた企業に対して、エスカレートした住民運動は企業や行政に対しての追求から依存の姿勢に変化し（中略）企業は自ら進むべき道に対する自信を喪失し、自らが行政に依存するほどまでになっている」。そこで、福光が新たに必要と考えたのが、「自立した社会の中での自立した企業の新しい競争理論にもとづいて構築されている」「新自由主義」であった。「日本社会の精神をとりもどしながら、今後自立して父性型社会の中で新たな競争理論による新自由主義の確立を目指す」「これこそがこれまでの企業の論理や生活の論理をのりこえた『地域社会の論理』となることでありましょう」と論じた(45)。

福光は最後にキーワードとして「地域社会」を用いたが、同会は一九七五年に「企業と地域社会委員会」を発足し金沢の都市環境の研究を開始した。同会が地域社会に注目した理由は、「地方の中堅・中小企業に視座をおく限り、企業と地域社会は生活共同体として同質のもの」であり、「四〇〇年にわたって、市民が自らの手で築き上げて来た伝統文化を、企業経営の土壌として吸収し、その成果を再び社会に還元する」点を重視していたからであった(46)。同会の研究成果『創造と伝統のまち　金沢の都市美について』では「現代日本人のニーズを満たし癒してくれる温かい人間的環境が、陰翳の深い金沢の都市美の中にはある」「近代的な機能美と伝統美を融合させながら、新しい金沢の美を創造して行くものでなければならない」と述べ、伝統的な景観や建築物の保全を提言した(47)。以上をまとめれば、石油ショック後の「他人依存型」の社会状況に対し、「自立」するために必要となる地域社会作りの一環として、同会は水との関わりで都市美を検討し始めたと考えられよう。

同会が具体的に取り上げたのは、金沢市内の用水の保存に関する調査研究であった。一九七九年に刊行した報告書『金沢の用水』の巻頭で、福光は、「用水は貴重な文化財であり、本来の美しさと市民の触れ合いを取り戻すため、その周辺を含めて復元・修景が必要であります」と述べた[48]。金沢市も、用水に関する関連団体関係者や有識者をまじえた「水と緑の再生懇話会」を一九八〇年に発足し、用水を文化財として位置づけ、その整備を通じて都市アメニティを創出する準備を始めた[49]。「水と緑の再生計画」は金沢市議会でも取り上げられたが、その推進を主張したのは、自民党と公明党の議員であった[50]。金沢市の場合、都市の水辺空間の形成が、政治的には保守・中道勢力によって推進され始めたことがわかる。

青年会議所の活動としては、東京都八王子市と静岡県三島市の事例が確認できる。八王子青年会議所では市や町内会・自治会との交渉・話し合いを通じて、一九七一年から清掃デーを定め、市内を流れる浅川の清掃を開始した[51]。三島青年会議所では、揚水型工場の立地などによって市街地の湧水が枯渇し、川が「ドブ川」と化した状況を打開するため、一九七五年に市長や市議、連合町内会長などをまじえた「環境美化座談会」を開催し打開策を検討するとともに[52]、翌七六年には市内桜川の脇に水樋を建設し、そこにハヤなどの魚を放流し、湧水と清流の復活を訴えた[53]。地域の青年経営者層が多く集う青年会議所による、水辺景観の再生に関する活動がみられるようになったのである。

三　水辺の再編——一九八〇年代——

（一）水辺を取り巻く環境と生活の変化

一九八〇年代は、川の水質面での浄化がみられた時期であった。中西準子の研究によれば、一九七〇〜八〇年代にかけて河川に出されたBODの総量は、一九七〇年＝三七五万トンであったのに対し、一九八九年は七八万トンになり、大幅に減少した[54]。その理由に関して、建設省が下水道の整備を強調するのに対して[55]、中西はマクロ的に見たときに、紙パルプ産業などにおける工程内処理が重要な意味を持つ一方、生活排水処理は十分に進捗しなかった点を強調した。[56]この点について、これ以上立ち入った検討はできないが、一九八五年においても日本の下水道処理施設の普及率は三六％と低く、[57]多摩川の場合、一九七〇年と七九年とで水質を比較した場合、下流においてはＢＯＤ排出量が減少しているものの、中上流においては逆に増加傾向がみられる場合があるなど、[58]同一河川においても地点によって差異がみられた。すなわち八〇年代は、全体として川の浄化傾向はみられたものの、地域差が大きく、また生活排水処理の問題が残されていたといえよう。

水辺への関心、アメニティへの関心がさらに広がりをみせたのも、一九八〇年代の特徴であった。八三年に雑誌『地域開発』に公表された環境庁の調査によれば、水辺景観を守る取り組みは全国の都道府県に広がり、その数は三二七にのぼった。[59]表1のミニコミをみても、一九七〇年代後半に創刊している（ないしは創刊して間もない号が確認される）ものが多くみられる。合成洗剤追放に関するミニコミからは、生活排水が河川・湖沼を汚濁する点が改めて問題となった点がうかがえる。

他方、このような水辺を守る動きとは異なった市民活動も広がりをみせていた。建設省土木研究所では一九八五年七～八月にかけて、全国の河川における親水活動の調査を行った。[60]この調査は、川の河口部から上流部にかけて潮干狩りや、釣り、ウインドサーフィン、子どもの水遊び、キャンプなど多様な親水活動がみられることを指摘しているが、本稿との関わりで重要と思われる点が二点ある。第一に、「親水活動」という表現に示されるように、子どもの水遊びやキャンプなど、水辺において水と直接的な関わりを持つ人々の諸活動に、建設省が注目している点である。第二に、水辺の利用は必ずしも水辺周辺の住民ではなく、遠方から車で来ることが想定されている点である。同報告でも利用が盛んな中流部においては駐車スペースがある点が指摘され、自動車で水辺に来てレジャーを楽しむ人々の写真（長良川）も掲載された。

レジャーなどに乗用車を用いる傾向は、この時期さらに広がったと考えられる。国内の自動車（乗用車）の保有台数は、一九八〇年二三六六万台、八五年二七八四万台、九〇年三四九二万台、九五年四四六八万台と増加傾向をたどった。乗用車の新車登録台数は八〇年代前半においては年間二八〇万〜三一〇万台だったのが、八〇年代後半に増加し、九〇年に初めて五〇〇万台を突破した(61)。このような乗用車の保有台数増加とともに、水辺周辺の住民ではない人々が車を用いて、水と直接的な関わりを持つレジャー（「親水活動」）に興じるライフスタイルが広がりをみせ、建設省も八〇年代にこの点に注目し始めた。

（二）「親水」政策の実施

水辺の利用の変化に即して、政府の政策にも変化が生じた。水辺空間の整備や維持管理に関する「親水」政策を複数の省庁が実施し始めたからである。表2は、それらをまとめたものである。三全総の政策の一環として実施された国土庁の政策は、時期的にやや早いものの、一九八〇年代前半から半ばにかけて、水辺空間の利用や維持管理に関する調査が進められ、八〇年代半ば以降、建設省を中心として――市街地を流れる農業用水に関しては農水省によって――政策が実施されたことがわかる(62)。

建設省では、都市景観の整備・誘導の動きが全国的に広がりをみせたことを受け、新たな「まちづくり」に関する指針として、一九八一年六月に「うるおいのあるまちづくりのための基本的考え方」（以下、「うるおい」と略）を策定した(63)。「うるおい」で指摘されていることは多岐にわたっているが、最も重要なことは、「うるおい」では一九七〇年代以後の国民意識の変化に注目している点である。具体的には、（一）精神的・文化的側面を含む総合的な生活の豊かさが求められるようになったこと、（二）人口移動が落ちつき定住意識が強くなってきたこと、（三）自由時間の増大、高齢者の増加、婦人の社会参加意欲の高まりなどによって、身近な生活の場に目を向ける時間や人々が相対的

表2　各省庁の「親水」に関する政策

主管官庁	「親水」に関する調査・政策の内容	開始年（年度）	備考
国土庁	水緑都市モデル地区整備事業	1981年度	三全総における定住構想の一環
環境庁	全国水辺環境保全対策事例調査	1983年ころ	水辺環境への取り組み（自治体・住民など）に関する調査
建設省土木研究所	全国親水活動の実態調査	1985年7～8月	親水活動に関する調査
農林水産省	農業水利施設高度利用事業	1988年度	市街地での旧農業用水の利用推進を含む、その後水環境整備事業に移行
建設省	ふるさとの川整備事業	1987年度創設	市町村のシンボル的な河川を対象
建設省	マイタウン・マイリバー整備事業	1987年度創設	大都市等の中心市街地の河川を対象

出典）国土庁＝国土庁編『国土庁十年史』ぎょうせい、1984年、304頁。環境庁＝「資料・水辺環境へのとりくみ」『地域開発』225号、1983年6月。建設省土木研究所＝松浦茂樹、島谷幸宏「全国親水活動の実態調査」『建設月報』442号、1986年。建設省＝建設省五十年史編集委員会編『建設省五十年史』（I）建設広報協議会、1998年、1005頁。農林水産省＝渡部一二「農業用水路の活性化と『親水空間』の計画手法」『都市問題研究』45巻8号、1993年、44頁。上田憲一「栃木県における水環境整備事業」『農業土木学会誌』61巻6号、1993年、537頁。

に増大したことが指摘されている。その上で、今後まちづくりを進めていくために、「住民一人ひとりが生きることに喜びと生きがいを味わえるよう『うるおいのあるまちづくり』が積極的に進められていく必要がある」と論じた。その内容は、建設省の所管業務全般に及んだが、水辺空間の形成は、そのなかの重要な柱となっており、具体的には河川行政のみならず公園行政（河川公園）や下水道行政（水資源の再利用）などと関連して位置づけられた(64)。

「うるおい」では、「まちづくり」の主体に関して基本は地域住民と地方公共団体を位置づけているが、同時に青年会議所や婦人会などの各種団体が「まちづくり」に貢献することも期待された。青年会議所に注目している点は、前述した一九七〇年代後半における地方経営者層の動向とも符合する点であった。他方で、国の役割に関しても「根幹的な公共施設などの整備主体」であり、「全国的なレベルにおける制度や手法の制定主体」であることから、積極的な役割を果たすことが期待されていた[65]。「うるおい」の「解説書」として位置づけられる『うるおいのあるまちづくり』では、建設省施策が列記されており、施行者、目的・内容、補助対象施設、補助率などが記されているが、公共施設の整備に関して河川についてみると、七施策の施行者は国と都道府県（あるいは都道府県のみ）であり、河川に関しては市町村が主体となる政策は実際には進め難いことがわかる[66]。

同じ時期、一九八一年一二月に河川審議会は建設大臣に「河川環境管理のあり方について」と題する答申を行い、河川管理の理念として「治水」「利水」だけでなく「河川環境」を対象とした総合的な管理が必要であると位置づけた。この河川審議会答申を受けて、八三年には河川環境管理基本計画が水系ごとに策定されることとなり、自然環境の保全を図る「自然ゾーン」、自然志向の利用を図る「自然利用ゾーン」、親水的な利用等を目指す「整備ゾーン」に区分することになった[67]。都市部の水辺の自然保護をめぐる建設行政と自然保護行政との間での対立は、八〇年代に入り建設省が主導権を握ったといえよう。八〇年代後半には、表2で示した、ふるさとの川整備事業やマイタウン・マイリバー整備事業が実施され、建設省は新たな水辺空間の創出のための事業資金散布を進めた。

同時に重要なことは、一九八〇年代は、内需拡大のため民間活力を導入しての巨大プロジェクトが打ち出された時期であったという点である。建設省所管一般会計決算は八〇年代においては四・三兆～四・九兆円台を推移し、一般会計総額に占める割合でみれば低下傾向にあったが、建設省関係の財政投融資は、八〇年五・一兆円、八五年六・二兆円、九〇年九・五兆円と、特に一九八〇年代後半から顕著な増加傾向が確認でき、なかでも建設省関係財政投融資全体に占める道路関係機関分の割合は、一九八一―八五年度二六・八％、一九八六―九三年度二八・一％と増加傾向をたどった[68]。これらの事業費の中核を占める巨大プロジェクトは、後述するように水辺利用をめぐる様々な利害対立を生み出した。

（三）運動の全国組織化と変容

水辺を守る運動は、一九八〇年代に入り様々な形態が登場した。表1に記載はないが、大阪・中之島の景観保存に関わっていたメンバー（文化人・研究者ら）が、大阪を水都として再生しようと「大阪をあんじょうする会」（大阪都市環境会議）を設置した。(69) 表1（a）の『さくら通信』を刊行した真間川の桜並木を守る市民の会（一九七九年発足）は、河川改修に伴う真間川の桜並木の伐採に反対するだけではなく、「環境権は人間の基本的人権」という主張を行った。(70) 同誌の「『歩く文化』を見直そう」という特集では、『歩く文化』が『車の文化』にとってかわられてから、人間の社会は急速に荒廃していきました。大気汚染、騒音、振動、交通事故など。現在社会問題化している大半は、車に関係があるようです」という車公害の指摘をする一方、「この真間川の周辺は、別天地です。子どもたちは安心して通学できるし、土手に腰を下ろして絵を画くこともできます。ジョギングのコースとしては抜群だし、散歩にも最適です。水さえ昔の清さをとりもどせば、天下一品の風情です。こうした環境価値は、金銭に換算できないほどです」と論じた。(71) 「川べの自然〝雑草〟」の特集で、「都市の雑草たちは、人間と自然をむすぶ大切な『架け橋』」と記し、川べにおける雑草の重要性を主張した点は、(72) 「草に市民権を」を訴えた『淀川の自然を守る会』にみられる主張とも共通するものであった。同会は、全国町並みゼミに参加し全国自然保護連合に加盟するなど、他地域の環境保全運動との連携にまで活動領域を広げた。(73)

全国各地で作られた水辺を守る団体の組織化という意味で重要なのは、水郷水都全国会議の結成である。一九八四年に開催された世界湖沼環境会議での交流を契機として、同会議は、一九八五年松江市での開催を皮切りに、以後毎年開催され、住民運動の担い手と行政担当者、研究者など「まちづくり」に関心のある多様な人々が参加した。(74) 水郷水都全国会議の一つの特徴は、親水権を主張した点である。第一回の松江宣言では、三つの原則として、「第一に歴史的に引きつがれてきた水面を失わないこと」、「第二に水辺が公共の資産として住民に聞かれていること」、「第三に地域開発は水質を保つことをそこなわないこと」を定め、「親水権は水と共存するふるさとを求める権利であり、住民が水都再生のまちづくりに参画する権利」と規定した(75)。この後、宍道湖・中海の淡水化事業が事実上中止されるなど、同会議の運動は成果をあげた(76)。

但し、松江宣言で強調された「親水権」という言葉は、同会議の宣言において第三回以降あまり使われなくなっている点にも留意する必要がある。たとえば、第五回水郷水都連絡会議柳川宣言（一九八九年五月二八日）では、全体会議と分科会を通じて確認されたことの一つとして、「地元柳川の住民たちは、今回の大会を通じて全国各地の住民が、柳川の堀割浄化による水辺環境保全の運動に想像以上に強い関心を寄せていることに驚くとともに、これを契機に住民一人ひとりが心を引き締め、ややもすれば弛緩しがちな運動をふるい起こすことを自覚したことである」とまとめているが(77)、地域社会が水辺環境を必要とする理由が、変化しつつある生活スタイルと関わる形では記されておらず、そのため権利性よりも水辺環境を保全する責務の側面が強調されているといえよう。

（四）苦境に立たされる自然保護団体の活動

一九八〇年代は七〇年代からの水辺を守る運動、なかでも表1の（b）に分類した自然保護運動が行き詰まりをみせる時期でもあった。『淀川の自然を守る会』は、一九八四年一二月に五〇号記念号が刊行された後、しばらく休刊し、八五年一二月からは『淀川負け惜しみ通信』が刊行された。従来の会報から誌名が変更したのは、事務局が「開店休業状態」に陥ったためであった(78)。運動が困難に直面している傾向は、八〇年代初頭からみられた。『淀川の自然を守る会』には、八〇年に「淀川は何処へ行く　八〇年代へ向けて」という文章が寄稿されている。この文章によれば「七〇年代の運動、捨て石護岸や環境護岸や人工ワンド等の成果により、最悪の状態は抜けました。それと同時に、官製自然教室という形で行政がタテマエ的に『自然は大切だ』とする概念を採り入れたことをもって、運動の第一ラウンドは終了したと思います」と述べる。しかし七〇年代末からの運動は、決して活発ではなくなったという。その理由をこの文章の著者は、二点に求めている。一つは、淀川改修に問題点があるとわかっていても、「反対運動の効果的キメ手が見あたらない」という点である。建設省の河川環境に関する政策は八〇年代に着実に進んでおり、国営河川公園が建設され河川敷への政策が先駆的に進められた淀川においては、運動側が水辺空間形成に自らの要求を反映させることがとりわけ難しかったといえよう(79)。

もう一点は、人と水・水辺との関係自体をどのように考えるかという問題である。著者は、飲み水が汚染され公害の被害を受けたら、「誰がおとなしく引っ込むだろうか」と問いかけ、政府に対して人々は立ち向かっていくであろうことを述べる。しかし、水辺の保護の問題に関しては、運動側が「自らの趣味であった鳥や魚に注意が行き過ぎ(中略)自分の生活を宙に浮いたものとして運動のまねごとをやらかしてしまう」と述べる。この後に「それでまたグラウンドかヨシ原かの議論が始まる」という文が続いていることに鑑みれば、飲み水が汚染される問題と同様に、水辺の自然保護の問題を「自分の生活」との関わりで切実感を持って——趣味の問題ではなく——訴えることがどこまでできているのかを、著者は問い直している。言い換えれば、淀川の水質の問題が生活にとって切実な問題であることは人々にとって自明のことだが、水辺空間の保護の問題に関しては生活に切実な問題として多くの人々と共有できる論理を提起できていないことを自戒しているといえよう(80)。

多摩川の自然を守る会が発行している『川のしんぶん』も、一九八〇年代に入って変化がみられた。一つは、自然破壊に関する記述である。七〇年代後半に公共事業による自然破壊に関する記述数が一旦増加した後、一九八〇〜八二年にはみられなかったものの、一九八三年三回、八四年八回、八五年一六回、八六年八回、八七年三回、八八年七回、八九年四回と八〇年代半ば以降増加傾向を辿った(81)。興味深いことは、八〇年代前半から半ばにかけて増えた理由は、公共事業による自然破壊ではなく、モトクロスバイクや4WDなどの河川敷の乗り入れ(82)やゴルフ場建設(83)、川原でのラジコン飛行(84)やサバイバルゲームに興じる人々の登場(85)など、多様化したレジャー目的の川原利用による自然破壊であった点である。八〇年代後半になると、「六郷水門にかかる川の一部が埋め立てられていた。これも、いまはやりの親水公園の一環なのか(86)」といった記述や、マンションなどの高層建築物の建設による景観破壊に関する記述も登場した(87)。一九八〇年代における生活スタイルの変化とレジャーのための水辺利用が、『川のしんぶん』からもうかがうことができる。

同時に、多摩川の自然を守る会のメンバーによる国や自治体との交渉や集会への参加などに関する記事も増加した。その記述数は、一九七〇年代で最も多かった年が七九年（四回）であったが、一九八〇年代に入って、八四年五回、八五年六回、八六年一一回、八七年九回、八八年九回、八九年六回と八〇年代半ば以降に増加した(88)。このことの要因の一つが、圏央道と東京湾横断道路の建設などに反対する集会への参加や政府・自治体との交渉の増加であった。住宅都市整備公団によって造成されようとしていた黒川（川崎市）の保護や、狛江市内における多摩川堤防へのサイクリングロード建設反対なども度々登場した。一九八〇年代後半に公共事業が多摩川周辺で進むため、これらの事業計画に対し同会が奔走せざるを得ない状況がうかがえる。

このようななかで、多摩川の自然を守る会の活動方針が変化した点も、見逃せない。同会では、一九八九年から創立二〇周年記念特別企画として、外部の有識者を講師として招聘し講演会を開催した。その意図について同会は発足以来の目標の一つである「自然教育河川構想」は実現されていないが、「この目標を実現するために、二〇年目を境に再度、私たちが川に何を求めているのか、なぜ多摩川の自然を守ろうとするのかを考え直してみたい」と述べた。自らを問い直すという意味で、前述した『淀川の自然を守る会』での文章と共通している。同時に、「建設省を初め、行政は近年さまざまな『自然公園』『市民の森』『水と緑のネットワーク』構想等を発表し、また実際工事に着手していますが、これらをたんに『人工的』『自然破壊的』だと非難するだけでは、一般の共感は得られず、また頭のかたい行政マンに私たちの考えを十分伝えることができません。ここらで再度、私たちの夢を具体的に表現する構想をまとめ、それを行政に実現させる運動を始める必要があると思います」とも論じた。(89)「河川環境」を正面にかかげ「親水」事業を打ち出した建設省などの政策と対立しているだけでは状況が打開できないと判断した同会の認識を看取できよう。一方でモータリゼーションの進展のなかでのレジャー空間としての多様な水辺の利用、他方で建設省などによる公共事業（巨大プロジェクトや水辺自体を対象とした親水事業など）による水辺空間自体の再編というなかで、水辺をそのままの形で保護しようとした自然保護団体の活動は、苦境に立たされた。

（五）地方経営者層を担い手とする「親水」と「まちづくり」

一九七〇年代から水辺空間に関心を持ち活動を始めた地方経営者層は、その後どのような動きをとったか？　金沢市の事例では、地元経済界から水辺再生への要請を受けた石川県と金沢市が、市内を流れる用水の調査を行い用水の移設再生や改修を実施した。(90)ここでは一九八〇年代における水辺空間の再編の動きが顕著にみられる静岡県三島市の事例を取り上げる。(91)その特徴は、以下の三点にまとめることができる。

第一に、政府の政策との関連である。一九七〇年代半ば以降にみられた青年会議所による湧水と清流の復活の動きは、その後一旦下火になるものの、八〇年代に入って再開された。そのきっかけとなったのが、表2で示した国土庁の水緑都市モデル地区への三島市の指定であった。この結果、八四年度から三カ年で国・県からの補助を含め総額約一億円の事業を実施することになり、市では市内を流れる桜川沿いにプロムナードを設置した。(92)この際、保守系の市長奥田吉郎は「水緑都市指定を機に、国土庁に限らず、建設、農水など他省の事業をもぜひ継続的に取り込みたい」(94)としていると報じられた。(93)その後三島市では、ふるさと創生事業資金の一部を用いて蓮沼川の水辺整備を行い、さらに一九九〇~九六年度には農水省系の補助事業である農業水利施設高度利用事業(表2を参照、九三年から水環境整備事業に名称変更)を利用して源兵衛川の親水事業(事業額は県・市負担分も含め合計一四億円)を進め、源兵衛川の川べりに水に触れながら歩ける遊歩道を設置した。同親水事業においては、コンクリート化された護岸を避け、溶岩ブロックを利用した親水護岸を整備し、過去にあった水辺の洗濯場(カワバタ)を模したテラスを配すなど、「市民開放型の改修案を立案した」という。(95)これらの事業に並行して、三島青年会議所、三島商工会議所商業青年部などが「水の都三島・市民パネル展」を開くとともに、(96)青年会議所は「ホタルまつり」を開催しホタルの幼虫を育て楽寿園に放す事業も行った。(97)七〇年代から青年会議所の活動はハード面での整備を伴うものではなかった点に鑑みれば、八〇年代における水辺空間への国の補助が――その対象は、特定の川の一定の区間に限られることに留意する必要があるが――極めて重要な意味を持ったといえよう。

第二に、これらの親水事業を支える新たな市民組織が形成され、責任分担型パートナーシップが目指された点である。一九九二年にグラウンドワーク三島実行委員会を創設した渡辺豊博の著作には、前述の親水事業を「上から」の事業としないための種々の工夫が記されている。なかでも重要なことは、水辺空間の再編のために新たな合意形成手法を採用した点であった。具体的には、源兵衛川親水事業に関して、一九八五~九〇年は同川の管理者であった土地改良区と住民、行政間での責任分担型パートナーシップが図られるとともに、同事業が本格的に始まる九〇年代に入ると、住民と行政だけでなく企業や専門家などもパートナーシップの形成に努め、それらを媒介する担い手に、新たに作られた市民組織である三島ゆうすい会やグラウンドワーク三島実行委員会を位置づけた。(98)市民組織自らが川の清掃を定期的に行うことを通じて住民からの信頼を得て、川の沿岸に居住する住民の下水道への接続を促すとともに、九〇年代に入って東レ三島工場による地下水利用後の排水(冷却水)を源兵衛川へ流す量を、同社と交渉を重ね増やすことにも成功した。(99)建設省の管轄ではない川(市街地を流れる農業用水)における事業であった点に留意が必要であるが、水辺空間の再編のための新たなタイプの合意形成が、市民組織や青年会議所などに結集した地方経営者層の活動と相まって進んだのである。

第三に、このような政府の補助金と責任分担型パートナーシップに基づく水辺空間の再編は、結果として水辺空間のもともとの利用やそれに関わる過去の利害対立の歴史よりも、現状重視型の信頼関係やそれに基づく歴史認識を重視したという点である。この点を批判する地元の地方新聞も現れた。『みしま市民新聞』は、一九八〇年代に登場した水緑都市構想に関して、「〝水緑都市〟工作物に要注意　三島の歴史に謙虚に学べ」という見出しで、枯渇した湧水の現状のなかでの滝の再現や幅の狭い緑道の設置など、「チグハグな思い付き的発想で、場当たり的に工作物をつく」ったと批判した[100]。源兵衛川親水事業に関しては、「誘致工場東レの進出を初め、揚水型工場の立地は、あふれんばかりの湧水が街中の溝まで流れていたのを、跡形もなく消し去った」と主張し、一九六〇年代に表面化した企業の採水と住民の水利用との利害対立の側面を強調した[101]。同紙の発行人である角田不二雄は、三島市議会議員を八期務め一九六三―六四年にかけての石油化学コンビナート反対運動に関わった人物であった[102]。同紙においても、当該期における生活変化との関連でこの問題を捉えることをしていないが、「親水」事業に関する政府の補助金を契機に、湧水を復元することと「親水」事業による水辺景観の創出のどちらを優先するのか、利害対立とパートナーシップのどちらを重視するのかなど、改めて問われることとなったのである。

おわりに

都市における水辺空間は、地域による差異を伴いつつも一九八〇年代に再編が始まった。以下、そのプロセス（再編される前と後の特徴）を、三点にまとめておこう。

第一に、水辺空間は、政府の政策が本格的に実施される一九七〇年代以前から、子育てや散策、バードウォッチング、子どもの遊び場など、主として地元の住民によって利用されており、そのことが七〇年代における水辺を守る諸運動と結びついていた点である。七〇年代前半に、多摩川や野川、淀川など多くの川において水辺を守る運動が生じた理由は、住民生活において人と水・水辺との関係が既に歴史的に形成されていたからであり、そこでの関係性や「ふるさと」といった言葉に依拠して、「環境権」が主張された。さらに「入川権」「草に市民権を」などの主張もなされ、八〇年代半ばには「親水権」という言葉も用いられた。これらの運動の多くが、自治体への請願・陳情や、政府の出先機関との交渉などを通じて、政策の変更や中止を迫った点でも共通していた。高度成長期の公害によって直ちに都市における人と水辺との関係が切断されたのではなく、むしろ水辺の種々の利用に権利性を見出し、諸運動が展開され、行政を動かすケースも存在した点に注目する必要がある。そのなかで、異なる論理を展開したのが、七〇年代後半における金沢経済同友会の主張であった。高度成長期における自然破壊の進行という点では認識は共通していたものの、石油ショック後に必要とされた「新自由主義」のもと「自立」を支える足場として「地域社会」が見直され、その具体的内容を水辺空間に求めたからである。この論理は、八〇年代以降に通じる新たな動きといえるが、このような相違を含みつつ、七〇年代の運動が全国各地で展開されていたといえよう。

第二に、水辺を守る諸運動は、一九八〇年代に運動の全国組織化が図られ成果もみられたが、その一方で、そこでの主張は必ずしも七〇年代の運動の主張がそのままの形で継承されたのではなかった点を強調した。そこには、二つの要因が考えられる。一つは政府の政策の変化であり、もう一つは住民自身の生活スタイルの変化である。

政府の政策――なかでも建設省の政策は、一九七〇年代における水辺の自然を守る運動の主張や自然保護行政を意識し、部分的にそこでの主張や理念を取り入れ、「河川環境」という考え方を創出した。公園や運動施設を河川敷に整備する六〇年代からの政策に代わって、八〇年代においては、水と直接関わりのあるレジャーが注目されるようになり、各種「親水」事業を実施して資金散布を拡大した。他方で、同時期に政府が進めた山間部や海浜を通過する道路プロジェクトや宅地開発などは、水辺の自然・景観を大きく変えていった。

住民自身の生活変化として本稿が注目したのは、モータリゼーションの進展であった。主に地元住民によって利用されていた都市部の水辺空間が、車の利用を前提として、地元住民以外も対象としたレジャー空間へと変化した。河川敷へはモトクロスバイクなどの乗り入れが行われ、水辺の自然が破壊された。このような生活スタイルの変化に前述の政府の政策が加わって、水辺の利用は多様化し始め、「水辺の自然をそのまま残す」という主張を、運動の側は生活との関わりで切実さを持って訴えることが難しくなった。

第三に、こうして再編が進んだ水辺空間の特質である。そこでの水辺空間は、その整備のプロセスで諸運動の要求が反映される場合があった点に留意する必要があるが、政策的に作られた――あるいは生活スタイルの変化のなかでその利用に変化が生じていた――水辺空間は、車の利用などを前提に住民以外にも広く利用される空間となり、歴史的に培われた水辺と住民生活との関わりに正当性の根拠を持った「環境権」や「親水権」を有する空間としての側面は弱まった。どちらかといえば住民自身も、水辺を維持管理する「責務」を有する側面を意識するようになった(103)。そのような変化の側面と同時に、本稿では、特定の川の一定区間を対象とする政府の補助事業を、市民組織や青年会議所などに結集した人々が自ら川の掃除をしつつ責任分担型パートナーシップを主張して推し進めるという、新たなタイプの事例を提示した。責任分担型パートナーシップは、高度成長期から続く住民と企業の利害対立の歴史を切り離して考えざるを得ず、議会への請願・陳情などを媒介に自治体の意思決定に影響を与えた一九七〇年代の運動手法とも対照的であった。政府による補助事業の利用、周辺の地理や歴史との関係、合意形成のあり方の三つの点で、一九七〇年代とは異なる、デザイン性を兼ね備えた新たなタイプの公共事業により景観が創出され、水辺空間が再編され始めた点に注目する必要があろう(104)。

筆者は、地租改正によって利用とは切断された所有が創出された点を強調する議論を批判し、むしろ高度成長期以降に地域差を伴ってこのことが進展したのではないかとの仮説を提起したが[105]、本稿が強調したことは、都市の水辺空間の場合、政策的に新たな利用が作り出される――あるいは生活スタイルの変化に伴った新たな利用が登場する――ことで、その再編が進行したという点である。その意味では、一九八〇年代からの都市の水辺空間の再編は、前近代から続く人と土地・水の関係史という長い歴史的射程に位置づけた場合においても、大きな画期として位置づくのではないか。本稿は政府の政策の影響力の強い事例を中心に検討しており、今後より多くの事例研究を重ねる必要があるが、本稿の実証から紡ぎ出された論点として、最後に提示しておきたい。

注

(1) デヴィッド・ハーヴェイ（森田成也・大屋定晴・中村好孝・新井大輔訳）『反乱する都市』作品社、二〇一三年、一三三―一三四頁。
(2) 金澤史男『福祉国家と政府間関係』日本経済評論社、二〇一〇年、二一二―二一四頁。
(3) 吉見俊哉『ポスト戦後社会　シリーズ日本近現代史⑨』岩波書店、二〇〇九年、五二―六二頁。
(4) ここで「川」という表現を用いるのは、河川法の対象にはならない農業用水なども対象としているためである。
(5) 本岡拓哉「戦後都市、『不法占拠／居住』をめぐる空間の政治」『歴史学研究』九六三号、二〇一七年、一三三―一三五頁。
(6) 以上の政策に関しては、近藤徹「多摩川における河川環境の課題と背景」『土木技術資料』一九巻一一号、一九七七年、九頁。
(7) 以上の、国営淀川河川公園については、中山晋「淀川河川公園について」『公園緑地』三三巻一号、一九七二年、九―一〇頁、長尾精「国営淀川河川公園の誕生」『河川』三〇八号、一九七二年、二二頁。小川陽一「淀川と淀川河川公

園」『河川』四七二、一九八五年、四八頁。

(8)『昭和四十六年二月　定例大阪府議会常任委員会会議録　大阪府議会』（一九七一年三月四日）、五六九頁。

(9)宮本憲一「親水権と都市」『都市問題研究』三七巻八号、一九八五年、四三頁。

(10)立教大学共生社会研究センターの「市民活動資料コレクション」は、一九七六年に設立された住民図書館が収集したミニコミ類を継承しているもので、住民図書館設立以前の時期に関しては収集数が乏しいことは否めない。また「川」というキーワードのみで検索したため「自然を守る会」などの団体名だが実際には川の自然を守る運動が中心という場合を拾えていない問題が存在するが、あくまでも大まかな傾向をつかむために作成した。

(11)『水辺の空間を市民の手に』三多摩問題調査研究会、一九七三年、五三頁。

(12)『野川を清流に』四二号、一九八〇年、二―三頁。

(13)『野川を清流に』二九号、一九七六年、二―三頁、同三六号、一九七八年、四頁など。

(14)前掲『水辺の空間を市民の手に』（注11）一二頁。

(15)「環境権」については、同右書、一四―一五頁。

(16)同右書、一五―一八頁。

(17)「座談会　水系の思想と市民の論理」のなかの平林正夫の発言、同右書、五八―五九頁

(18)『野川を清流に』二九号、一九七六年、一頁、及び三〇号、一九七六年、一頁。

(19)『野川を清流に』三二号、一九七六年、二頁。

(20)木村哲雄「滄浪泉園買収される」『野川を清流に』三三号、一九七七年、三頁。但し、建物の保全はできなかった。

(21)市田則孝「自然保護運動を支えるもの」横山理子編著『多摩川の自然を守る』三省堂、一九七三年、一八七頁。

(22)柴田隆行「横山理子さんと多摩川の自然保護」多摩川の自然を守る会編『多摩川に生きる　横山理子著作集』のんぶる舎、一九九〇年、二三四頁。

(23)『淀川の自然を守る会』五〇号記念号、一九八四年、一三頁（原史料は『毎日新聞』一九七二年一二月二五日、及び『朝日新聞』一九七三年一月一一日）。

(24) 前掲『多摩川の自然を守る』（注21）一―二頁。
(25) 同右書、六〇―六二頁。
(26) 同右書、六三頁。
(27) 筒井嘉隆「淀川の自然環境とその保護」芦屋大学創立十周年記念論文集編集委員会編『芦屋大学創立十周年記念論文集』文雅堂銀行研究社、一九七三年、二二〇―二二一頁
(28) 同右論文、二二三―二二四頁。
(29) 前掲「淀川河川公園について」（注7）一二頁。
(30) 『淀川の自然を守る会』五〇号記念号、一九八四年、三五頁（原史料は『朝日新聞』一九七六年七月一七日）。
(31) 「多摩川自然環境保全地域の指定をめぐって」『多摩川'78 川を甦らせるために』財団法人とうきゅう環境浄化財団、一九七八年、一六頁。
(32) 西川喬「河川環境管理委員会に参加して」『土木技術資料』一九巻一一号、一九七七年、三頁。
(33) 同右論文、四頁。
(34) 「川の環境整備と管理」前掲『多摩川'78 川を甦らせるために』（注31）一八頁。
(35) 以上、多摩川の自然環境保全地域の指定をめぐっての記述は、前掲「多摩川自然環境保全地域の指定をめぐって」（注31）一六頁。
(36) 前掲「多摩川における河川環境の課題と背景」（注6）一〇頁。
(37) 前掲『多摩川に生きる　横山理子著作集』（注22）八七頁。
(38) 『川のしんぶん』一七号、一九七八年、一頁。
(39) 『川のしんぶん』二一号、一九七八年、一頁。
(40) 丸橋「淀川の公園化工事に何故反対するのか」『淀川の自然を守る会』二〇号、一九七七年、一一―一三頁。
(41) 松尾「「公園」グラウンド・ゴルフ場の欺瞞を剥ぐ」『淀川の自然を守る会』二一号、一九七七年、三―四頁。
(42) 高田「草に市民権を!!」『淀川の自然を守る会』二三号、一九七七年、一四―一五頁。多摩川の自然を守る会も、野

鳥を守る上で川原の草刈りなどを問題視した（『川のしんぶん』二五号、一九七八年、一頁）。

(43) 同誌「おたよりらん」では、「長良川河口ぜきに反対する市民の会」と「武庫川の自然を守る会」に会報が送付されていたことがわかり、「武庫川の自然を守る会」からは、「人間と河川の歴史的なかかわりの中、私共は、余りにも当面する問題の深刻さを思い知らされます」との返信の文面が紹介された（『淀川の自然を守る会』二〇号、一九七七年、五頁）。

(44) 以上の金沢経済同友会の動向と引用は、新家常男「委員長は語る（三）」『金沢経済同友』六四号、一九七八年、一頁。

(45) 福光博「二〇周年を迎えて」金沢経済同友会編『金沢経済同友会二〇年のあゆみ』金沢経済同友会、一九七七年、一―二頁。

(46) 渋谷亮治「企業と地域社会委員会」同右書、七一―七二頁。

(47) 金沢経済同友会編『創造と伝統のまち金沢の都市美について』金沢経済同友会、一九七六年。

(48) 金沢経済同友会編『金沢の用水』金沢経済同友会、一九七九年、一頁。

(49) 金沢市『水と緑の再生計画』金沢市役所、一九八〇年、一頁。

(50) 一九八〇年七月三日市議会で鳥居信吉（公明党）が、同年九月一七日市議会で宇野邦夫（自民党）が水と緑の再生計画を推進する立場から質問を行っている（『金沢市議会会議録』一九八〇年七月三日、三七―三八頁及び同右史料一九八〇年九月一七日、八九頁）。

(51) 前掲『多摩川'78　川を甦らせるために』（注31）四頁。

(52) 『箱根路　三島青年会議所新聞』二号、一九七五年八月一五日、一―四頁。

(53) 『箱根路　三島青年会議所新聞』五号、一九七六年八月一五日、二―三頁。

(54) 中西準子『水の環境戦略』岩波書店、一九九四年、五一頁。

(55) 建設省計画局総括計画官室「昭和五七年　建設白書の概要」『建設月報』三九八号、一九八二年、四八頁。

(56) 前掲『水の環境戦略』（注54）五二―六五頁。

(57) 同右書、六二頁。
(58) 『多摩川'81 多摩川浄化対策のゆくえ』財団法人とうきゅう環境浄化財団、一九八一年、一四―一五頁。
(59) 「〈資料〉水辺環境へのとりくみ（環境庁水質保全局「全国水辺環境保全対策事例調査結果」より）」『地域開発』二二五号、一九八三年。
(60) 松浦茂樹、島谷幸宏「全国親水活動の実態調査」『建設月報』四四二号、一九八六年。以下、同調査の内容に関しては、前記文献による。
(61) 以上の乗用車のデータは、日刊自動車新聞社、日本自動車会議所編『自動車年鑑 一九九六年版』日刊自動車新聞社、一九九六年、六四―六七頁、三和良一『概説日本経済史 近現代』[第三版] 東京大学出版会、二〇一二年、二一〇頁。
(62) 市街地を流れる農業用水が親水事業の対象となった点は、高木正博「都市における農業用水路の変遷」地方史研究協議会編『河川をめぐる歴史像』雄山閣出版、一九九三年を参照。
(63) 建設省五十年史編集委員会編『建設省五十年史』（Ⅰ）建設広報協議会、一九九八年、一一六頁。
(64) 「うるおい」の本文は、建設省大臣官房政策課監修、うるおいのあるまちづくり研究会編著『うるおいのあるまちづくり』大成出版社、一九八四年、一七九―一八四頁。
(65) 「まちづくり」の主体に関しては、同右書、一八四―一八五頁。
(66) 同右書、一八六―一九五頁。
(67) 前掲『建設省五十年史』（注63）（Ⅰ）、九七四―九七五頁。
(68) 前掲『建設省五十年史』（注63）（Ⅱ）、五〇八―五〇九、五一四―五二二頁。数値はいずれも改定後ベースの値。
(69) 宮本憲一『戦後日本公害史論』岩波書店、二〇一四年、五三三―五三四頁。
(70) 『さくら通信』二号号外、一九七九年、一頁。
(71) 『さくら通信』一六号、一九八〇年、一頁。
(72) 『さくら通信』二〇号、一九八一年、一頁。

(73)『さくら通信』一三号、一九八〇年、一頁及び一七号、一九八〇年、二頁。
(74)木原啓吉「よみがえれ、水郷水都」同編著『水の時代をひらく』LGC総合研究所、一九八八年、一四八—一五一頁。
(75)水郷水都全国会議編『水郷水都全国会議二〇年記念資料集　ふるさとづくり提言の時代（一九八五年—二〇〇四年）』水郷水都全国会議、二〇〇五年、二八—二九頁
(76)前掲「よみがえれ、水郷水都」一五一—一五三頁。
(77)前掲『水郷水都全国会議二〇年記念資料集』（注75）、四四—四五頁。
(78)松尾「はじめに」『淀川負け惜しみ通信』創刊号、一九八五年、一頁。
(79)丸橋「淀川は何処へ行く　八〇年代へ向けて」『淀川の自然を守る会』三五号、一九八〇年、一九頁。
(80)同右資料、一九—二〇頁。
(81)『川のしんぶん』三九号、一九八〇年~同一四九号、一九八九年。一つの記事のなかに異なる種類の自然破壊の例が書かれている場合その種類数をカウントしたが、同じ種類の破壊が複数箇所でみられる場合には一回とカウントした。
(82)『川のしんぶん』九五号、一九八四年、一頁。横山理子も、八四年に発表されたインタビューで、「いま、多摩川のかかえている問題というのは何ですか」との質問に、「一番大きな問題は、バイクなんです」と答えている。（前掲『多摩川に生きる　横山理子著作集』（注22）二一八頁。
(83)『川のしんぶん』一〇一号、一九八五年、一—二頁。
(84)『川のしんぶん』九六号、一九八五年、三頁
(85)『川のしんぶん』一一五号、一九八六年、一頁。
(86)『川のしんぶん』一三〇号、一九八八年、三頁。
(87)『川のしんぶん』一三九号、一九八八年、一頁、同一四一号、一九八九年、二—三頁、同一四二号、一九八九年、一—二頁。
(88)『川のしんぶん』一号、一九七六年~同一四九号、一九八九年。

(89)『川のしんぶん』一四一号、一九八九年、四頁。
(90)石川県土木部編『石川の土木建築史』石川県土木部、一九八九年、二四頁。
(91)三島市には他のタイプのの水を守る諸運動も存在しているが、ここでは、政府の補助事業を市民組織や地方経営者層などが担った水辺空間の再編の側面に絞って論じる。
(92)『三島ニュース』一九八三年四月一七日、『三島市議会会議録』一九八四年三月一二日、五二頁。
(93)『三島ニュース』一九八四年一月二六日。
(94)『三島ニュース』一九九〇年三月一八日。
(95)渡辺豊博『清流の街がよみがえった』中央法規出版、二〇〇五年、五六―五七頁。
(96)『三島ニュース』一九八四年四月二六日、同五月六日。
(97)『三島ニュース』一九八五年九月二六日、同一九八七年三月一五日、同七月一九日。
(98)前掲『清流の街がよみがえった』(注95)巻頭の口絵の箇所。
(99)以上の諸事実は、同右書、第二章による。
(100)『みしま市民新聞』一九八五年四月一八日。
(101)『みしま市民新聞』一九九六年一二月八日。
(102)角田不二雄については、沼尻晃伸「松村美與子氏聞き取り調査の記録」『社会科学論集』一二二号、二〇〇七年を参照。
(103)この傾向は、地球環境保全との関係が重視され、国民の責務規定が定められた環境基本法(一九九三年制定)のもとで、より強まっていったのではないかと思われる。
(104)三島市と金沢市の地方経営者層の動きに関する比較検討には、双方の九〇年代の検討が不可欠であり、今後の課題としたい。ハーヴェイが指摘する、「都市企業家主義」(前掲『反乱する都市』(注1)一七一―一七六頁)との関連も、問われる必要があろう。本稿においては、三島市の場合、政府の補助事業が景観創出に不可欠な一要素となっており、その意味で八〇年代の後半の特徴がみられる点を強調しておきたい。

(105) 沼尻晃伸「所有と利用の関係史」歴史学研究会編『第四次　現代歴史学の成果と課題　第一巻』績文堂出版、二〇一七年、二七九―二八〇頁。

本研究は、ＪＳＰＳ科研費ＪＰ一五Ｋ〇三五八六の助成を受けたものです。

現代史研究のささやかな軌跡

吉見　義明

はじめに

編集部から本欄の執筆を依頼された時、自分はまだここに書くだけの仕事をしていないと思い、躊躇した。しかし、せっかくの御依頼を断るのも失礼だと思い、不適任だがお引き受けすることにした次第である。内容の不備と貧しさはご寛容いただきたい。なお、中央大学商学部で行った最終講義でも自分の研究をふりかえっており、これも活字になっているので、参照していただければ幸いである(1)。

おいたち

ぼくは、一九四六年一二月に、山口県玖珂郡美和町（現：岩国市美和町）に生まれた。美和町は錦帯橋が架かる錦川の上流の支流、生見川と、山口県と広島県の県境となっている小瀬川が流れる農山村だ。年配の人は岩国に行くことを「沖に出る」と言っていたが、ぼくは岩国や宮島・広島に行くのが楽しみだった。小瀬川は広島県人は木野川というが、この川沿いに下れば、大竹を経由することになり、広島に行くにはこちらの方が早かった。

小学校は一学年五〇人くらいで一クラス、中学は少し増えて二クラスとなった。一九六〇年、中学二年生の時に、授業で日本国憲法を学んだ。名もない自分のような人間もこの憲法で守られているのだと実感し、幸せな気分になったことを思い出す。

六〇年安保は、田舎では何の動きもなく、新聞で東京は騒いでいるなあと感じるくらいだった。しかし、憲法を学んで間もなく、社会党の浅沼稲次郎委員長が右翼テロで刺殺される事件が起こり、これには衝撃を受けた。その秋の中学の弁論大会で、この事件をとりあげ、暴力はいけない、といういささか単純な弁論をしたことを思い出す。

また、同じころ、総選挙があり、美和町は山口二区だったので、佐藤栄作・岸信介が相次いで、オートバイと自動車の車列をしたがえ、村々を演説してまわった。わが中学校にもやってきたが、佐藤は、にこりともせず、できたばかりの木造の体育館を「こんな立派な体育館ができて……」とほめたが、心にもないことを言っているように感じられ、なんだか不快だった。岸は、外遊でアイゼンハワーやスカルノとゴルフをしたという話しかせず、これが一国の宰相だった人かと失望したが、窓の外から演説を聞いていたわれわれ中学生も元首相に敬意を表して、大人たちと一緒に万歳三唱をした。総選挙で岸・佐藤が選挙区をくまなくまわったのはこの時だけであり、彼らも安保闘争で相当の危機感を抱いたのだろうと後で思うようになった。

中学時代は、本当に牧歌的で楽しい思い出が多いが、高校受験は悩ましかった。普通は岩国高校に進学するのだが、受験の年に地元の坂上農業高校が普通科に転換し、岩国高校に行けなくなったからだ

(岩国高校が学区外から受け入れる五%入学という制度に挑戦するという方法もなくはなかったが、冒険になる)。やむなく、広島の私立、修道高校を受験し、なんとか合格した。自宅からは通えないので、広島市内に下宿することとなった。入ってみると、広島市外の呉・三原や山口県・島根県から来て下宿している生徒は少なくなかった。呉から来ていた同級生の宇吹暁さんもその一人だった。

修道高校は典型的な受験校で、これまでののんびりした生活から、受験勉強に明け暮れる灰色の生活となった。息抜きは、時々映画をみることと、ラジオの深夜放送を聞くことだった。「大脱走」とか「切腹」という映画が面白かったが、なぜかウクライナ・コサックとポーランド人の抗争を描いた「隊長ブーリバ」が印象に残っている。深夜放送では、二年生の頃に、突然ビートルズの **"I Want To Hold Your Hand"** が流れてきて、衝撃を受けた。今でも、この曲を聞くと、当時のことが思い出される。

高度成長の最中だったこともあって、高校の同級生のほとんどは、医学部・工学部か法・経の志望で、自分のように最初から文学部に行きたいというのは例外的な存在だった。とはいえ、何をやりたいのかははっきりしていなかった。田舎の自宅の近くに芥川龍之介の父、新原敏三の屋敷址があったので、そのことも影響していたのかもしれない。なお、地元の真教寺さんの調査によれば、新原は、幕末の四境戦争に諸隊の一員として小瀬川口の戦いに参加して負傷した後、大阪造幣局をへて、東京に出て、渋沢栄一の援助を受け、新宿で耕牧舎という牧場を経営し、牛乳を販売していたという。

大学時代

一九六五年に東京大学文科三類に入学するが、大学の構内にあった駒場寮に入寮するために、寮委員会に行くと、中寮一階の一番校舎寄りの部屋が割り当てられた。一部屋には五、六人が住むことになっていた。ところが、行ってみるとドアに鍵がかかっていて入れなかったので、その旨を告げると、その上の部屋に行けという。行ってみると、そこは歴史研究会の部屋だった。後から知ったことだが、最初の部屋は、学生運動の社学同か社青同の活動家の部屋であり、もし鍵がかかっていなければ、ぼくはその仲間になっていたことになる。

しかし、歴史研究会も似たような部屋で、入寮の翌日に、ジョンソン大統領時代の国務省政策企画本部長、W・W・ロストウが羽田に来るので抗議に行こうといって、羽田に連れていかれた。その翌日には、全学連の川上徹委員長が昨日逮捕されたので、警視庁に抗議に行こうといわれ、警視庁の玄関で「委員長を解放せよ」と叫んで帰るというような生活が始まった。まもなく、ベトナム戦争反対、日韓条約批准反対の運動が始まり、なにかよくわからないのに、街頭に出るということになった。

こうして、授業にはほとんど出ず、デモにだけは行くという自堕落な生活に落ち込んでいった。二年間で、優をもらえた科目は、城塚登さんの社会思想史と柴田三千雄さんの歴史学入門だけという有様だった。他方で、心理研究会というサークルに入っていたので、社会心理学を勉強したいという意思はあったようだが、心理研は、患者が飲みやすい薬の色は何色がいいかといった研究をやっており、大学の講義もネズミを用いた実験などの実験心理学だったので、興味を失っていった。二年生の終わりに、本郷進学で学科を選択しなければならなくなり、文学方面の才能はないと思うようになったので、やむなく国史学科を選択した。

二年最後にあった下村富士男先生の入門講座、史料論の最初の時間で、下村先生は、井上清氏は天皇が五箇条の誓文を人民に誓わず神に誓ったのは非民主的だといっているが、これを正しいと思う者は手を挙げなさい、と尋ねた。ところが、手を挙げたのはぼく一人しかいなかったので、以後、下村先生は、ぼくに向かって、それはいかに間違っているか、述べ始めた。前途多難を思わせるものがあった。

一九六七年に本郷に進学してからは、西巣鴨にあった豊島寮に住み、心を入れ替えて、講義を受けるようにしようと思った。しかし、下村先生は、ぼくが三年生だった一九六七年度を最後に定年となり、近代史の教員はいなくなった。また、一九六八年の五月祭の取り組みが終わり、これから卒論に取り組もうと思ったその瞬間に、医学部問題で大河内一男執行部が機動隊を学内に導入し、東大闘争が始まった。まもなく全学ストライキに突入したのだが、ぼくにとっては、これまでほとんど動かなかった普通の学生が一斉にストライキを支持する事態は不意打ち的であり、自分の見通しの甘さに愕然とした。以後、大学に行かなくなり、豊島寮で悶々とした日々を過ごすことになった。

しかし、約一年を経過すると、このままでは、自分は大学で何も学ばずに卒業することになるという恐れにとらわれ、一念発起して、朝早く起き、近くの巣鴨図書館に通って、本を読むことにした。まず、『資本論』を読まなければ話にならないと思い、遅ればせながら、ノートをとりながら論旨を追っていった。第三巻まで読み終わって、資本主義崩壊と新しい社会の到来の必然性の解明はできていないではないかとがっかりしたが、本の構成や論証・論述の進め方には学ぶものが多いという実感をえた。ついで、『ロシアにおける資本主義の発展』を読み、ここでも、議論の進め方の明快さや実証の方法で学ぶものがあった。しかし、この本の結論を、一九〇五年のロシア革命で修正せざるをえなくなったということを知って、おやおやと思ったことを思い出す。

このように、次々と文献を読んでいったのだが、それが卒論作成には直ちにはつながらなかった。文学部の授業再開は遅れ、大学院志望者は全員留年となり、翌一九七〇年の卒業時期も三月ではなく、五月となった。卒業時期が迫るころ、卒論をなんとかしなければと思い、日本民衆が大きく動いた米騒動を調べてみようと思った。しかし、まったく歯が立たず、やむなく米騒動後の権力の対応に変更し、「協調会の成立」という題で書き、なんとか提出した。

大学院時代

大学院に入って、一年目には伊藤隆先生が非常勤で来られ、翌年には専任となられ、その指導を受けることになった。伊藤先生は、研究以外のことには口を出さないように注意しておられ、史料の質問をすると丁寧に答えてくれた。都立大学にあった上原勇作関係文書の整理・購読の研究会や内政史研究会などでの聞き取りに加えてもらい、『大蔵公望日記』(全四巻)の編集などにも加えていただいた。こうして、史料の収集・批判や聞き取りの方法について見様みまねで学んでいった。これは得難い経験となった。

また、歴史学の何たるかもわからず大学院に入ったぼくをみかねて、宮地正人さんが、近現代史に関する本を毎回一冊とりあげて批評する読書会を月に数回開いてくれた。この会には上山和雄氏や福地惇氏も参加したが、宮地さんの本の読み方や、どこをどう評価するかという視点には毎回学ぶところがあった。このような会を開いてくれたことに今でも感謝している。

修士論文は、卒論の続きで労働組合法案や社会政策を調べてみようかと思ったが、あまり自分に向かなそうなので、「田中義一内閣の対社会主義政策」ということにし、治安維持法の改定問題と日本大衆党の清党問題をとりあげた。

前者は、治安維持法の結社・組織取締法としての性格を明らかにし、後者は、当時中間派にいた無産政党指導者の平野力三の軍との早い時期からのつながりを明らかにしたつもりである。また、後者については、『宇垣一成日記』に平野の名前を伏せた長い記述があることを見つけ、また、本人や関係者にインタビューすることによって一定の裏づけがとれるなど、史料の読み込みや、聴き取りの面白さに気づくこととなった。また、既存の研究とは異なる歴史の奥深さといったものに気づくこととなった。そして、前者はともかく、後者は伊藤先生からお褒めの言葉をいただき、研究者としてやっていけそうだと思うようになった。このことを深く感謝している。

就職

博士課程に進学して一年後、伊藤先生の推薦で国史学科助手に採用していただいた。この時期、伊藤先生から社会運動を研究したらどうかといわれ、麻布にあった法政大学大原社会問題研究所で大学院生時代にアルバイトをしていたので、労農派の研究をすることにした。また、二村一夫さんの御配慮で、雑誌『労農』『前進』復刻版の解説・解題を書く仕事をいただき、時間がかかったが、何とか書き上げた。(2)

その後、尾藤正英先生のお世話で、一九七六年に中央大学商学部に就職することとなった。この学部は、当時たいへんリベラルな雰囲気のあるところで、若手には仕事を押し付けないで、自由に研究できるよう配慮するという伝統があり、とても居心地がよかった。自由な研究時間が保障され、しばらく社会運動の研究をしたが、どうもこのテーマは自分には向いていないと思い、方向転換することにした。日本ファシズム論をやろうと思い、江口圭一さんのお勧めで「満州事変論」などを書いていた。(3)

また、『資料日本現代史』(大月書店)の編集に加えていただき、一九八一年に横関至さんと「翼賛選挙」①②を編集し、一九八四年に吉田裕・伊香俊哉両氏と「日中戦争期の国民動員」①②を刊行した。

後者の編集の過程で、三人で、通産省・文部省・偕行社・慶応大学図書館など都内の史料所蔵機関を訪ね、史料探訪をしていったが、これは収穫のあるなしにかかわらず楽しい調査であった。

このような中で、いまから考えると、ふたつの出来事がぼくの研究方向を決めていったと思う。

戦争責任問題の研究

ひとつは、一九八二年におこった中国・韓国からの日本の教科書検定に関する批判である。このことをきっかけに、日本の歴史研究者は、満州事変以降の戦争で日本軍が戦地・占領地で何をし、どのような問題が起こったかをほとんど研究していないことに気づかされたのだ。その反省から、ジャーナリストの本多勝一氏らとともに、日本史の藤原彰・江口圭一・由井正臣・吉田裕氏ら、中国史の姫田光義・石島紀之・笠原十九司・井上久士氏らによって一九八四年三月に南京事件調査研究会ができる。また、同年六月には、粟屋憲太郎さんが、日本軍の毒ガス戦に関する新史料、陸軍習志野学校「支那事変ニ於ケル化学戦例証集」を公表する（『朝日新聞』六月一四日。史料発見は一九八三年）。

このような動きを受けて、ぼくは粟屋さんの発見を補足するような毒ガス戦の史料、中支那派遣軍司令部「武漢攻略戦間ニ於ケル化学戦実施報告」を一九八四年にみつけた（『朝日新聞』一〇月六日）。こうして、日中戦争・アジア太平洋戦争における日本軍の加害行為を発掘することに意義をみいだしていった。それは、旧軍の問題をあばくということが目的ではなく、かつての戦争で日本は何をしたかという基礎的事実をわれわれがよく知ることが、たとえば日中・日韓の関係をまともなものにする前提になると思ったからである。このような歴史的事実を知らなければ、真の友好関係も、信頼関係も築けないだろう。

毒ガス戦の研究は、その後、粟屋さんや松野誠也君と一緒に行ったが(4)、断続的にすすめたので、自分の思いどおりに仕上げるには二〇年かかり、二〇〇四年になんとか刊行できた(5)。その過程で、アジア太平洋戦争末期のアメリカ軍の対日毒ガス戦計画の実態解明や、アイゼンハワー参謀総長による極東国際軍事裁判での免責指示の解明などができたことは予想以上の収穫だった。

また、国内での史料収集の過程で、日本軍の慰安所設置の指示を示す史料、北支那方面軍参謀長岡部直三郎「軍人軍隊ノ対住民行為ニ関スル注意ノ件通牒」（一九三八年六月二七日）を防衛庁防衛研究所図書館で発見していたことも、一九九一年におこった金学順さんのカムアウトの際に大変役立った。一九九一年当時、日本政府は、「慰安婦」問題は遺憾なことだが、政府・軍は関与していないと述べていたからだ。そんなことはありえないので、追加の史料を探そうと思い、年末の講義が終わり、冬休みに入ったら調査しようとしたのだが、直後に風邪で寝込んでしまい、防衛研究所図書館が閉まる前日の一九九一年一二月二四日と新年の開館初日の一月六日の二日しか調査できなかった。風邪をひかなければ、もっと多くの史料を見つけられたのにと残念にも思うが、それでも、日本軍の「深い関与」、より正確には日本軍が慰安所制度をつくり運用したことを示す五種六点の史料を見つけることができた。

当時は宮沢喜一内閣で、官房長官河野洋平、外務大臣渡辺美智雄という陣容だったが、今の内閣よりははるかにまともであり、『朝日新聞』（一九九二年一月一一日）で報じられると、すぐに事実を認め、韓国に謝罪することとなった。

なお、このような史料を軍がつくっているということは知られておらず、そのような史料があるという目でみなければなかなか見つけられないものだった。秦郁彦さんなどは、そんな史料があることは研究者の間では周知の事実だったという（『慰安婦と戦場の性』新潮社、一九九九年）が、そんなことはない。なぜなら、一九九二年より前に彼が書いた「慰安婦」に関する文には、これら史料は一言も引用されていないからだ。知っていれば、こんな重要史料にふれないことはありえない。

この発見に対する反響はたいへん大きく、ニューヨーク・タイムズをはじめ海外でも大きく報じられた。以後、この問題の研究を続けていくことになるが、その過程で、多くの問題が生じた。中でも、リベラルなはずの日本のフェミニストの中で異論が生じた。たとえば、一九九七年に上野千鶴子さんは、吉見は文書史料中心主義で、被害者の証言を正当に扱っていないと論難した。これについては、すでに反論しているが、(6)一部くりかえすと、ぼくは歴史の史料には文書史料、その他の史料、証言があり、どちらも同様に重要であり、かつ史料批判が必要であるという立場である。また、ぼくは、文書史料中心主義ではなく、実証のために実証をするという実証主義者でもなく、ある問題を解明するために実証する歴史学徒である。実証それ自体が目的ではなく、問題を解明するために実証を必要とするという立場である。

一九九五年に『従軍慰安婦』（岩波新書）を刊行したが、ここでは、文書史料と証言を多用している。しかし、その後、さらに多くの史料・証言・研究が出てきたので、あらためて自分の研究をまとめたいと念願している。また、「慰安婦」問題が解決しない背景にある日本人の性売買に関する態度と意識の問題を解明したいと思い、現在、『買春する帝国』という題で原稿を書いている。その意味で、研究はまだ道半ばである。

ところで、日本軍「慰安婦」問題を研究していくために、その後も防衛研究所に通っていたが、一九九三年頃から将校たちの業務日誌が公開され始めた。井本熊男の業務日誌、金原節三「陸軍省業務日誌摘録」、大塚文郎「備忘録」、真田穣一郎の業務日誌などである。これらの中には、金原の業務日誌を除いて、「慰安婦」関係の記述はないが、日本軍の細菌戦や七三一部隊に関する記述がたいへん多いことに気づいた。そこで、この研究を伊香俊哉さんと行った(7)。これは未完であり、その後、多くの史料や研究も出てきているので、時間があれば取り組んでみたい。

民衆の歴史的体験の研究

ぼくのもうひとつの研究テーマは、日本民衆の歴史的体験である。一九八一年に、都立大の小谷汪之さんから電話があり、後に現代歴史学研究会という名になる研究会に参加しないかと誘われたのだ。これは、東大出版会の渡邊勲さんの肝いりでできた若手の研究会で、各人が一冊の本を書いて「新しい歴史」を創造しようという志を持っていた。錚々たるメンバーなので、おそるおそる参加し、「日本ファシズム」というテーマで書いてみようかと思っていたのだが、そんなテーマではダメだといわれ、悩んでいる中で、日本ファシズムの根もと、あるいは民衆の責任という厄介な問題を探求してみようという気になった。その結果、自分ではまったく予想していなかった『草の根のファシズム』（東大出版会、一九八七年）という本になった。この中で、民衆の戦争体験にはある二重性があるということに気づいたことが自分としては収穫のひとつだったと思っている。この本の自己評価については、拙稿「民衆の体験と「過去の克服」」（渡邊勲編『三十七人の著者　自著を語る』（知泉書館、二〇一八年）を参照していただければ幸いである。なお、この本は海外でも注目され、二〇一五年には英訳された(8)。

『草の根のファシズム』刊行後、中央大学から在外研究の機会を与えられ、一九八九年四月から首都ワシントン近郊のメリーランド大学に二年間遊学した。このとき吉田裕さんと一緒に行き、一年間ともに楽しくメリーランド大学で過ごしたことは忘れられない。また、毎週末には家族で周辺の各地に旅行し、リッカルド・ムーティ指揮のフィラデルフィア交響楽団の演奏を通年で聴き、同様にメトロポリタン・オペラを聴くということができたこともえがたい体験だった。

メリーランド大学を選んだのは、アメリカ国立公文書館に近いという理由の外に、同大学所蔵のプランゲ文庫にある、青年団・労働組合・企業などが出している占領期日本のミニコミ雑誌を調査すれば、続編が書けるのではないか、と思ったからだ。しかし、これは安易な考えだった。確かにこの文庫は史料の宝庫だったが、当時コピーは年間一〇〇枚と制限され、整理中なので自由に閲覧できる状態ではなかった。また、この雑誌だけで続編の本を書くのは至難だと気づくことになった。書かれている記事はたいへん興味深いものが多いのだが、個々の無名の執筆者の経歴、ほかに執筆した文、生活状態などを追うことは至難だったからだ。

どうまとめていいかわからず、長い間悩んだ末、民衆の日記をベースにすれば、道は開けるのではないかと思いつき、また、国内にはかなりの日記が資料館等に保存されていることに気づき、プランゲ文庫の雑誌と民衆の日記を併用して、なんとか『焼跡からのデモクラシー――草の根の占領期体験』(全二巻、岩波書店、二〇一四年)をまとめることができた。民衆の日記に関しては、とくに、横浜市史資料室(男性の日記)と「女性の日記から学ぶ会」(女性の日記)にお世話になった。刊行できたのは在外研究終了後から二三年後のことである。我ながら遅筆であることを認めざるをえない。それでも、戦争体験をへて、占領期に、平和・自由・民主主義を、弱さをかかえながらも自力で獲得していった人びとの経験をまとめることができてうれしかった。

現在は、その続編として、高度成長期の民衆の体験をまとめてみたいと思い、様々な日記を収集している。二〇一五年から四年間、小薗崇明・比江島大和・舟津悠紀の各氏と全国を廻り、かなりの日記を収集した。また、「女性の日記から学ぶ会」の島利栄子代表にお願いして、同会所蔵の日記をみせていただいている。これらの貴重な日記をどう読み込んでいくかが課題である。高度成長と冷戦の下で人びとは何をえて、何を失ったか、ということを解明できればと思っている。

注

（1）吉見義明「歴史学の楽しみ」『戦争責任研究』八九号、二〇一七年一二月。
（2）吉見義明「労農派の組織と運動」、大原社会問題研究所編『「労農派」機関紙「労農・前進」』別巻、法政大学出版局、一九八二年。
（3）江口圭一編『体系・日本現代史』一巻、日本評論社、一九七八年。
（4）この間、粟屋憲太郎・吉見義明編『毒ガス戦関係資料』（不二出版、一九八九年）、吉見義明・松野誠也編『毒ガス戦関係資料Ⅱ』（不二出版、一九九七年）を刊行した。
（5）吉見義明『毒ガス戦と日本軍』岩波書店、二〇〇四年。
（6）日本の戦争責任資料センター編『ナショナリズムと「慰安婦」問題』青木書店、一九九八年。
（7）吉見義明・伊香俊哉『七三一部隊と天皇・陸軍中央』岩波ブックレット、一九九五年。
（8）Yoshimi Yoshiaki, *Grassroots Fascism: The War Experience of the Japanese People*, Columbia University Press, New York, 2015.

【小特集】

小特集「戦時期東アジアと帝国日本の空間」の掲載にあたって

安達　宏昭

この小特集に収められた三編の論考は、二〇一七年一〇月二七日から二九日にかけて中国・天津市で開催された「第二回東アジア日本研究者協議会国際学術大会」において、開催したパネル「戦時期東アジアと帝国日本の空間」で報告した研究成果を活字にしたものである。このパネルは、東北大学文学研究科及び国際文化研究科と「国際日本研究」コンソーシアムの共同で開催された。東北大学の両研究科では、大学内で進めている研究プロジェクト「社会にインパクトある研究―創造する日本学」の研究の一環として、このパネルが準備された。一方、「国際日本研究」コンソーシアムは、国際日本文化研究センターが中核となり、「国際日本研究」や「国際日本学」を掲げる研究所や大学院課程を持つ機関の連携体制を構築するために、二〇一六年度に九機関が集まって準備会がつくられ、一一機関により二〇一七年九月に発足した。東北大学が進めていたパネル開設の準備段階で、コンソーシアム発足前のプレ事業として、共催という形で、このパネルの開設支援が行われたのである。

東北大学の研究プロジェクト「創造する日本学」では、様々な研究を推進しているが、開催パネルは「近代日本の空間と移動」という研究分野の一環である。この分野は、近代における日本人の海外移住・進出の歴史をひも解き、その諸問題を国際共同研究で探求することで、グローバル化に伴う移民や難民、文化接触の問題など、現代社会の問題に資することを課題としている。二〇一七年三月には、韓国の翰林大学校日本学研究所との共同で、国際シンポジウム「帝国日本の空間と移動」が開催された。その成果は『翰林日本學』第三一輯に収められている。今回のパネルでは、東アジアを対象に、人びとの移動が活発化した日中戦争期を取り上げている。

大会は、東アジア日本研究者協議会と中国の南開大学日本研究院が主催し、天津市の賽象酒店を会場に行われた。このパネルは、二八日の午前、分科会一の時間帯で、同時に一〇あるパネルの一つとして開催された。大野晃嗣氏（東北大学大学院文学研究科）の司会により、まずプロジェクト・リーダーの小野尚之氏（東北大学大学院国際文化研究科）による趣旨説明が行われ、三つの報告の後、コメンテーターの劉建輝氏（国際日本文化研究センター）による各報告へコメントがなされ、それに対する報告者の応答の後、フロアからの質疑応答があった。

本小特集に掲載した論考のもとになった報告は、安達宏昭「戦時期日本の国土計画と華北・蒙疆」、小林元裕「戦時期華北・蒙疆の日本居留民」、唐利国「戦時期日本の思想空間」であるが、時間の制約から当日の報告内容は限定されたものであった。今回、収録するにあたって、大幅に加筆修正が加えられている。

安達宏昭「戦時期日本の国土計画と華北・蒙疆」は、これまで明確な分析がなされてこなかった中国の華北・蒙疆地方に対する国土計画を明らかにするものである。とりわけ、企画院で国土計画の立案の中心人物であった田辺忠男が所蔵していた『田辺忠男関係文書』を利用し、興亜院華北連絡部の国土計画案を詳細に分析している。また、この地域に対する企画院内での位置づけの変化にも注目している。本論文は、この地域に対する国土計画の矛盾を明らかにし、安達宏昭『「大東亜共栄圏」の経済構想―圏内産業と大東亜建設審議会―』（吉川弘文館、二〇一三年）で明らかにした国土計画の研究を、さらに深める内容となっている。

小林元裕「日中戦争と華北・蒙疆」は、日中戦争下でこの地域が持つ意義を、日本の中央の政策と現地に進出した日本居留民に焦点を絞って捉えようとしたものである。日本軍・政府は、日本の都合に合わせて、地域の枠組みを設定し、「蒙疆」を汪精衛政権からも切り離そうとしたが、汪側の抵抗により果たせなかったこと、さらに、これらの地域に多くの日本居留民が進出し、居留民団や在郷軍人会などが新たに設置されて、「開発」をはじめ日本の諸政策を担ったものの、現地の管轄は日本と汪側で確約した地域の枠組みと必ずしも一致していなかったことを明らかにし、「国策」・「地域」・「人びとの移動」をめぐる複雑な交錯を描いている。

唐利国「戦時期日本における思想戦の展開―国内議論を中心に―」は、満洲事変から敗戦までの時期について、日本の戦争指導者の思想戦に対する認識を中心に、その政策の展開を大きく俯瞰するものである。思想戦が持つ国内向けと国外向けの二つの側面の議論の関係性に注目し、四つの時期に区分して、その側面の内容や関係の変化の特色を捉えようとする。日本の思想戦政策が抱えていた矛盾を、戦争の展開の中で理解しようとしており、筆者が今後進めていく研究の出発点となる内容といえよう。

『年報日本現代史』編集委員会では、急速に進展している学術研究の国際化に対応して、こうした国際的な共同研究に対しても注目し、小特集という形でその成果を掲載することにした。編集委員会では、今後も、日本現代史研究の国際的な学術共同研究にも関心を持っていきたいと考えている。

一　戦時期日本の国土計画と華北・蒙疆

安達　宏昭

はじめに

本稿の目的は、戦時期に日本で立案されていた国土計画についての諸計画案において、中国の華北・蒙疆地方に対して、いかなる産業・人口の配置と配分計画を企図していたかを明らかにすることにより、大日本帝国が、「東亜ブロック」「大東亜共栄圏」(1)において中国の華北・蒙疆をどのような空間として認識していたのかを考察することである。

国土計画は、閣議決定された物資動員計画をはじめとする諸動員計画とは異なり、計画期間を一五年間とした産業配置と人口配置などを立案する長期的な計画で、国土計画とは名付けられているものの、実際は、日本、満洲国、中国を網羅する「日満支」に対する総合的な開発計画であった。すなわち、東アジアにおけるブロック経済を構築するうえでの具体的な計画だった。この立案を担当したのが、一九三七年一〇月に設置され、日中戦争下で物資動員計画を作成して、総力戦の諸計画を立案し戦時経済統制を行った企画院であった。ただ、この国土計画は、企画院内での検討や、諸官庁の参考資料として了解されるだけで終わったため、政府内における実効的な力は極めて限られたものであった。しかし、国土計画に関する諸案は、同時期に内閣直属の諮問機関として設置された大東亜建設審議会の答申との関連性が強く、審議会答申は政府施策の参考とされたことを鑑みると、その内容は日本政府の中に存在した産業および人口の配置認識の一端を示すものであったといえよう。こうした政府内における各地の空間認識を検討することで、全体を網羅する大東亜共栄圏構想もさらに詳細に明らかにすることにつながると考える。また、産業配置と人口配置の計画を分析することは、この時期に生じたおびただしい人の移動を考察するうえで参考になるであろう。

これまで戦時期の国土計画に関する研究は、戦後日本における国土計画の前史として描かれることが多く(2)、企画院内の計画案の変遷を追うのみで、その内容の特色や政府の政策立案過程との関連についての検討は不充分であった。これに対して、高岡裕之の研究は、戦時人口政策と農業人口問題が国土計画と深い関連を持っていることを指摘した(3)。筆者も、拙著『「大東亜共栄圏」の経済構想』において、国土計画の内容の特質と大東亜建設審議会答申との関連性を明らかにした(4)。ただし、大東亜共栄圏構想を分析することを主眼に置いたため、大東亜全域での産業配置を中心に分析したにとどまり、圏内各地についての個別の国土計画案の分析は不充分であった。このため、まず大日本帝国内の主要な「地域」であった「朝鮮」に対する国土計画の分析を行った(5)。したがって、本稿は、筆者の戦時期国土計画に関する研究について、分析する地域を拡げるものである。

中国に対する政策を分析する際には、一九三八年一二月に設置された、中国の占領地に対する政務・開発などを統括する内閣直属の官庁である興亜院の動向にも注目する必要がある。特に、華北・蒙疆という地域には、現地機関として華北連絡部が設置されていた。それゆえ、これら現地担当の機関が、国土計画に対して、どのように対応したのか注目したい。また、これに対して、政府中央の観点から立案した企画院案の特色や興亜院の動向への反応にも着目したい。

一　国土計画の策定の概要

国土計画は、一九四〇年九月二四日に閣議決定された「国土計画設定要綱」[6]により、進められることになった。その立案事務を担当することになったのが、企画院であった。その企画院の第一部第三課が立案を管掌し、院内連絡会議や各省との国土計画関係官会議を随時開催して、基礎資料の収集と整備にあたった[7]。また、閣議決定では、「内閣ニ官制ニ依ル国土計画委員会ヲ設置シ、国土計画ノ策定並運用ニ関スル諮問機関タラシム」と、国土計画委員会により計画を決定する予定であった[8]。

国土計画は、当初、日満支を通じた「国防国家態勢ノ強化」を目標に、日満支の「産業、交通、文化等ノ諸般ノ施策及人口ノ配分計画ヲ土地トノ関連ニ於テ綜合的ニ合目的的ニ構成[9]」するものであった。計画の種別は、日満支計画、日本の内外地全般を対象とする中央計画が設定された。しかし、その後、アジア太平洋戦争の開始により、日満支計画が大東亜全域をカバーする大東亜国土計画に包含されることになり、戦争という事態の中で「本格的国土計画ノ設定ハ時間的制約ノ下ニ一時之ヲ見送リ達観ニ基ク大綱素案ヲ作成スルコト」になり、事務当局には「大東亜国土計画大綱ノ作成」が指示された[10]。そうして、企画院は、一九四二年から計画の大綱素案の立案を始め、「大東亜国土計画大綱素案」を二月二八日に完成させた[11]。

一方で、大東亜国土計画は、大東亜建設審議会による大東亜共栄圏の経済圏構想と重なることになった。一九四二年二月に内閣のもとに設置された大東亜建設審議会は、大東亜共栄圏の長期的な計画を審議するために、民間の有力者や政治家、各省の官僚が集まったものであった。企画院では、国土計画を官民一体となって策定するために国土計画審議会という機関を設置しようと準備をしていたが、大東亜建設審議会の設置はこれと重なるものであった。そして、大東亜建設審議会の答申が内閣に提出され、今後の施策の参考になることになったため、前述の「大東亜国土計画大綱素案」は「公式ノ決定トナラズ単ニ事務当局ノ試案ニ止マルコトトナ[12]」り、国土計画審議会も設置されなかったのである。とはいうものの、その素案の方針は、企画院総裁が部会長になっていた大東亜共栄圏の「経済建設」を担当する大東亜審議会第四部会の答申作成時において、企画院側から主張された。しかし、その方針は、重化学工業を大陸に分散するものであり、商工省を中心とした他省庁からの反対に遭って、答申の文言はあいまいなものとなり、企画院の主張は明確には取り入れられなかった[13]。第四部会答申の「大東亜経済建設基本方策」が審議会総会で決定すると、答申に基づいて、新たに産業・農林水産業・金融交易・交通に関する部会が新設され、産業を担当する第五部会が「大東亜産業（鉱業、工業及電力）建設基本方策」を決定し、政府施策の参考になることが決まった。これに対して、企画院は、同じ長期計画（一五年先、一九六〇年を目標）として、後述するように目標数値を一致させる工業配分案を立てるなど、審議会の答申を、自らの方針に引き寄せて、個別地域案を作成したのである。

企画院は、六月六日には、地域別に要領を挙げた「大東亜国土計画大綱素案（第二次案）」を立案し[14]、その後は、この「素案」を基礎に「順序トシテ大東亜共栄圏ノ中核帯タル日満支中特ニ重要基礎産業ノ立地地域タルベキ黄河、渤海地域ヲ対象トシ之ガ計画ノ策定ヲ進ムルコト[15]」にし、より具体的な計画の策定に取りかかった。そして、一〇月一〇日に「朝鮮・満洲・北支」に関する「黄海渤海地域国土計画要綱案」が作成された。この案は、一一月初めに北京で開催された「大陸連絡会議」で、現地当局者に提示された。そして、この案に対する現地当局の意見の提出を受けて、それを参酌して成案を得て、関係省庁との協議を経たうえで、一九四三年四月二〇日に京城で開催された「大陸連絡会議」に提示され、「鮮、満、北支ノ地域ニ於ケル産業、人口、交通ノ配分ニ関スル一指針トシテ諸計画策案上参考ニ供セラルヘキモノ」として了解を得た[16]。

この作業の後には、帝国内外地の計画策定に取り組み、「必要ナル調査ヲ部内ハ勿論、院内各部及関係省、外地官庁並民間調査研究機関ニ分担セシメ」[17]た。そして、一九四三年一〇月に内地、朝鮮、台湾を含む大日本帝国全土を対象とした「中央計画素案・同要綱案」[18]が作成され、各省に関係資料として配布された。このように企画院の作成した国土計画の素案は、大東亜共栄圏のブロック経済構築を目指す大綱的な計画で、正式な決定には至らなかったが、その大綱をもとに作成した各地の個別計画については、各省や各地域の政府機関の意見を取り込み、参考案となって、各地の政府機関に影響を与えたのである。

二　興亜院による国土計画案の作成

企画院が、具体的な国土計画の策定に入る前に、興亜院の華北連絡部では、一九四〇年一一月に「北支、蒙疆国土計画基本要綱案」[19]を作成していた。この文書の「緒言」によれば、「本国土計画基本要綱案ハ企画院ニ於テ設定セラルル日満支国土計画ノ中北支蒙疆ニ関スル部分ノ基本方針及将来ノ目標ニ関スル資料ヲ提供セントスルモノ」で、これに基づいて企画院の所定の期間計画を作成するべきものと位置づけていた。すなわち、いち早く資料を提供することで、北支・蒙疆に関して興亜院の主張を盛り込ませようという意図があったと考えられる。参考資料ということなので、計画期間は、企画院の設定した一五年と異なり、三〇年を想定して立案していた。この三〇年間というかなり長期的な計画により、興亜院華北連絡部の「華北・蒙疆」の産業や人口、交通の配分計画の方針がわかり、どのような空間にしようとしていたかを理解することができよう。以下、この計画案の方針や具体的な計画案を見ていこう。

（1）基本方針

基本方針では、まずこの地域の「東亜共栄圏」における位置づけが示され、その後、具体的な方針が列挙されている。その位置づけであるが、「満洲ト共ニ対蘇国防ノ第一線ニシテ、資源的ニハ日満両国ト一体トナリ自存圏ヲ形成シ、東亜共栄圏ノ中核ヲ為ス」とし、その地位から考えて「兵器其他軍需資材ノ生産施設ヲ為スト共ニ急速ニ交通通信機関ノ整備、重要資源ノ画期的開発ヲ計ル」としていた。

具体的な方針は八つで、以下、その内容の概要をまとめて列挙する。①交通通信機関の整備は、軍事的にも重要資源の開発にも決定的制約条件となるので、急速に建設拡充を図る。②重要資源中、石炭は東亜共栄圏の供給源として重要なので徹底的な施策を行い、石炭加工工業の画期的発展を図る。③重要原料（塩、礬土頁岩、鉄鉱石）は当面、対日満供給を行い、基本方向としては、できるだけ速やかに北支で重化学工業化を図り、製品または半製品として日満に供給する。④工鉱業開発などの資材は、当分の間は日満から供給を受けるが、できるだけ早くに現地生産により自給できるように、特に鉄鋼・セメント・機械工業の飛躍的な生産拡充を図る。⑤棉花と羊毛の日満支内での自給自足を目標として、その供給源として徹底的増産を行う。⑥消費資料の自給化を目標に、農業及び軽工業の発展を期する。⑦農業における水害防止や灌漑、鉱工業への動力供給のため、黄河などの治水と利水を計画的に実行する。⑧国防と生産力増進のために、日本人の積極的な進出（五〇〇万人）を図るとともに、満洲国への労働力の供給を行うというものであった。

（2）基本方針に沿った各産業の具体的な配分計画

前述した基本方針の後には、それに沿った具体的な配分計画が示された。それは、工鉱業配分計画、農林畜水産業

配分計画、総合的交通配分計画、総合的動力計画、総合的理水計画、総合的人口配分計画、文化厚生施設配分計画であった。

①数値目標

この計画の中には、具体的な数値目標の設定がなされている。紙幅の関係上、すべてを挙げるわけにはいかないので、代表的な数値目標をいくつか紹介しよう。

まず、鉄鋼生産であるが、鋼材四〇〇万トンの生産を目標にし、うち対日供給二〇〇万トンを想定していた。しかし、当時の銑鉄の設備能力は一六万トンで、一九三九年の実績は四万トンであり、鋼材については、設備能力は五万トンではあったが、実績がないと記述されている。次に、鉄鉱石については、一〇二〇万トンを想定し、そのうち、六七〇万トンを輸入するとしていた。しかし、一九三九年の生産は約三四万トンに過ぎなかった(20)。アルミナは、日本の戦時需要量の概ね二分の一を供給することを目途として二〇万トンを生産して、半分を対日供給するとともに、現地において二万トンのアルミニウムを生産することを目標とした。しかし、アルミナは当時、現地での生産はなされていなかった。

一方、東亜共栄圏の供給源とされた石炭は、一億三四〇〇〇万トンの生産を計画していた。このうち、対日供給に四七五〇万トン、対満洲国供給に四〇〇万トンを想定していたが、一九四〇年度の生産計画は二〇四七万トンに過ぎず、目標は高かった。とはいえ、この目標にも一応の根拠は存在した。概して、多くの数値目標は、実現が可能か疑問を抱くものであったので、その一例として、この石炭の目標設定の根拠を見てみよう。一九四一年度を初年度とする北支産業開発五ヶ年計画の目標が四四〇〇万トンであり、四六年度から最初の一〇箇年は年々三〇〇万トンを増加させ、次の一〇箇年で年々三五〇万トンを増加させて、最後の五箇年で年々五〇〇万トンの増加をなすと、この目標である一億三四〇〇万トンに達するというのである。[21]当時、華北の石炭資源の埋蔵量は、二〇〇〇億トンといわれており、採掘もたやすいとの認識であったことが[22]、この数値の背景にあると思われる。ただ、対日供給の数値は、内地での消費と生産の不足を算出して、それを各地に割り振るという形で計算がなされていることから、初めから目標ありきで、そのために必要な生産を確保するために、どの程度、毎年、増産したらよいかが考えられていたように思われる。

さて、他の数値目標ももう少し見ていく。鉄鉱石は国内製鉄原料として三五〇万トン（一九三九年度の実績は三六万トン）、棉花は一八〇〇万担（一九四一年度実績は二二四・五万担）[23]と、これらも目標は高い。しかし、中国全体では一九三六年に一四五〇万担を生産しており、北支だけの数値としては高いものの、可能性があると考えられていた。小麦粉は平年作では一億四四〇〇万担が収穫されていると算出しており、それを北支需要の最低限度の自給を確保するために一億八五〇〇万担に増加させようと計画していた。

人口に関しては、一九四〇年一億四三一万人であるとし、三〇年間で自然増加三二九四万人、国外移動一一五〇万人、国内移動六〇〇万人、日本人の増加五〇〇万人で、合計の人口は一億三〇七五万人と計画していた。ここで注目したいのは、日本人の進出が五〇〇万人に達すると計画していることである。工業化を推進するためには、日本人の大量移住が求められていたのである。一九三六年に国策として決定された「満洲農業移民百万戸送出計画」の二〇年間に満洲に移住させる人数五〇〇万人と同じ人数である。期間が一〇年違うが、膨大な人数である。興亜院の現地機関では、こうした移住を考えていたのである。

②配置計画

次に、配置計画について見ていこう。まず、工業地帯の配置については、海岸線に偏在集中している状況を「匡正」し「奥地」へ分散させるとしていた。具体的には、天津、北京、塘沽、青島、済南といった場所だけでなく、蒙古連合自治政府のもとにあった大同や、河南省の新郷、彰徳、山西省の太原、河北省の石家荘も主要工業地帯として条件に応じて配分するとした。そして、「奥地」の拠点としては、大同、新郷、彰徳を予定していた。大同には、銑鉄や鋼材、セメント、石炭液化の配置が考えられ、新郷・彰徳にはセメント、石炭液化、アルミナ事業の配置を考えていた。

続いて、職能別配分計画では、「交通、土木及工鉱業所要労働力ノ急激ナル増加ニ対シテハ、農業人口ヨリ計画的ニ供出配分シテ之ニ応スルト共ニ、技術及熟練労働力保有度ヲ向上セシム」と、農業労働力からの移動を前提に考えており、そうなると農業労働者が減少することになる。これに対しては「農業人口ノ相対的減少ニ対シテハ有畜農法ノ普及徹底、労働及土地ノ生産性ノ向上ヲ図リ、農業生産ノ維持発展ニ努ム」としていた。そして、産業別の人口構成は、農業については、一九四〇年時の八二五五万人（全体の七九・一％）から八八七三万人（同六九・五％）へ増加はするものの相対的な割合は減少することを想定、一方、鉱工業人口は、六八三万人（六・五％）から一五九一万人（一二・三％）に大幅に増加、商業も八三五万人（八％）から一三〇八万人（一〇・二％）とこちらも増加、交通業も一三三万人（一・三％）から倍増の二七九万人（二・二％）としていた。

地域別配分計画では、大都市の課題膨張を抑制し、中小都市に分散させるように統制するとしていた。具体的には、山東、河北、河南、江蘇の人口稠密地帯から山西、蒙疆、西北辺境に六〇〇万人を移動させ、「奥地資源開発」に沿うようにするとしたのである。

（3）興亜院華北連絡部案の特徴

この興亜院華北連絡部が作成した華北・蒙疆に関する国土計画基本要綱案の特徴は、まず同地域が、農業面でも鉱工業面においても経済的に「自給」あるいは「自立」をするとともに、産出された原料や製造した半製品を対日供給するという、二つの側面を実現するものであったということである。

では、この時期の興亜院の対北支・蒙疆政策は、どのようなものであったのだろうか。この地域の日本の経済政策を日中戦争開始から敗戦まで追った中村隆英の研究[24]では、一九三九年までは、資源の対日供給優先の政策が採られ、輸送の逼迫と民需の圧迫による物資不足とインフレが昂進したため、現地では一九四〇年の半ばに大きな政策転換があったことが指摘されている。すなわち、興亜院では、「北支産業開発五ヶ年計画」が策定されて、石炭と食糧作物の増産を重点化して、その目標に向けてすべての施策を調整する一方で、開発計画を総合化して開発の跛行性を避けるとともに、生産目標を具体化することになったという[25]。

そうした政策が採られるなかで、作成された興亜院華北連絡部のこの国土計画基本要綱案は、三〇年後の目標ということで、開発に時間がかけられることを勘案して、全面的な地域の「自給化」と、重要物資や半製品の対日供給の両立が目指されたものになったといえよう。とはいえ、そこで示された開発目標は、一九四五年までの五ヶ年計画の目標と比較しても、かなり過大な数値目標であり、無理を重ねる必要があるものであった。それは、ドイツとの提携や対米関係の悪化のもとで、東亜共栄圏という日満支で自給圏を形成する政策が、この時期に採用されることになったため、北支・蒙疆の圏内における経済的役割が大きくなったという、現地の認識に基づいていたからだと考えられる。

三　日本政府の華北・蒙疆の位置づけの変化

（1）企画院と「日満支経済建設要綱」

興亜院華北連絡部が、「北支、蒙疆国土計画基本要綱案」を完成させる直前の一九四〇年一〇月三日に、「日満支経済建設要綱」が閣議決定された[26]。この要綱は、企画院が原案を作成したものであった[27]。ヨーロッパで席巻するドイツとの提携に「外交転換」をし、一九四〇年九月二七日に日独伊三国同盟を締結し、英米との貿易よりも東亜ブロック経済へ重心を置くなかで、一〇年後を目標に日満支を一環とする自給自足経済体勢の確立を目指して作成された。しかし、目標とする年数は異なるものの、同じ長期的な計画であったにもかかわらず、興亜院の中国華北における現地機関の構想とは全く異なり、中国の開発を総合化するよりも、資源の対日供給優先を再び強調し、日満産業の補完とするものであった。

要綱では中国については、「支那ハ今後鉱業、製塩業ノ画期的振興ヲ図リ工業原料ノ大量生産ヲ行ヒ日満経済建設ノ基礎確立ニ寄与スルト共ニ適地適業ノ主旨ニ依リ一部重工業及化学工業ヲ建設シ日満産業ヲ補強ス」と、「日満経済建設ノ基礎確立」に「寄与」するために原料の大量生産を行うとともに、「一部重工業及化学工業」を建設するとしたが、それも「日満産業」を「補強」する存在として位置づけていた[28]。おそらく、この時期の企画院では、逼迫する物資の状況下で生産力の維持を重視し、圏内において対日供給物資の確保に注力していたためであろう[29]。

しかし、北支を「日満経済」の補佐的な位置づけとしていた企画院も、国土計画案の進展や対米開戦により大東亜共栄圏経済の建設といった段階になってくると、北支に対する認識にも変化が見られるようになってくる。

(2) 大東亜建設審議会答申と企画院の政策変化

第一章で述べたように、大東亜建設審議会は、開戦後の一九四二年二月に発足し、国土計画と同じ一五年間の長期計画を検討した。審議会は当初四つの部会に分けられ、企画院総裁が幹事となった第四部会が経済建設について担当し、「大東亜経済建設基本方策」を五月四日に決定し答申した。その答申に基づいて、経済関連の四つの部会が新設され、第五部会が「大東亜産業（鉱業、工業及電力）建設基本方策」を七月二三日に、第六部会が「大東亜ノ農業、林業、水産業及畜産業ニ関スル方策」を七月一日に総会決定した。(30)

この「大東亜経済建設基本方策」においては、大東亜各地の産業配置はあいまいな文言となっていた。産業配置があいまいな文言となった理由は、産業配置をめぐって、主に企画院と商工省で課題認識や政策に違いが存在したためであった。(31)商工省は日本本土に重要産業の多くを集中させて、全域の産業再配置や運営に対する発言権を内地産業界（統制会）が確保させようとしたのに対して、企画院は、大規模な再編成を行い、日満「北支」を「中核地域」とし、工業を日満北支に分散配置することを考えていた。では、なぜ企画院では、北支を重視し、工業の分散配置へと政策が変化したのであろうか。興亜院の政策進言の影響もあったかもしれないが、重要なものとして、部内で国土計画の本格的立案が進み、その影響を受けたことが考えられる。そもそも、企画院で国土計画が立案されることになった政策的な背景には、日中戦争開始以後、生産力拡充により都市に人口が集中するなどにより、経済や農業に問題が生じたため、それらを総合的な観点から解決するためであった。(32)そうした総合的な観点に照らして、企画院が重視したのは、工業が「内地集中」してしまったときの弊害であった。すなわち、「指導民族」である「大和民族」の人口増加や食糧自給を考慮した場合には、日本本土の農業／農村の維持が不可欠で、工業地域が日本本土に集中した場合には、その維持が困難になると考えたのである。一九四一年一月二二日に「人口政策確立要綱」(33)が閣議決定され、「東亜共栄圏ヲ建設シテ其ノ悠久ニシテ健全ナル発展ヲ図ルハ皇国ノ使命ナリ、之ガ達成ノ為ニハ人口政策ヲ確立シテ我国人口ノ急激ニシテ且ツ永続的ナル発展増殖ト其ノ資質ノ飛躍的ナル向上トヲ図ル」ことを目標に、政府は「農村ガ最モ優秀ナル兵力及労力ノ供給源タル現状ニ鑑ミ、内地農業人口ノ一定数ノ維持ヲ図ルト共ニ日満支ヲ通ジ内地人人口ノ四割ハ之ヲ農業ニ確保スル如ク措置スルコト」と、農村が人口増加と「優秀ナル兵力」の供給基盤であり、「内地人」人口の四割を農村に配置することが決められた。企画院では、人口政策と食糧政策の観点から、大陸への分散を主張するようになったのである。(34)

「大東亜経済建設基本方策」ではあいまいとなったが、第五部会答申の「大東亜産業（鉱業、工業及電力）建設基本方策」では、産業配置において、中国一般ではなく、特に北支が言及され、以前の対日供給重視からその工業化の比重が高まっていた。すなわち、「各地域建設ノ指標」において、「支那ニ於テハ鉱業、製塩業ノ振興ヲ図リ殊ニ北支ニ於テハ黄河ノ治水発電ヲ行フト共ニ石炭、電力等ニ依存スル製鉄事業、化学工業等ノ画期的振興ヲ期ス」とされ、「主要産業ノ開発建設要綱」では、製鉄事業で石炭・鉄鉱石の新規拡充の重点を満洲と北支に置くとし、軽金属工業では、「北支ニ於テハ礬土頁岩ニ依ルアルミナ製造ノ事業建設ヲ促進シ尚黄河ノ発電完成ニ伴ヒアルミニウム工業ノ確立ヲ期ス」と記され、さらに機械工業についても、満洲とともに北支には「差当リ組立及修理工業ノ整備ニ主眼ヲ置キ（中略）皇国機械工業ノ補足タラシム」と記述されていた。(35)

以上のように、第四部会答申では、日・満・北支を「中核地帯」とする文言の挿入は見送られたものの、第五部会答申では、企画院の日満北支への工業の分散配置の主張により、中国一般ではなく、北支に関して特に取り上げる文言、工業化を振興する具体的な内容が産業の具体化を答申する方策に盛り込まれたのである。かくして、長期的計画においても、一九四〇年一〇月段階における中央では、資源供給地の位置づけであった華北・蒙疆は、一九四二年夏の大東亜建設審議会答申の段階では、興亜院華北連絡部の国土計画案ほどではないにせよ、一定の工業化・「自立化」

した空間として認知されたのである。

四　国土計画案に見る華北・蒙疆

(1)「大東亜国土計画大綱素案(第二次案)」に見られる特色

国土計画は、アジア太平洋戦争が始まると、第一章で述べたように「時間的制約」などから大綱素案を作成することになり、六月六日に作成した「大東亜国土計画大綱素案(第二次案)」[36](以下、「素案」と略記)が、大東亜全体についてはまとめたものとなった。以後は、具体的な地域の素案、作成へと向かうので、全体の中で華北・蒙疆がどのように位置づけられていたのか、見ていこう。

「素案」では、全体像として次のような特色があった。すなわち「大東亜生活空間ノ発展段階ニ照応シ」て二段階に分けて構想するというもので、第一段階は、今後数年で範囲は「日満支、泰、仏印、比島、馬来、旧英領ボルネオ、旧蘭印、ニューギニア、ビルマ」と、ほぼ日本軍が占領している地域とし、第二段階では範囲は「第一段階ノ範囲ノ外印度、濠洲ヲ加フ」と、大東亜共栄圏にインドやオーストラリアを加えるとしていた。そして、この第二段階においては、「皇国第二ノ基地トシテハ濠洲、新西蘭ヲ想定スル」とし、「重化学工業ハ皇国ヲ中心トスル日満支ノ地域及西南太平洋ニ於ケル皇国第二ノ基地トシテノ濠洲ニ立地セシムル」とオーストラリアの重工業化を考えていた。すなわち「大陸、海洋二面ニ於ケル夫々ノ中心体ヲ基軸トシテ世界新秩序建設ノ為生成発展スルノ様相ヲ呈スベキモノ」として、中核地域を大陸と海洋の二つに置くことを想定していたのである。

こうした全体像のなかで、「日満支」は「中核体」としてその地位は強化されるべきであるとし、さらに「日満北支ノ軍需産業的基礎ノ急速ナル確立」が必要であるとして、軍需産業の重点的な展開を図るものとしていた。「素案」では、中国を三つの地域に分けて考えていた。北支・中南支・西北満（蒙地）で、蒙疆は西北満に入れられていて、北支とは切り離されて考えられている点が特徴である。そして、北支は「黄海渤海中心地域トシテ」、南満州・西北朝鮮と一体の関連において考えるべきであるとしていた。この点は、その後の企画院が作成する国土計画案の特質になっていく。

その北支には、工業としては、製鉄業、アルミニウム工業、カーバイド工業、曹達工業などの立地を考えていた。すなわち、「豊富ナル石炭及鉄鉱ノ賦存ニ鑑ミ之ヲ主要原料トスル製鉄業ノ立地ヲ塘沽又ハ青島等諸港湾ニ近ク求ムル」とし「山東ニ豊富ナル礬土頁岩、石灰石ヲ以テアルミニューム工業、カーバイト《ママ》工業ヲ新興セシムルモノトス」と言及していた。さらに、日本や朝鮮、満洲の曹達工業原料として、北支の工業塩の増産を図るとともに、北支にも技術を移植して「漸次曹達工業ヲモ立地セシメ右カーバイト《ママ》工業、メタノール工業其他石炭化学工業ト共ニ綜合的経営ノ素地ヲ涵養ス」と、総合的な石炭化学工業の立地も考えていたのである。

そして、北支資源の開発や治安の確立、物資の流通のため、鉄道、道路、港湾の整備も重視し、塘沽と青島の整備を促進するとしていた。鉱産資源は、原料炭の増産と、採掘・輸送の容易な諸炭田の増産を促進する、農産資源については、特に棉花に重点を置くとしていた。紡績業などの軽工業も、天津・青島・上海に立地させて、日本の資本・技術とあわせて民族産業の振興を図ることを提唱している。

北支とは区別された蒙疆は、大同の石炭、龍烟の鉄鉱石などの資源開発と国防のための交通網の整備が謳われ、「兵站農村ノ確立」に努めるとともに、その中核として「皇国農民ノ進出ヲ考慮」するとされた。いわば内地から農民を送り、「兵站農村」をつくるという考えは、対ソを意識し武装移民を送った満洲と同じ発想と考えられる。

「素案」は、あくまでも大綱であったため、具体的な数値目標などは示されていなかった。配置される鉱工業は、

第五部会答申の「大東亜産業（鉱業、工業及電力）建設基本方策」とよく似たものであった。しかし、一九四〇年の興亜院案や第五部会答申で示された機械工業の配置については言及がなかった。そして、北支が蒙疆と切り離されて考えられ、南満州と西北朝鮮と一体化した地域として開発を実施することが示されたのである。

（2）「黄海渤海地域国土計画要綱案」に見られる特色

「素案」を作成した企画院第一部では、第一章で述べたように、順序として大東亜共栄圏の中核帯である日満支、なかでも「重要基礎産業ノ立地地域」となるべき「黄河、渤海地域」についての計画の策定を進めた。そして、一九四二年一〇月一〇日に、「黄海渤海地域国土計画要綱案」[37]（以下、「要綱案」と略記）を作成した。この「要綱案」は、前述したように、現地当局や関係各省の意見を取り入れて、一九四三年四月一二日に指針として了解を得た。この四月一二日の「要綱案」[38]は、「素案」の考えをふまえて、北支は南満洲と西北朝鮮と一体として捉えられているが、産業配分や人口配分などで、個別地域について言及しているので、次にそうした記述から北支の空間としての位置づけを見ていきたい。

まず、この三つの地域全体として「本地域ノ性格ニ基ク計画策定ノ方針」として、「本地域人口ノ量的、質的条件並ニ物的資源ノ基礎ニ鑑ミ鉄、石炭、電力、塩ヲ主原料トスル重化学工業即鉄鋼業、軽金属工業、人造石油工業、曹達工業、窒素肥料工業等ノ本地域ニ対スル重心的建設ヲ図ル」とともに、「国防上ノ要請ニ基ク必要ニ照応シ機械工業ノ漸進的育成培養ヲ期スル」としていた。機械工業の配置が北支にも適用されるとしていたのは、「素案」とは異なる点であった。

また「要綱案」には、「附表　重要産業ノ十五ヶ年後生産仮目標地域別配分案」（表2）が付されており、大東亜建設審議会第五部会で決定した産業建設の答申に付属した大東亜地域の一五年後の生産目標である「別表（建設仮目

表１　大東亜建設審議会第５部会審議における生産目標数値

	特定重要資源生産拡充仮目標		別表（建設仮目標）
	第１期	第２期	
鋼材（千トン）	10,000	30,000	30,000
銅（千トン）	200	600	600
鉛（千トン）	150	450	450
ニッケル（千トン）	15	45	45
アルミニウム（千トン）	350	600	800
硫安（千トン）	—	—	6,000
メタノール（千トン）	—	—	2,000
石炭（千トン）	200,000	600,000	600,000
天然石油（千キロリットル）	10,000	20,000	20,000
人造石油（千キロリットル）	2,000	6,000	8,000
船舶（新造累計千トン）	5,000	20,000	20,000
電力（新設累計千 KW）	10,000	46,000	46,000

備考：1．「特定重要資源生産拡充仮目標」は、1942年５月19日の第２回の部会で配布されたものと考えられる。この文書は、「柏原兵太郎文書」No. 72（国立国会図書館憲政資料室）で、「大東亜建設審議会第五部会配布資料」と記されている。
2．「別表（建設仮目標）」は、「大東亜産業（鉱業、工業及電力）建設基本方策（第５部会答申案）」（「美濃部洋次文書」東京大学付属図書館所蔵、No. 4614）に所収されたものである。
3．単位は、史料に記されたものを掲載した。
4．第１期は５年後の目標値、第２期は15年後の目標値である。
5．この表は、「別表」のみが、1942年７月23日の大東亜建設審議会総会で決定、内閣に答申された。
6．安達宏昭『「大東亜共栄圏」の経済構想』吉川弘文館、2013年、93頁より引用。

標）」（表１）を基準に、朝鮮・満洲・北支の生産目標値を設定し、全域における朝鮮・満洲・北支の比重を示している。たとえば、鉄鋼の五七％、石炭の七四％、アルミニウムの五〇％などを、この三地域で生産するとしていた。この三地域の生産量は、日本内地の生産量よりも多い。企画院が、この地域の重化学工業化に、いかに強く期待していたかが理解できる。「要綱案」では、「素案」と異なり、具体的に産業配置と人口配置を示していたのである。ちなみに、表１の第五部会答申の生産目標は、一九四二年に企画院総務室が、各産業統制会に「開発目標」を提示し、それを目標に各産業統制会が開発計画を立案したものを基礎としていた。なかでも、第五部会で商工次官の椎名悦三郎が説明したように、一五年後における鋼材三〇〇〇万トンの生産が最も基礎的な目標の基準になって、それ

表２　「黄海渤海地域国土計画要綱案」に付された国土計画の生産目標値　（単位　万トン）

地域	鉄鋼	石炭	アルミニユーム	人造石油	硫安	曹達	
						電解曹達	曹達灰
朝鮮	300	1,500	20	–	80	30	–
満洲	700	20,000	20	200	70	30	80
北支	700	23,000	–	500	200	30	100
小計	1,700	44,500	40	700	350	90	180
小計／総計	57%	74%	50%	88%	58%	60%	60%
日本内地（樺太を含む）	1,000	11,300	20	100	230	50	120
台湾	100	700	10	–	20	10	–
中南支	–	–	–	–	–	–	–
南方	200	3,500	10	–	–	–	–
総計	3,000	60,000	80	800	600	150	300

出典：西水孜郎『資料・国土計画』（大明社、1975年）81頁。

備考：１．この表は「附表　重要産業ノ十五ケ年後生産仮目標地域別配分案（17.10.10）」を見やすいように、多少加工したものである。

２．人造石油については、原典では「人石」と記入されていた。なお、単位は「万キロリットル」と注記されていた。さらに、朝鮮において「１」が記入されているが、合計には算入されていないので、ここでは除外した。

３．この表の「小計／総計」欄は、原典では「総計100ニ対スル百分比」とされており、「小計」も「合計」と記入されている。ここでは誤解を避けるために「小計」と変え、「%」で表示した。

４．「大東亜産業（鉱業、工業及電力）建設基本方策」の「別表（建設仮目標）」には、本表にある「曹達」は記載されていない。

５．安達宏昭『「大東亜共栄圏」の経済構想』吉川弘文館、2013年、33頁より引用。

にあわせて他の物資の生産目標が定められていたのである。[39] したがって、この数値目標にあわせるように、各地域の生産目標も設定されたのであり、物資によっては、地域の実情に照らして、かなり無理のあるものもあった。

では、北支の産業配置を「附表」と「主要策定事項ノ大綱」から見ていこう。まずは鉄鋼業については、年産七〇〇万トンで全体の約二三％を賄うとし、工場の立地は「南方鉄鉱石ヲモ対象トスル海岸地帯ノ良港ニ近ク志向」するとともに、「奥地粘結炭」の海岸地帯への運搬ルートの強化と港湾の造成と整備を行う、また地場消費のために山間部に北支総生産の二〇％程度を目標として立地するとした。

アルミニウム生産については、表2には数値がないものの、この文書内の「主要策定事項ノ大綱」では、この三地域で全体の約五〇％を担当し、北支では「黄河等ノ水力ヲ電源トシ（中略）山東、冀東等ニ於ケル礬土頁岩ヲ主原料トスルアルミニウム工業ノ確立ヲ期」すと将来的な工場立地を考えていた。曹達工業については、電解曹達が三〇万トン、曹達灰が一〇〇万トンと、石炭と工業塩の増産を図り、冀東、山東の海岸地帯での生産を考えていた。人造石油も、北支で五〇〇万トンと全体の約六二％で、それは北支の「人石用適性炭」の近くに工場の立地を図るものとしていた。また、硫安も北支で全体の三分の一にあたる二〇〇万トンで、それは原料である硫化鉱や硫黄の供給が狭隘化するなかで、増産を「山西ノ石膏及石炭ヲ利用スル」ことに期待していたからであった。

鉱業では、石炭に対する期待が高く、北支で二億三〇〇〇万トンと全体の約四割近くの生産を目標としていた。このため文書内では、「現有鉱区ノ最大能力ノ発揮ハ勿論東辺道、山西等ノ未開発鉱区ノ徹底的調査ト之等諸炭田及大同ノ大規模開発ノ為必要ナル搬出ルートノ確立ヲ先行セシムルト共ニ採炭方法ノ機械化並ニ坑木問題ノ解決ニ関シ機械工業部門及森林政策トノ調整ヲ図ルモノトス」としていた。また、増産のなかでも製鉄用原料炭の増産に重点が置かれ、北支においては、井陘、正豊、開灤など九ヶ所を挙げるとともに、大同の大規模な増産や将来における山西の炭田調査を徹底的に行うと記している。それにしても、これは一五年後の目標にもかかわらず、興亜院の三〇年後の計画である一億三四〇〇万トンよりも高い目標を設定したことは、やはり鋼材三〇〇〇万トン生産にあわせて計画が練られたためであろう。この目標数値は、当時の生産量からしてもかなりの無理のある量であることは、すでに指摘した。計画が策定された一九四二年の華北・蒙疆の石炭生産は約二四九〇万トン[40]、鉄鉱石生産は一〇九四万トン[41]、銑鉄生産は一九四四年で二一万七三四五トン[42]に過ぎなかった。

機械工業については、三地域のうち、どこという指定はないが、「本地域開発ノ為必要ナル車輌、産業機械、工作機械、電気機械ノ自給度向上ヲ図ル為之等機械工業ノ育成ヲ期スル」として生産地の近接地に各種工業部門の立地を図るとしている。電力は、目標を七〇〇万キロワットとし「山元粗悪炭」の利用による火力発電と黄河の電源開発により推進するとしている。

農業は、三地域全体で治水と利水の計画により生産力を増強し、日満北支を通じる食糧自給度の強化を期すとしていた。その一方で、北支においては、「適地適作主義ニ則リ」棉花の生産目標を一〇〇〇万担として、中支とあわせて大東亜全域の総生産目標二四〇〇万担の七五%を賄うとし、北支の棉花栽培に伴う食糧の不足は満洲その他からの補給に頼るとしていた。興亜院案では、食糧の自給も目指されたが、この時期においては、戦争により、インドなどからの棉花の輸入が途絶えて、圏内の繊維原料を何とか自給するためには、北支が注目され、食糧よりも棉花が優先されたのである。

交通は、北支においては、新塘沽、青島、連雲などの港湾整備と、石炭などの対日供給のために鉄道・運河の整備と建設により、資源開発に必要な輸送力増強が目指されている。

人口配置については、まず「日本内地人」のこの地域への「積極的」な進出を図るとしていることに注目したい。この地域の重化学工業化や交通業の拡充に伴って技術者や基幹工員として必要であることや、「農業人口ノ四割保有ヲ目途トスル農業人口ノ進出」が必要であるからとしている。ただ、その主な対象地は満洲であり、開拓農民の進出について規定計画を強力に推進するとしている。一方、この三地域の「重化学工業ノ飛躍的展開ニ伴ヒ十五ケ年後ニ於ケル工、鉱、交通業ノ新規労務所要量ハ約一〇〇〇万人ト推定」されるため、供給源は、自然増加のほか、朝鮮、満洲、北支の農村人口から供出するとしていた。そのうえで、「農産物増産並ニ農民生活ノ安定ト併セ南満、北支農業ノ再編成ニ関スル根本的対策ヲ講ズルモノ」としている。とりわけ、「北支農村人口ノ供出目標ヲ概ネ四〇〇万人」として、満洲に対して二〇〇万人の提供する余力を造成することに遺憾ないようにすると記されていた。こうした具体的な数値や記述は、一〇月一〇日案には一切なかったので、その後の現地機関の意見を入れて挿入されたと思われる。北支の農村から他の産業への人口供出や満洲への移動が、特に重視されていたことがわかる。しかし、それを可能にする「農業ノ編成」に対する「根本的対策」については、その具体的な方法は明確ではなかった。

五　華北・蒙疆に対する国土計画案の問題点

次に、華北・蒙疆地域に対する、これらの国土計画案の問題点を指摘しておきたい。第一に、すでに内容の紹介において述べたが、鉱工業生産の数値目標が過大であり、非現実的なものであったということである。こうした過大な目標となったのは、すでに指摘したように、大東亜建設審議会の審議を行ううえで、一五年後における鋼材三〇〇〇万トンの生産が基礎的な目標の基準になって、それにあわせて他の物資を扱う統制会が生産目標を定めたからである。確かにそうした事情があったにせよ、華北・蒙疆地域に対して、このように高い比率を置こうとしていたことは、それだけ、企画院がこの地域の重工業化に対して高い期待をかけていた証左であった。この期待は、戦局の悪化のなかで、実際の施策に反映していくこととなる。(43)

第二に、華北地域における食糧不足を軽視していたことである。「要綱案」では、北支は棉花増産に主力を注ぎ、それに伴う食糧の不足は満洲その他の地域からの補給で賄うとしていた。しかし、北支はもともと食糧自給ができていない地域で、カナダ・オーストラリアなどから主食となる小麦を輸入していた。一ヶ年の輸入高は二二万トンに達したという[44]。それが、日中戦争による円ブロック圏外との交流の遮断、一九三九年には干害や大洪水といった天災による減収、統制と輸送の不円滑により、北京や天津などの都市部だけでなく付近の農村部でも食糧難となっていた[45]。北支の食糧問題は治安問題に関連し、食糧増産が第一の課題となっていた。食糧価格の急騰に伴い、棉花生産は食糧生産に流れ、日中戦争開始ごろには、年産五五五万担を超える生産が、二〇〇万担前後まで急速に減退していた[46]。こうした状態で、満洲などからの雑穀の補給によって、棉花生産を一〇〇〇万担まで増産させることができたであろうか。そもそも国土計画案には、一九四〇年ごろから華北地域が食糧難となり、問題になっているとの認識が示されていない。また、食糧生産への人口の移動すなわち帰農することは、満洲や北支での重工業化を担う労働力の確保も阻害することになり、労働力調達難にもつながる問題であった。したがって、華北地域においては、棉花増産と食糧増産、労働力の調達という三つの問題が競合しており、これらの問題に対応して農業生産力の増強をいかに図るかが大きな問題となっていたのである。しかし、「要綱案」では、農業については、北支・南満洲と西北朝鮮とあわせた全般的な問題として、「本地域ニ於ケル農業ニ関シテハ特ニ治水、利水ノ計画ト相俟ツテ農業生産力ノ増強ヲ図ルニ主眼ヲ置ク」とだけしか書かれておらず、工業において数値目標を出していたことに比べると極めて漠然としており、現地での課題に応える方策を示してはいなかった。このためか、四月一二日案には、新たに、満洲から北支への食糧供出は三四〇万トンとの数値が記されることになった。しかし、それは、人口配置で示された「北支農業ノ再編成ニ関スル根本的対策」とはかけ離れた、縫合策に過ぎなかった。

第三に、農業から工業への労働力移動に関して、そのための方策がきわめて曖昧な記述しかなかったことである。前節で記したように、「要綱案」では、工業化に伴う労働者の供給源として北支の農村人口からの供出を考えており、そのために農産物増産と、北支農業の再編成に対して根本的対策を立てるとしていた。安定して食糧が確保できるようでなければ、農業から鉱山あるいは工場労働者への移動は難しい。しかし、実際には、食糧不足から食費が高騰したため、一九四四年一月には、「炭鉱関係ニ於ケル食糧手当充分ナラザル為相当ノ賃金引上ヲ為サザレバ労務者ノ定着困難ナリ」(47)との報告がなされ、一九四三年の華北炭鉱における減産要因として、多くの炭鉱から指摘されていたことは、農業との兼業の労働者が農繁期に鉱山には出勤せずに、農業に専念したことであった(48)。

たしかに華北地方は、以前から過剰人口が指摘されている地域で、このため一九三七年から満洲産業五ヶ年計画が始まると、華北から満洲に多くの労働者が移動し、一九四〇年には一四〇万人の就労数が算出されていた(49)。しかし、日中戦争が長期化し、華北・蒙疆の産業開発が進展し、さらに国土計画において、より一層の鉱山開発・重工業化が企図されるようになると、折から顕著になった食糧不足にも対応して、農業労働力の維持も必要となり、人口配置計画すなわち労働者の配分調整とそれを可能とする農業生産性向上の具体策が必要となったのであった。しかし、「要綱案」では、移動を可能とする華北農業の再編成を行う根本的な対策というものが明確でなかった。

興亜院が作成した「北支、蒙疆国土計画基本要綱案」では、農業計画において、「大治水利水計画ト相俟ツテ鑿井ニ依ル灌漑、有畜農業経営ノ普及施肥ノ改善種子ノ改良ヲ行ヒ生産力ヲ増進スル」とし、そのための方法として「〇〔欠字、「技」が欠落か？—筆者〕術的指導施設ヲ拡充強化シ且農事合作社組織ノ確立普及ヲ図ル」としており、「要綱案」(「黄海渤海地域国土計画要綱案」)よりは明確であった。重工業化を図るためには、その実現のために労働者の人数を設定するだけでは不充分で、どのようにして調達するかが問題なのであり、そうした調達方法を考慮したうえで、人数を算出することこそが人口配置計画を立案する意義であったはずである。鉱工業などに必要な人数を示すだけでは、半ば「強制的」に募集が行われかねないことになるのである(50)。

日本の「内地」に対する「中央計画素案・同要綱案」(一九四三年一〇月)では、「地方別計画策定方針」において、「内地」を樺太も含めて一〇の地方に分けて、農工調整を念頭に、農業経営規模の適正化を意図して、地方ごとに「専業農家の耕地の標準面積」を具体的な数値で示していた。たとえば、東北地方では二町三反、北陸は一町五反であった。もちろん、農村工業の培養も加味して定めていた。また、各地方の人口目標も明確になっており、大都市区の人口の目標も定めていて、目標に収まるよう機能や施設を分散することが記されていた。「中央計画要綱案」においても、「主要食糧の増産と人口四割の農業定有を目途として耕地の確保及純農村の保持に努む」としていて、都市基準や大都市地区の人口目標と過剰施設や人口の分散疎開が示されていた。

当時、華北地方においては、現地機関などが労働力や農村との関係について詳細な調査を行い[51]、実際に労働力調達の調整などの取り組みが行われていた[52]。にもかかわらず、華北・蒙疆に関する国土計画においては、そうした調査や取り組みが反映されていない。内地の人口配置に対する計画と比較すると、長期計画とはいえ、あまりに漠然としたものであったのである。

ちなみに、一九四三年一〇月の「中央計画素案・同要綱案」では、一九六〇年における「内地人」の大東亜各地への配置計画によれば、中国へは二〇〇万人を想定しており、興亜院案の半分以下であった。しかし、その二〇〇万人という数は、満洲国に配置する一〇〇〇万人に次ぐ人数であり、多くの「内地人」が開発や運輸、農業に進出することを考えていて、日本にとって重要な地域としての認識には変わりはなかった[53]。

おわりに

戦時期の国土計画は、日本帝国内だけでなく、大東亜全域にわたる政治的経済的ブロックを構築するための長期計画（大東亜国土計画となる）で、諸政策を総合調整し、諸地域に圏域内での一定の役割を与えるものであった。この大東亜国土計画において、華北・蒙疆地域に対しては、現地を管掌する興亜院（特に華北連絡部）と、中央で物資動員計画や生産力拡充計画を担当する企画院では、当初、位置づけに違いがあった。華北・蒙疆の地域を、その地域において、ある程度「自給」できる経済にすることを目指すのか、あくまでも対日資源供給地のみと捉えるかの違いであった。しかし、興亜院の計画や政策実施の影響や、総力戦を遂行するなかで顕著となった日本本土の諸問題により、その位置づけの差は縮まっていった。企画院内において、重化学工業を内地集中から大陸に分散させる方向性が強まったこと、とりわけ華北地域の工業化を促進する考えが強まったことにより、現地の「自給」・工業化と対日資源・資材供給の双方を両立させる構想に向かっていった。このため、開発や長期的な生産の数値目標が、現実の状況に比して、過大に膨れ上がることになったのであった。それゆえ、大東亜国土計画において、華北・蒙疆地域の開発が目指されたことは、あくまでも大東亜共栄圏の一環として、大日本帝国を中心とする経済圏の一部として改編するものであり、資源供給地にとどまらない日本本土の産業的な補完地域として位置づけるものであったのである。

しかし、こうした重工業化や開発に伴う課題については、現地では調査が進められていたものの、大東亜国土計画の華北・蒙疆の部分においては深く言及されなかった。とりわけ、食糧不足を解決する農業生産についての方策は明確ではなく、農業生産と競合する棉花生産や重工業化への労働力移動についても抽象的な方策が記されただけであった。

国土計画においては、工業配置とともに、人口配置も重要であったが、その人口配置については、華北・蒙疆の箇所では、それを実現する明確な方策を掲げることはなかった。人口配置こそ、農工調整、すなわち農業生産と重化学工業や交通・商業への人口移動を考慮するものであり、華北地方が抱えていた重要な課題であった食糧問題と労働力問題を検討する項目であった。大東亜共栄圏での華北の経済的価値が重要視されるようになっていったなかで、華北の鉱工業に必要な労働力の数値を挙げただけで、移動を実現させる方法を明確にできなかったことが、日本の大東亜国土計画上の、言い換えれば、大東亜共栄圏の形成を図るうえで最大の矛盾点だったと指摘できよう。

なお、大東亜建設審議会の答申が、閣議で「施策ノ基準」と決定されようとしていたころから、[54] 興亜院では、その趣旨に沿って独自に長期計画の作成に取りかかり、九月三〇日に「支那建設基本方策」を院内決定した。[55] 企画院が、ちょうど「黄海渤海地域国土計画要綱案」を作成していた時期と重なる。興亜院では、再度、中国に関する長期計画を立案したのである。その内容については、別稿で検討したので、[56] ここでは詳細には取り上げないが、中国を「大東亜共栄圏ノ中核分子」として重要視するものであり、北支の重工業化をより進める内容になっていた。一方、「要綱案」などで対応が不明確であった、労働力調達を可能とする「方策」にも言及していた。すなわち、「労務方策」において、農産物の増産により生活を安定させるとともに、農業経営の改善により、鉱工業労働力需要の供給源とすること、中国人の生活慣習に即した適正な配分・移動計画を樹立すること、労務者の福祉や管理のために事業場に「産業共栄会」を設定すること、鉱山専業労務の確保を期するも、半農半工の利点を保持し、性急な転換や争奪的労務吸収を避け、「食糧不足生活不安ニ基ク鉱山労働者ノ移動激化、農繁期ニ於ケル農業労働力不足ヲ調整ス」などの六項目を挙げていた。しかし、これとても、問題点への配慮が記されるだけに過ぎず、根本的かつ具体的な対応策ではなかった。

その後、興亜院は、省庁改編により、一一月一日に大東亜省に統合された。それゆえ、この「方策」と、「要綱案」などの国土計画との関係は明瞭ではない。戦時期に作成された諸々の長期計画の相互関係については、今後も検討を続けていきたい。

※本研究はＪＳＰＳ科研費　17K03090の助成を受けたものです。

注

（1）「大東亜共栄圏」「経済建設」「皇国」などの当時の政治的な用語や、日本の植民地支配などに伴い使用されたが、今日では不適切な呼称（「満洲」「満洲国」「支那」「北支」「蒙疆」「朝鮮」「西鮮」等）である地域名は、本来「　」を付けて使用すべきであるが、本文では煩雑となるため「　」を外した。

（2）岡田知弘『日本資本主義と農村開発』法律文化社、一九八九年。山崎朗『日本の国土計画と地域開発』東洋経済新報社、一九八九年。御厨貴『政策の総合と権力』東京大学出版会、一九九六年。

（3）高岡裕之『総力戦体制と「福祉国家」』岩波書店、二〇一一年。

（4）安達宏昭『「大東亜共栄圏」の経済構想—圏内産業と大東亜建設審議会—』吉川弘文館、二〇一三年。

（5）安達宏昭「戦時期国土計画における朝鮮」『翰林日本学』第三一号、二〇一七年。

（6）企画院『基本国策要綱』一九四一年七月、国立公文書館、アジア歴史資料センター（ＪＡＣＡＲ）、Ref : A06033004700。

（7）「国土計画事務経過（昭和一八年一〇月一日）」（『国策計画綴　昭和一八年』防衛研究所所蔵）、JACAR, Ref : C12121968100。

（8）前掲「国土計画設定要綱」。

（9）同前。

（10）前掲「国土計画事務経過（昭和一八年一〇月一日）」。

（11）『大東亜国土計画関係綴／美濃口調査官』（一九四二年）所収。一橋大学経済研究所所蔵。なお、前述の「国土計画事務経過（昭和一八年一〇月一日）」には、三月上旬に完成したと書かれている。なお、二月二八日に案はさらに四月四日に改編されたものが作成された（石川準吉『国家総動員史』資料編・第四巻、国家総動員史刊行会、一九七六年、一三五四頁。

（12）同前。

（13）前掲、安達宏昭『「大東亜共栄圏」の経済構想』第一部第一章および第二章を参照。

（14）同前、二八頁。

（15）前掲「国土計画事務経過（昭和一八年一〇月一日）」。

(16) 同前。

(17) 同前。

(18) 酉水孜郎編『資料・国土計画』大明社、一九七五年、八六―一一九頁。

(19) 興亜院華北連絡部「北支、蒙疆国土計画基本要綱案」一九四〇年一一月、(『田辺忠男関係文書』〇〇二／〇八、国士舘大学附属図書館所蔵)。以下、本章では、注記がない限り、この文書からの引用、利用である。また、北支とは日本の敗戦時まで使用された地域に対する名称で、現在の華北地域に多分に重なるが、完全には一致しない。しかし、当時、日本においては、華北地域を「北支」または「北支那」と呼ぶことが多かったので、本稿においては北支と華北はほぼ同一の地域として扱うこととする。

(20) 白木沢旭児『日中戦争と大陸経済建設』吉川弘文館、二〇一六年、一八二頁。引用元のデータは、小島精一編『日本鉄鋼史(昭和第二期篇)』文生書院、一九八五年、四七一頁。

(21) 興亜院華北連絡部「北支国土計画参考資料(一) 工鉱業関係参考資料」(前掲『田辺忠男関係文書』〇〇二／〇一)。

(22) 前掲、白木沢旭児『日中戦争と大陸経済建設』一三六頁。

(23) 同前書、二二五頁。引用元のデータは、総務局経済課「昭和十八棉花年度ニ於ケル棉花受給状況」(外務省茗荷谷研修所旧蔵記録『各国ニ於ケル農産物関係雑件　綿及綿花ノ部　中国ノ部』外務省外交史料館所蔵)、**JACAR, Ref: B06050466100**。

(24) 中村隆英『戦時期日本の華北経済支配』山川出版社、一九八三年、二五〇―二六六頁。

(25) 同前、二五〇頁。

(26) 石川準吉『国家総動員史　資料編　第四』国家総動員史刊行会、一九七六年、一〇八三―一〇八五頁。

(27) 企画院としての原案は八月二二日(『美濃部洋次文書』No. 4075、東京大学附属図書館所蔵)、九月三日(同前、No. 4076)九月九日(同前、No. 4077)がある。

(28) 「日満支経済圏要綱骨子」には、「支那ニ於テハ今後鉱業及製塩業ヲ発展シ工業原料ノ大量生産ヲ期待スルトトモニ立地条件カラ見テ重工業及化学工業ノ発展ノ余地アリ今後ニ期待スルモノデアル」と記されていて、中国における重工業や化学工業は、新興を図るものではなく、発展の余地があるので期待する程度のものであったことがわかる（前掲、『美濃部洋次文書』No. 4080）。

(29) 実際の対中経済政策についても、一一月八日に「対支経済緊急対策」が閣議決定されて、日本からの供給物資が縮減するなか、現地物資の回収を徹底化するとともに、開発増産は基本的国防資源に限定し、かつ日満支を通じた「開発能率ニ基ク開発順位ヲ決定シ」て行うとし、なるべく日本からの供給を減らし、日本に必要な物資の獲得に重点を置いて開発する方針を出したのである（「対支経済緊急対策ニ関スル件ヲ定ム」一九四〇年一一月八日（『公文類聚・第六十四編・昭和十五年・第百六巻・産業四・商事二』国立公文書館所蔵）、JACAR, Ref: A14100842600）。前掲、中村隆英『戦時期日本の華北経済支配』二六九―二七二頁も参照。

(30) 企画院『大東亜建設基本方策（大東亜建設審議会答申）昭和一七年七月』（防衛省防衛研究所所蔵）、JACAR, Ref: C12120393500。

(31) 前掲、安達宏昭『「大東亜共栄圏」の経済構想』第一部第一章および第二章を参照。

(32) 同前書、三九～四七頁。

(33) 前掲、石川準吉『国家総動員史　資料編　第四』一一〇〇―一一〇三頁。

(34) 前掲、安達宏昭『「大東亜共栄圏」の経済構想』第一部第一章を参照。

(35) 同前書、第一部第三章を参照。

(36) 前掲、酉水孜郎編『資料・国土計画』六二一―七三頁。

(37) 同前書、七四～八五頁。

(38) 一九四三年四月一二日の「黄海渤海地域国土計画要綱案」は、『国策計画綴　昭和一八年』（防衛省防衛研究所所蔵）に所収されている。JACAR, Ref: C12121968000。

(39) 前掲、安達宏昭『「大東亜共栄圏」の経済構想』九二―九四頁。

(40) 前掲、白木沢旭児『日中戦争と大陸経済建設』一四四頁の表一二より。

(41) 同前、一八二頁の表二三より。

(42) 同前、二〇八頁の表三〇より。
(43) 安達宏昭「『決戦段階』期における『大東亜』経済政策の展開―大東亜省の対『満支』施策を中心に―」『歴史』一二六輯、二〇一六年四月。
(44) 日本経済連盟会『大東亜棉業国土計画案要領並原料対策』一九四二年一一月（外務省茗荷谷研修所旧蔵記録E214『各国ニ於ケル農産物関係雑件　綿及綿花ノ部　中国ノ部』所収、外務省外交史料館所蔵）、JACAR, Ref : B06050467300。
(45) 大東亜省総務局総務課『支那の食糧問題』一九四四年一月、七三―八三頁。
(46) 前掲、安達宏昭『「大東亜共栄圏」の経済構想』一八四頁。
(47) 『第八十四回帝国議会答弁資料（支那事務局）（其の二）』農林水産政策研究所図書館所蔵、三一〇―一五七〇。
(48) 前掲、白木沢旭児『日中戦争と大陸経済建設』一五六―一五七頁。
(49) 王紅艶『「満洲国」労工の史的研究―華北地区からの入満労工』日本経済評論社、二〇一五年、一七四頁。
(50) 当時およびその後の華北炭鉱における労働者募集と労務管理については、同前、白木沢旭児の研究一六三―一七五頁に詳しいので、参照してほしい。白木沢によれば「基本的に把頭制（請負制、間接管理）が採用され、労働者募集も把頭に委ねられ、（中略）把頭により暴力的募集（連行）、採炭労働支配が行われた」（一七五頁）としている。
(51) 例を挙げれば、興亜院華北連絡部編『華北労働問題概説』一九四〇年一二月、国立公文書館、内閣文庫所蔵（JACAR, Ref : A06033009100）や北支那開発株式会社調査局『労働資源ニ関スル農村・農家経済調査報告』一九四二年八月などがある。興亜院の調査は、四〇〇頁と図表からなる華北の労働問題に対する分析や取り決めを収録したものであり、当面の華北における労働政策上の諸問題を分析したものである。なお、興亜院の調査全体については、本庄比佐子ほか編『興亜院と戦時中国調査』岩波書店、二〇〇二年を参照のこと。また、戦前・戦時期の日本の各種機関における調査資料については、本庄比佐子編『戦前期華北実態調査の目録と解題』財団法人東洋文庫、二〇〇九年を参照。
(52) 前掲、王紅艶『「満洲国」労工の史的研究―華北地区からの入満労工』を参照のこと。
(53) 前掲、酉水孜郎編『資料・国土計画』一四七頁。ここでは、満洲には、一〇〇〇万人配置すると、これまでの計画の倍の数になっていた。

(54) 審議会から出された答申は、一九四二年八月二一日の閣議で「政府施策ノ基準トナスト云フ旨ノ決定ヲ見タルコト」が、審議会の第六回総会（一九四二年一一月一二日開催）で報告されている（明石陽至・石井均解説『大東亜建設審議会関係史料　第一巻』（復刻版）龍渓書舎、一九九五年。大東亜建設審議会総会第六回議事速記録一頁）。

(55) 興亜院「支那建設基本方策」一九四二年九月三〇日、（『対支中央機関設置問題一件（興亜院）／在支連絡部調査報告第一〇巻』所収、外務省外交史料館所蔵）、JACAR, Ref : B02030701900。

(56) 前掲、安達宏昭『「大東亜共栄圏」の経済構想』九七―一〇一頁。

二　日中戦争と華北・蒙疆

小林　元裕

はじめに

一九三三年五月、塘沽停戦協定によって満州事変の軍事行動を一段落させた日本軍は、引き続き華北への侵略に取りかかり、一九三五年六月にはいわゆる梅津＝何応欽協定と土肥原＝秦徳純協定によって国民党の勢力を華北から排除していった。華北を日本の意図によって再編するこれらの動きに加え、デムチュクドンロブ（徳王）を中心とする内蒙古の独立運動を支援するかたちで関東軍は内蒙工作を推進し、日本の影響力を華北、内蒙古へと拡大していった。そして一九三七年七月の盧溝橋事件勃発は軍事占領によって華北と内蒙古を日本軍の勢力下に置くことを意味した。

盧溝橋事件をきっかけに戦火は北平（北京）、天津から華北の主要都市に拡大し、関東軍と北支那方面軍は九月四日、張家口に察南自治政府を、一〇月五日には大同に晋北自治政府を、そして一〇月一四日、綏遠に蒙古連盟自治政府を設立して、一一月二二日にこれら三自治政府を統括する機関として張家口に蒙疆連合委員会、いわゆる蒙疆政権を樹立した。ここに「蒙疆」という地域概念が新たに生み出された。

南京国民政府から華北、内蒙古の分離を目指した日本軍であったが、そのために国民政府との戦争を意図したわけではなかった。盧溝橋事件は陸軍中央にとってむしろ予想外の事件であり、対ソ戦準備の優先を考える参謀本部第一部長の石原莞爾少将らにとって日中戦争は長引かせるわけにいかなかった。日本が中国とそもそも戦わなくてはならない思想的な根拠は何か、それを説明するために生み出されたのが、盧溝橋事件勃発直後に発表された暴支膺懲論であり、さらに日本軍の占領地域を拡大した後の一九三八年一一月三日に発表された「東亜新秩序」声明であった。そして、その「東亜新秩序」建設を実現するために推進されたのが、蔣介石に次ぐ国民党の実力者であった汪精衛を通じての「和平」工作であり、汪政権の樹立であった。

「華北」(北支那、北支)そして「蒙疆」はきわめて政治的な地域概念であった。これらの地域を日本、そして中国がどのように理解し、位置づけようとしたのかについて、華北に関しては本庄比佐子らによる共同研究があり、蒙疆に関しては関智英がすでに詳細に論じている(1)。しかし、これらの研究、特に前者は、近代以降に日本で出版された書籍や新聞のなかで華北や蒙疆という言葉がどのように使われたかについての分析が中心で、同時期における日本政府の地域認識や政策、そしてそれに中国側がどう対応したかについてほとんど論及していない。また、満洲事変以降における日本の対中国政策については政治・外交史の面から臼井勝美らの優れた研究が多く存在するが、これらの研究は中国全域を対象としており、華北・蒙疆に絞った研究は少ない(2)。

そこで本論は近代以降、特に塘沽停戦協定締結後において華北・蒙疆が日中双方からどのように認識されたのかを、次の二点から明らかにしたい。第一は日本の国策において華北・蒙疆がどう位置づけられたかを、特に汪政権樹立工作を中心に整理して明らかにする。第二は日中戦争の勃発によって加速した日本人、朝鮮人らの華北・蒙疆進出がどのように行なわれ、またそれらがどのような枠組みの下、日本に管理されたかを解明する。国策という中央の観点と、日本居留民という中国に進出した戦争の現場からの観点によって、戦時期における華北・蒙疆の特徴をみてみたい。(3)

一　日本の国策における華北・蒙疆

1　華北の地域概念

本節では、上記の先行研究を利用しながら、華北・蒙疆という空間、その地域概念の創出とその移り変わりについてまず確認しておきたい。

現在、中華人民共和国で出版されている地名辞典では、「華北」を一般に北京・天津両市と河北省・山西省・内蒙古自治区を指す言葉とし、自然地理上では長城以南、秦嶺・淮河以北、黄河中流地帯と定義している。(4)そもそも華北という言葉は、英語のNorth Chinaを「北中国」、「北華」として用いたのが始まりとされ、一九世紀後半に外来語として使われ始めた。(5)近代になって生み出された華北という言葉とその地域概念は以後、大きな変遷をたどっていく。

日本では中国北部を指す言葉として、清末の一八九〇年代後半に「北清」という言葉を多く用いた。ちょうど日清戦争（一八九四―九五年）、義和団事件（一八九八―一九〇〇年）の時期に相当し、日本がこの地域に直接的な利害関係を持ち始めた時期に重なる。(6)当初、「北清」に含めて考えられていた遼寧、吉林、黒竜江は、日本が一九〇五年に日露戦争に勝利し、日本人のこの地域への進出が増加すると、「満洲」という地域概念によって切り離され、「北清」の地域概念に含まれなくなっていった。(7)そして、一九一一年の辛亥革命によって清朝が滅びると「北清」は使用されなくなり、代わりに「北支」という言葉が使われ始めた（8）。「北清」、「北支」もしくは「北支那」が指した地域は、一般に河北、山東、山西の三省を含み、その他の省である察哈爾、綏遠、河南、陝西などは、論者の視点によって取捨選択され、「北支四省」、「北支五省」、「北支六省」のように使われた（9）。また日本では河北省の天津、山東省の青島を、華北を代表する二大都市、もしくはそれに河北省の北平（北京）を含んだ三大都市として認識し続けた。これは一八九六年に天津に開設された日本租界の存在と、第一次世界大戦時にドイツから接収した青島の経営が大きく影響していた（10）。一九三一年九月に勃発した満洲事変、そして翌年三月の「満洲国」建国によって、華北はその隣接地帯へと変化し、日本にとっての華北の位置づけは大きく変化することになった。

2　日本の国策における華北・蒙疆の位置づけ

結論を先取りしていえば、日本政府が華北・蒙疆地域を国策のなかにどう位置づけたのかは、蔣介石の南京国民政府を中国の中央政府として認めるかという問題と裏返しの関係にあった。華北・蒙疆地域に対する日本の方針は北支那方面軍、関東軍、駐蒙軍といった出先の軍隊、領事館などの在外公館、そして興亜院華北連絡部、蒙疆連絡部からそれぞれ陸軍中央、外務省、興亜院へと上申され、それらが陸軍省、海軍省、外務省、興亜院などで個々にまとめられ、さらに複数の官庁の間で国策としてまとめられていった。ここでは、塘沽停戦以後における日本の対華北・蒙疆政策を国策の観点から確認しておきたい。

（1）華北分離工作

関東軍は一九三三年五月三一日の塘沽停戦協定締結に続き華北への勢力拡大を目論み、その一方で李守信軍を利用

して察哈爾省東部の内蒙工作を進めていった。(11)

一九三五年一月四日には関東軍参謀副長板垣征四郎少将を中心に幕僚、特務機関長、中国駐在武官らが大連で会議を開き、「北支」で支那駐屯軍が南京国民政府の勢力を排除する施策を講じるとともに、同地を「日満」経済発展の足場とするよう利権獲得に努力すると説明された。ここに関東軍を中心とした華北政策が表明されたのである。(12)

同年六月のいわゆる梅津＝何応欽協定によって支那駐屯軍は南京国民政府の政治・軍事勢力を北平・天津、河北省から排除し、また同月のいわゆる土肥原＝秦徳純協定によって関東軍は国民党部を察哈爾省から、宋哲元軍を同省東部から撤退させることに成功した。この現地軍の策動を陸軍中央は受け入れ、陸軍次官橋本虎之助少将は八月六日に関東軍、支那駐屯軍等に向けて「対北支政策に関する件」を示した。その内容は河北、山東、山西、察哈爾、綏遠の五省を「南京政権の政令によって左右せられず、自治的色彩濃厚なる親日、満地帯たらしむることを期す」とする内容で、それらの施策を「支那側をして自発的に発動せしむる如く誘導する」としていた。(13)

このように陸軍中央が現地軍による華北分離の意向を追認し、さらに進んで華北「自治」の方針を示したことで現地軍は華北分離工作を加速させた。九月二四日、支那駐屯軍司令官多田駿少将は「北支の所謂明朗化」声明を発表し、支那駐屯軍の中国に対する態度を「(一) 北支よりの反満抗日分子の徹底的一掃、(二) 北支経済圏の独立（中略）(三) 北支五省の軍事的協力による赤化防止の三点にして、（中略）さしづめ北支五省連合自治体結成への指導を要する」(14)とした。(15)国民政府は当然のようにこの声明を問題視し、九月二七日、蔣作賓駐日大使が日本の外務省に対して非公式に抗議した。多田声明は、「北支」五省として、河北、山東、山西、察哈爾、綏遠を挙げていたが、これは上述した橋本陸軍次官の「対北支政策に関する件」と同じであり、国民政府が一九三三年五月に設置した北平政務整理委員会の管轄する地域を指していた。(16)

一九三五年一一月一三日、南次郎関東軍司令官・駐満大使は、広田弘毅外相に対して「北支工作を此の機会に一挙に断行すること」が国民政府への対抗手段だとし、さらに「北支工作の終局の目的は北支諸省を南京政権より政治的にも又経済的にも完全に分離自立せしむるに在り」と伝え、[17]多田声明を支持した。この発言の背景にはイギリスの支援によって進められつつある国民政府の幣制改革に対する関東軍の強い危機感があった。

関東軍は華北で「自治」を担う人物として宋哲元に期待した。奉天特務機関長の土肥原賢二少将は一一月一一日、宋哲元に対して「華北高度自治法案」を提示するが、宋はこの誘いに乗らなかった。そのため日本側は一一月二五日に冀東防共自治委員会を設置して河北省東部の独立を強行した。これらの動きに対抗して南京国民政府は河北・察哈爾二省と北平・天津の二市を管轄する冀察政務委員会を立ち上げ、宋哲元を委員長に据えて日本側による「自治」工作を抑え込もうとした。

同年一二月に作成された関東軍「北支問題に就て」では「北支の満洲国に対する地位」を次のように説明している。すなわち「北支」は「満洲国」の治安に重大な影響を持ち、「満洲国」には河北、山東からの移民がいて、「北支に存する鉄、石炭、石油、棉花、塩等の資源開発に依て日満北支の自給自足を強化」させる密接な経済関係にある。そのため「北支地方」を南京政府から分離して「日満北支」が互いに依存し合えば「東亜に於ける経済的地位を著しく強化し得るに至る」と。[18]このように「満洲国」にとって「北支」は治安、経済（資源）の面において「日満北支」ブロックとして認識され、後にみるように防共のための日本軍駐屯という思想が生み出されていった。

以上のように現地軍と陸軍中央の間で華北分離工作が進められ、これらの既成事実のうえに、一九三六年一月一三日、日本政府は「第一次北支処理要綱」を決定した。国策としての対中国政策は一九三四年一二月七日に決定された「外務、陸海軍主管当局意見一致の覚書」以来であった。[19]

華北分離の具体的な順序として、日本軍はまず河北、察哈爾の二省と北平、天津の二市で「自治の完成を期し」、残りの山東、山西、綏遠三省を自主的に合流させ、冀察政務委員会を通じて「逐次其の実質的自治を具現せしめ」る方法をとり[20]、内蒙工作については「冀察政務委員会の自治強化及山西、綏遠両省に対する自治拡大の為の工作の進展を阻害するの虞ある施策は当分之を差控え、蒙人勢力の南漸は適宜之に制限を加ふるものとす。之が為対内蒙工作は其範囲を概して長城線以北に限定し、且東部綏遠四蒙旗の地域に波及せしめざるものとす[21]」と冀察政務委員会の強化を優先して、内蒙工作の範囲を制限する内容であった。そして「北支処理」は支那駐屯軍司令官が任じて、冀察政務委員会、冀東防共自治政府を対象に実施するとされ、関東軍やその他の在華北機関はこれに「協力」する存在として位置づけられた[22]。こうして日本陸軍の対中国政策として進められた華北五省「自治」、すなわち華北の分治政策が日本の国策となったのであった。

関東軍は土肥原＝秦徳純協定成立後に、当時、内蒙古自治運動を進めていた徳王を察東特別自治区の李守信と協力させて一九三五年一二月に察東事件を起こし、一九三六年二月には察哈爾省西スニトに蒙古軍政府を樹立させていた。同年八月七日、広田内閣は五相会議で「国策の基準」を決定し、あわせて、四相会議（広田首相、有田八郎外相、寺内寿一陸相、永野修身海相）において「帝国外交方針」を決定した[23]。「帝国外交方針」で「北支方面」は「蘇聯の赤化進出に対し日満支共同して防衛に当たるべき」「防共親日満の特殊地域」と位置づけられ、同時に「国防資源を獲得し、交通施設を拡充すると共に支那全般をして反蘇依日たらしむることを以て対支実行策の重点」とし、「分治政治の完成」が主眼とされた[24]。そして、この「帝国外交方針」と「第一次北支処理要綱」をもとに八月一一日には「対支実行策」、「第二次北支処理要綱」が四相会議で決定された。「第二次北支処理要綱」は方針として次の二つを掲げている。

一、北支処理の主眼は北支民衆を主眼とする分治政治の完成を援助し、該地域に確固たる防共親日満の地帯を建設せしめ、併せて国防資源の獲得並に交通施設の拡充に資し、以て一は蘇国の侵寇に備へ、一は日満支三国提携共助実現の基礎たらしむるに在り。

二、右目的達成の為には該地政権に対する内面指導に依ると共に、之と併行し南京政権をして北支の特殊性を確認し、北支の分治を牽制するが如き施措をなさず、進むで北支政権に対し特殊且包括的なる自治の権限を賦与せしむる様施策するものとす。[25]

ここでは「第一次北支処理要綱」の「自治」を一歩進めて「分治政治の完成」、「該地政権に対する内面指導」が付け加えられ、「北支の特殊性」が強調されている。その一方で、自治政治の範囲としては「北支五省」が目途とされ、冀察（河北・察哈爾）二省の「明朗化」と分治の完成に主力を注ぎ、山西と綏遠に対しては「此等両政権に対する指導は内蒙工作との調和を必要とする」として「対支政策の円満なる遂行に留意し該省政権を駆逐し又之を内蒙政権に隷属せしむるが如き施策は之を行はざる」[26]と「北支」を主に、「内蒙」を従とする考えが踏襲されている。

しかし、この後、一九三六年一二月に勃発した西安事件と、同時期の綏遠事件によって日本は対中国政策を大きく変更する必要に迫られた。そして一九三七年二月二日、広田内閣に代わる林銑十郎内閣の成立もその変更を後押しした。その中心人物は三月三日、外相に就任した前フランス大使の佐藤尚武であり、同日に参謀本部第一部長に就任した石原莞爾少将であった。石原は対ソ戦準備を第一に考え、中国との紛争を避けるために「北支分治工作は行はず」と陸軍の対中国政策を変更していた。[27]

（2）国策の変化

佐藤が外相に就任する直前の一九三七年二月二〇日、外務省の太田一郎事務官によって私案として起草された「第三次北支処理要綱」では、上述した「対支実行策」と「第二次北支処理要綱」の内容に大きな修正を加えていた。その内容は「防共親日満の地帯たらしめ」、「国防資源の獲得」、「交通施設の拡充」、「北支の特殊性」という基本的な姿勢を踏襲しながらも、第二次要綱にあった「分治政治の完成」、「自治」などの言葉を削除して、「北支民衆を対象とする経済工作の遂行に主力を注ぐ[28]」との文言に置き換えている。そして「北支に対する我方の施策は同地域の地理的特殊性にも鑑み、従来動もすれば支那並に列国に対して恰も帝国に於て停戦地域の拡張、満洲国の国境推進乃至は北支の独立企図等の野望を有するが如き誤解を与へたることなきに非ず」と日本の政策の問題点を率直に認め、「仍て今後の対北支施策に当りては此の種無用の誤解を与ふるが如き行動は厳に之を慎むと共に先づ北支民衆の安居楽業を本旨とする文化的経済的工作の遂行に専念し以て我方所期の目的達成に資すること肝要なり[29]」と政策を軌道修正した。「山東、山西、綏遠諸政権の指導」においても内蒙工作に関する記述は削除され、「防共親日満等を目的とする政治的工作の急激なる遂行は却て民衆の感情を激発し支那側に排抗日の口実を与ふるの結果となるの惧あるを以て厳に注意するを要す[30]」と従来にない内容となった。

この大きな軌道修正は四月一六日の外務、大蔵、陸軍、海軍四大臣決定による「対支実行策」と「北支指導方策」に反映され、前年に決定された「帝国外交方針」や「対支実行策」と内容を大きく変え、華北分離工作を抑制するものとなっている。「対支実行策」では、まず「一、南京政権に対する施策」として「南京政権並に同政権の指導する支那統一運動に対しては公正なる態度を以て之に望む」とし、「二、対北支施策」で「北支の分治を図り若くは支那の内政を紊す虞あるが如き政治工作は之を行はず[31]」と華北分離工作を明確に否定した。この点は「三、其の他の地方政権に対する施策」でも「特に統一を助長し又は分立を計る目的を以て地方政権を援助するが如き政策は之を執らざるものとす」と強調され、さらに「四、対内蒙施策」で「蒙古人心の把握を以て対内蒙政策の主眼とす。然して之が施策に当りては親日満を基調とする蒙古人の蒙古建設を指導し対蘇態勢を調整するを以て窮極の目的とするも、差当り錫盟及察盟を範域とする内蒙政権の内部強化に専念するものとす[32]」と、対ソ政策としての内蒙工作を認めながらも、その活動の範囲を察哈爾省のシリンゴール盟とチャハル盟に制限した。そして、内蒙工作は「内面的に之を行ふと共に支那側との紛争は為し得る限り平和的方法に依り処理し以て対蘇及対支政策との協調に留意するものとす[33]」と対中国、ソ連関係に配慮を示した。

この傾向は「北支指導方策」も同様で、「要綱」の「一、北支指導に対する態度」では、「冀察政権又は南京政権の要望にして其の至当なるもの、又は面子上尤もなりと認めらるるものに対しては、常に理解ある態度を以て臨むこと必要なり」[34]と中国人の心性に理解を示した叙述までみられる。そして「五、経済開発に関する方針」では第三次要綱にも書かれていた民間資本の進出を歓迎する内容を、「支那資本をも誘致し」[35]と中国との関係を重視するものとした。

この日本の国策としての対中国、対華北、内蒙政策の軌道修正は、同年六月の近衛文麿内閣の成立、そして広田弘毅の外相再任、さらには七月の日中戦争の勃発によって華北・蒙疆を「分治」する方向へと再び揺り戻されてしまうのである。

(3) 日中戦争開始直後の華北・蒙疆

とはいえ、一九三七年七月の盧溝橋事件勃発によって華北・蒙疆に対する日本の国策が急速に変わったわけではない。実際に現地では華北の北支那方面軍、内蒙古の関東軍による軍事進攻、占領が行なわれ[36]、情勢が大きく変化していたが、八月六日に作成された作成者不明の「日支国交全般的調整案要綱」では、「停戦条件により冀東冀察を解消せしむる外、日本は内蒙及綏遠方面に就ても南京との間に話合し南京をして我方の正当なる要望(中略)を容れしむることとし、同方面より南京の勢力を排除するが如きことをなさず」と内蒙古、綏遠方面における日本側の要求、すなわち「日支間防共協定」が受け入れられれば、南京国民政府の勢力を排除するものではなかった[37]。

八月一五日の日本政府による「暴支膺懲」声明[38]発表後においても、南京国民政府を中央政府とみなす姿勢に変化はなかった。一〇月一日、総理、外務、陸軍、海軍四大臣決定による「支那事変対処要綱」では、「北支問題の解決は、日満支三国の共存共栄を実現するを目途とし、支那中央政府の下に、真に北支を明朗ならしむるを以て本旨とす」[39]とされ、その「付属具体的方策」では「北支」に非武装地帯を設定するが、その一方で「冀察及冀東を解消し、南京政府に於て、任意右地域の行政を行ふことに同意」していた。華北の行政を担う人物として、日本によるコントロールのきく指導者の擁立を求めたものの、南京国民政府の主権は依然として認めていた。[40][41]

この日本政府の方針に大きな変化が起きるのは、国民政府の首都南京の陥落によってである。一〇月二七日の広田外相による第三国への和平勧告斡旋申し入れに応じたドイツは、駐日、駐華両国のドイツ大使を通じたいわゆるトラウトマン工作によって、日本と国民政府との和平工作を進めていたが、日本政府は日本軍の快進撃にともなって講和条件を硬化させた。南京陥落後の一二月二一日に閣議決定され、二二日にディルクセン駐日大使へ提示された新和平条件では、「交渉条件細目」の「一」として中国に「満洲国」の承認を求めたうえで、華北、内蒙については、次の条件を提示した。

三、北支及内蒙に非武装地帯を設定すること。

四、北支は支那主権の下に於て日満支三国の共存共栄を実現するに適当なる機構を設定、之に広汎なる権限を賦与し特に日満支経済合作の実を挙ぐること。

五、内蒙古には防共自治政府を設立すること。其の国際的地位は現在の外蒙に同じ。[42]

そして附記として「北支内蒙及中支の一定地域に保障の目的を以て必要なる期間日本軍の駐屯をなすこと」を求めた。「支那主権」の言葉はあるものの、「支那事変対処要綱」にあった「中央政府」の文字がなくなり、ここでは非武装地帯の設定を「北支」だけでなく内蒙にまで求めている。さらには内蒙での防共自治政府の設立、そして、それが「外蒙」と同じ国際的地位に置かれることを認めさせようとした。以上の要求が出てきた背景には一〇月一四日の蒙古連盟自治政府、一一月二二日の蒙疆連合委員会、そして一二月一四日の中華民国臨時政府の設立があったのは間違いない。「外蒙に同じ」とは、外蒙がソ連の影響下に実質的に独立していた状況を指しており、内蒙、そして華北の[43][44]

位置づけはここに大きく変わったといわねばならない。

このように駐日、駐華ドイツ大使を経由して提示された日本側の講和条件は、その後も中国との和平交渉の際に繰り返し要求される条件となっていくが、この段階ではまだ不確定な点を持っていた。一二月二四日、閣議において「事変対処要綱（甲）」が決定された(45)。これは南京国民政府との交渉成立に期待が持てないとして今後の華北、華中方面に対する方針を定めたものである。すでに成立していた中華民国臨時政府を念頭に「北支処理方針」として「政治的には防共親日満政権の成立、経済的には日満支不可分関係の設定を目途とし之が促進を計り、漸次本政権を拡大強化し更生新支那の中心勢力たらしむる如く指導す(46)」とし、「政治指導方針」としては、この「北支新政権」に含まれる地域を軍事行動進展の程度によるとしながらも「略河北、山東、山西の三省及察哈爾省の一部とす。冀東自治政府は之を解消し新政権に合流せしむ。尚察南及晋北両自治政府は時期を見て右新政権に合流せしむるものとす(47)」とした。上述したようにこの時点で察南自治政府、晋北自治政府、蒙古連盟自治政府を統合する機関として蒙疆連合委員会がすでに成立していたにもかかわらず、察南、晋北の位置づけを「北支新政権」に合流されるとしていた。そして「蒙古自治政権とは密接なる連携を保持せしむ(48)」とあり、ここでは綏遠だけが「北支」から明瞭に分離されていた。

一九三七年八月三一日、支那駐屯軍は北支那方面軍（軍司令官・寺内寿一大将）に改組され、その諸部隊が河北、山西、山東に進攻して年末までに三省の主要都市と鉄道を占領した。また、同年一二月には蒙疆に駐蒙兵団を設置して蒙疆政権に対する関東軍の「政務指導上の諸権限」を継承し(49)、駐蒙兵団が担任する区域は「察北、察南、晋北及綏遠省とし其の関東軍及北支那方面軍との政務指導に関する担任区域の境界は察哈爾省東部省境を経て八達嶺以南以西の内長城を連ぬる線（徠源県及其付近河北省内は北支那方面軍に属す）」とされた(50)。

二　東亜新秩序声明と汪精衛工作

1　「日華秘密協議記録」から「日支新関係調整方針」へ

一九三八年一月一一日、「支那事変処理根本方針」が日露戦争以来となる御前会議でまとめられ、国民政府に対する講和条件が決定されたが、その内容は前年一二月二一日の閣議決定と同じであり、国民政府が受け入れるはずもなかった。そこで和平交渉は打ち切られ、一月一六日に「帝国政府は爾後国民政府を対手とせず」との政府声明[51]を発表した。

大本営は北支那方面軍と二月に編制した中支那派遣軍に南北から、華北・華中を連結する要衝の都市である徐州を攻略させ、五月一九日に占領した。この後、近衛内閣は大幅な内閣改造を行い、広田外相に代わって宇垣一成が新外相に就任するものの、対中和平交渉、対支院の設立をめぐり陸軍と対立して辞任し、内閣は混迷を極めた。

同年七月一九日に開催された五相会議では「国民政府を対手とせず」声明を受けて南京国民政府に代わる「新中央政府」が想定され、その下に「北支、中支、蒙疆等各地域毎に其特殊性に即応する地方政権を組織し広汎なる自治権を与へて分治合作を行はしむ[52]」と国策において「分治政治」の方針が復活した。すでに華北には中華民国臨時政府、蒙疆政権が成立し、華中には一九三八年三月二八日、南京に中華民国臨時政府が設立されており、これらをまとめる「新中央政府」の設立が求められた。日本軍は同年一〇月の広東、武漢三鎮攻略によって中国の重要都市をほぼ制圧したが、重慶に立て籠もる国民政府は抵抗を止めることなく戦闘を継続し、日中戦争は長期・持久戦に移行した。そのため「新中央政府」の首班として国民党副総裁の汪精衛に白羽の矢が立てられ、汪精衛との「和平」工作が本格化していった。

近衛内閣は汪精衛らとの提携を念頭に、一一月三日、第二次声明を発表し、「国民政府と雖も従来の指導政策を一擲し、その人的構成を改替して更生の実を挙げ、新秩序の建設に来り参ずるに於ては敢て之を拒否するものにあらず[53]」と同年一月の「国民政府を対手とせず」声明を事実上撤回した。同時に、この第二次声明において「帝国の冀求する所は、東亜永遠の安定を確保すべき新秩序の建設に在り」と、日本の戦争目的が東亜新秩序の建設にあると説明したのである[54]。

汪精衛側との新政権樹立交渉において陸軍省軍務課長影佐禎昭大佐と参謀本部支那班長今井武夫中佐を中心に「日華協議記録」が一九三八年一一月二〇日に作成されたが、このなかで汪側は「満洲国」を承認し（第二条）、蒙疆については「日華防共協定を締結」したうえで「日本軍の防共駐屯を認め、内蒙地方を防共特殊地域」と位置づけ（第一条）、さらに華北について「華北資源の開発利用に関しては日本に特別の便利を供与」する地域とされた（第四条[55]）。

同時に作成された「日華秘密協議記録」では「内蒙並其連絡線確保の為必要なる地域には日本軍を、新疆には中国軍を駐屯して協力し戦時にありては共同作戦を実行[56]」するとされた日本軍の内蒙駐留について、汪側は「防共協定の締結には異議なきも、日本軍の防共駐屯を内蒙に限定せられ度しとの意見を強硬に主張[57]」した。しかし、日本側は「連絡線確保の名義にて平津〔北平・天津―引用者注〕地方に駐兵することを容認せしめ」た[58]。また、汪側が「蒙疆」という言葉について「蒙古及新疆と誤解せらるる恐あり」と主張した点については日本側も受け入れ、「内蒙地方と改めた[59]」という。汪側は「蒙疆」の名称を「内蒙地方」に変更させることに成功しただけで、結果的には、日本が従来から主張してきた華北・蒙疆についての要求を、すべて受け入れるかたちでこのときの交渉は終了した。それでも後述するように汪側が「蒙疆」の文字を認めなかったのは、内蒙古の中国からの独立を認めなかったという事実、日本側からみれば内蒙古を国策として最後まで独立させられなかったという事実において重要な意味を持つ。また、華北がどの地域を指すかについてこの後の交渉で大きな争点となる。

一方、一一月三〇日の御前会議で決定された「日支新関係調整方針」では、「北支及蒙疆に於ける国防上並経済上(特に資源の開発利用)日支強度結合地帯の設定」、「蒙疆地方は前項の外、特に防共の為、軍事上並政治上特殊地位の設定」が「日満支三国」関係における華北・蒙疆の基礎とされた(60)。具体的には「新支那の政治形態は分治合作主義に則り施行」し、「蒙疆は高度の防共自治区域」、「日本は所要の軍隊を北支及蒙疆の要地に駐屯す」とした(61)。また「資源の開発利用に関しては北支蒙疆に於て日満の不足資源就中埋蔵資源を求むるを以て施策の重点とし」、「交易に関しては(中略)日満支就中北支間の物資需給を便宜且合理的ならしむ」(62)と、華北・蒙疆を「日満支」の国防と経済の中に位置づけ、華北・蒙疆だけでなく中国全体を日本が独占管理する内容であった。

汪精衛はこの日本側の膨大な要求を知る由もなく、一二月一八日に重慶を脱出した。そして汪の行動に呼応して近衛首相は一二月二二日に声明を発表し、日本政府の「更生新支那との関係を調整すべき根本方針」としてまず、「日満支三国は東亜新秩序の建設を共同の目的として結合し、相互に善隣友好、共同防共、経済提携の実を挙げんとするもの」と三原則を示し、次いで華北・蒙疆については「特定地点に日本軍の防共駐屯を認むること及び内蒙地方を特殊防共地域とすべきこと」、「北支及び内蒙地方に於いてはその資源の開発利用上、日本に対し積極的に便宜を与ふることを要求する」と、「日支新関係調整方針」の一部だけを汪側に提示したのだった(63)。なお、この近衛声明が発表される直前の一二月一六日、対中国行政機関となる興亜院に関する官制が公布され、一九三九年三月には華北の中華民国臨時政府の管轄地域に興亜院華北連絡部が、蒙疆連合委員会のそれには興亜院蒙疆連絡部が設置される(64)。

2　華北・蒙疆の管轄をめぐる攻防

「日支新関係調整方針」以来となる日本の対中国方針は、汪精衛来日中の一九三九年六月六日に平沼騏一郎内閣の五相会議で決定された「中国新中央政府樹立方針」(65)に引き継がれ、一九四〇年三月三〇日の汪精衛政権成立に結実していった。汪政権の成立によって中華民国維新政府は解消、中華民国臨時政府は「華北政務委員会」と改称された。華北政務委員会が管轄する範囲は河北、山東、山西三省に限定され、北平、天津、青島三市の防共・治安・経済・その他の政務を汪政権の委任により処理することになった(66)。しかし、この汪政権成立に至る日本との交渉において、華北・蒙疆の位置づけは汪側と日本側の間で大きな争点となった。

汪精衛は当初、中央政府樹立の準備に際し、内蒙古の取り扱いを幾分簡単に考えていたふしがある。一九三九年九月二〇日、汪は中華民国臨時政府行政委員会委員長の王克敏と会談したとき、王に対し「蒙疆自治政府は之を撤廃し、西蔵は中央の把握を強化し、何れも内政部に於て管轄する積りなり」と述べたという(67)。同年八月には蒙疆政権の三自治政府が統合されて蒙古連合自治政府が成立していた。汪精衛は九月二一日に王克敏、梁鴻志(中華民国維新政府行政委員会委員長)らと会談し、新政府樹立準備のために組織する中央政治会議の構成員について、国民党、臨時政府、維新政府をそれぞれ一単位として選出すると梁が提案すると、汪は国民党、蒙疆政権及各党各派、既成政権(臨時政府と維新政府)を一単位とする案を主張して引かなかった(68)。つまり、汪は蒙疆政権を臨時政府、維新政府という既成政権に対抗する一勢力として認識していた。

一方、汪精衛の中央政府樹立によって日中戦争の収拾を進めていた日本は、蒙古連合自治政府が「邦」や「国」の文字を使用して勝手に独立国家を名乗るのを防ごうとしていた。八月の蒙古連合自治政府の成立に際して山脇正隆陸軍次官は、山下奉文北支那方面軍参謀長、田中新一駐蒙軍参謀長に電報を送り(日付不明)、「支那全般の政治形態に関する日本側要望の決定を見る迄は『蒙古連合自治政府』なる名称は変更を認めざるに付、組織法等公式取扱を受くるべき基礎法に『邦』又は『国』なる字句を挿入することは差し当り避けられ度」と釘を刺した。(69)

一九三九年一一月一日から上海で行なわれた日本と汪側との交渉の場で、日本は汪側と対立する「(一)防共駐兵地点、(二)鉄道、(三)通信、航空、海運、(四)北支財源、(五)北支蒙疆政権の権限、(六)新上海の建設、(七)治安駐兵、(八)通貨の諸問題」(70)を一つずつ調整していった。

ここでは、華北・蒙疆の地域認識をめぐって日本側と汪側の間で交わされた論争に着目しておきたい。一一月一日の第一回会議の場で汪側の周仏海が「自由なる意見として申上ぐると蒙疆地域の点なるが、之は中国側の従来の解釈としては察哈爾、綏遠両省を指すものと思考する所、貴方の言はるる蒙疆には右以外の地が含まれ居るやに見ゆるが、之は支那側としては問題なり」と蒙疆政権に含まれる「晋北十三県（山西北部）」の問題を取り上げた。(71)日本側代表の影佐禎昭少将が「蒙疆を察、綏両省の行政区域に限定せんとするには貴方に於て何か特別の理由あるや」と尋ねると、周は「理由は極めて簡単にして山西北部の十三県は完全に漢民族化せる地域なるが故なり、又北支に河南省の一部を入るることは従来の観念上相当問題なり」(72)と晋北の問題とあわせて河南省の問題も提起した。この日は問題の指摘だけで終わったが、一一月六日の第四回会議では華北・蒙疆の地域認識をめぐって日中間に激しいやりとりが交わされた。

周仏海が中華民国臨時政府の管轄地域について、「華北に関する地域の問題なるが、矢張り之は省の行政区域を基準として区分せらるるを希望す。内蒙は察哈爾、綏遠二省にして、華北は山東、山西、河北三省の行政区域と致し度し。河南の北部は曽て申上げし如く華北の部より除外せられ度し」(73)と第一回会議での発言を繰り返し、影佐少将が次のように応じた。

本問題は蒙疆、北支の二つに分かち先づ蒙疆より申上げん。蒙疆は現在ご承知の如く蒙疆自治政府の行政区画にして之には晋北十三県も入り居る処、単に行政区域として山西省に属すと云ふ理由のみを以て之を華北に帰属せしめんとするは論拠薄弱なり。既に晋北住民の熱望に基き蒙疆に入り連合政府を構成し確固たる既成事実を構成しあり。従て山西省が華北に入り在るを理由として此の既成事実を変更することは極めて困難なり[74]。

そして影佐は、従来、汪側を「同士として」「なるべく貴方の言を容るる様同情を以て臨みしも、本件に関する限り不可能なることを断言す。諸君も此際不可能なることに執著することなく晋北を蒙疆に属せしことに決心せらるるを賢明とす。此事は私の中国側同志に呈する厳粛なる忠告なり[75]」とそれまでみせたことのない強い態度に出た。しかし、汪側もこの問題については簡単に諦めなかった。この交渉の後に汪側から離脱することになる陶希聖は「蒙疆の事は我等同志の考へとしても亦日本の為に考ふるも内蒙に支障なき様考慮し今少し説明致し度し」と食い下がり、「蒙古人の感情と中国人の心理上の衝突」には「種族上」と「財政上」の二つの原因があると説明した。「種族上」の原因としては、「満漢両民族雑居地域」に衝突が起こるので、それを避けるためには「蒙古地帯は蒙古人の手に、又漢民族の地帯は漢民族の手に、即ち北支に帰属せしむべきなり」として「山西省の北部は漢民族地帯なるに付き之は北支に帰せしむるを適当とす[76]」と述べた。「財政上」の原因については、徳王と山西省の実力者であった閻錫山との間に綏遠省の地方財政収入をめぐって発生した過去の衝突を取り上げ、「依つて争を絶滅せんとせば漢人化せる蒙古地帯は北支に帰せしむるを要し、之を蒙古に帰せしむるとせば漢蒙の間に紛争を起さしめ永久に絶へざるべし」として、「華北に属するものを蒙疆に、中支に属するものを華北に属せしめる如く之を雑然とする時は中国民の感情上又紛争を惹起するに至るべし[77]」と河南省の話も持ち出して、影佐に抵抗した。

影佐は、「今回は民族自治からのみ蒙疆政府出来たるに非ず。防共を最高道徳として蒙人漢人相かたまりたる地域なり。（中略）山西北部の人々は（中略）今回蒙古自治政府成立に際し欣然自発的に之に参加せる次第なり。無理に引付けたるものに非ず」と反論した。民族問題ではなく、防共問題を持ち出した影佐に対して陶は、「北支に防共の意味なきに於ては此の山西北部を蒙疆に入るる事を考慮して宜敷きも若し北支を防共の為の共同地域の意味を附せらるる日本側の考ならば晋北を華北より除くことは考慮し難し[78]」と、華北が蒙疆と同じ防共地域であるのなら、晋北をわざわざ蒙疆に入れる必要がないと日本側の矛盾を突いたのだった。ここに至って周仏海は妥協の手を差し伸べ、もともと華北の範囲として長城線を「含まず」としていた箇所を「含む」にしたらどうかと提案した。こうすれば、「長城線を北支に留保し置かんとするものにして、之を蒙古に与れば河北は開け放しとなるを以て中国民衆に対し申訳なき次第なり。唯長城線は漢人のものとの理由により聊か面子を保たんとする苦心の表はれなり[79]」と説明した。このように晋北について譲歩した周仏海だったが、黄河以北の河南省を華北とする件については「妥協の名人たる小生も認むる事極めて難く[80]」と粘った。

梅思平は河南省北部を華北政務委員会の管轄に入れると河南省が二分されてしまい、省境を変更する事態となって多大の紛糾が生じることを指摘し、陶希聖は山東省の例を出して山東省が黄河を省境としていないのだから河南省もすべきでないと反論した[81]。そして梅思平が最後に「我方は忍ぶべからざるを忍び晋北を譲たるに付貴方に於ては此事だけは是非譲られんことを懇望す。此問題は汪先生の和平運動に重大なる影響あり[82]」と汪精衛の進退にまで論及したため、影佐も汪側の主張を受け入れざるをえなくなった。周仏海らは晋北を蒙疆に含めるのを認める代わりに河南省北部の華北への編入を阻止したのであった。こうして最終的に一九三九年一二月三〇日にまとめられた「日支新関係調整に関する協議書類」の「秘密諒解事項（第一）新中央政府と既成政府との関係調整要領」では、「北支とは内長城線（含む）以南の河北省及山西省並に山東省の地域とす」、「蒙疆とは内長城線（含まず）以北の地域とす」と汪側の主張が活かされる結果となった[83]。

3　日華基本条約の締結

一九四〇年三月の汪政権成立によっても日中戦争は終結できず、日本は汪政権を承認しないまま重慶政府との和平を模索した。一九四〇年末までに重慶との和平が成立しなければ、「長期戦方略への転移を敢行し、飽く迄も重慶政権の屈伏を期す」とした一一月一三日の御前会議決定「支那事変処理要綱」では、日本側要求の基礎条件として、「満洲国」の承認とともに「蒙疆及北支三省」といくつかの重要地点での日本軍駐留、そして国防資源の開発利用を依然として挙げていた。(84)

松岡洋右外相による重慶政府との和平交渉、いわゆる銭永銘工作も進展せず、日本政府は一九四〇年一一月三〇日、「日本国中華民国間基本関係に関する条約」すなわち日華基本条約を締結して、汪政権を中国の中央政権として正式に承認した。これは日本側と汪側によって行なわれてきた交渉の最終結論といえるが、条約の文中において「北支那」の文字の代わりに日本側が初めて「華北」を使用した点が注目される。そして、汪精衛国民政府行政院院長が阿部信行特命全権大使に送った書簡のかたちで承認された「秘密交換公文（甲）」では華北・蒙疆に関して以下の点を了解事項とした。

第一

蒙疆（内長城線（含まず）以北の地域とす）は（中略）国防上及経済上華日両国の強度結合地帯たる特殊性を有するものなるに鑑み現状に基き広汎なる自治権を認めたる高度の防共自治区域とするものとす。

中華民国政府は蒙疆の自治に関する法令により蒙疆自治の権限を規定すべく、右法令の制定に付ては予め日本国政府と協議するものとす。

第二

一、中華民国政府は（中略）華北（内長城線（含む）以南の河北省及山西省並に山東省の地域）が国防上及経済上華日間の緊密なる合作地帯たるに鑑み華北に華北政務委員会を設置し同委員会をして中華民国臨時政府の辧じたる事項を継承処理せしめ居る処、右委員会の権限構成は両国間の全般的平和克復後左記二の条項を具現し得るを以て限度とし、之を目途として速に調整整理せらるべきものとす。

二、両国間の全般的平和克復後、華北に於ける華日協力事項中、華北政務委員会が地方的に処理し得る事項は左の通とし、右に関しては中華民国政府は日本国政府との協議に基く法令に依り之を規定するものとす。

甲、防共及治安協力に関する事項（省略）

乙、華北に於ける経済提携就中国防上必要なる埋蔵資源の開発利用並に日本国、満洲国、蒙疆及華北間の物資需給に関する事項

（中略）

三、華北政務委員会は中華民国政府の決定する範囲内に於て蒙疆との地方的連絡に関する処理を行ふことを得るものとす。

四、華北政務委員会が前記二及三に掲げられたる事項を処理したる場合は随時之を中華民国政府に報告するものとす。(85)

ここでは日本が華北・蒙疆に対して従来求めてきた要求事項を華北政務委員会が「地方的に処理し得る事項」として汪政権から取り上げ、蒙疆を「広汎なる自治権を認めたる高度の防共自治区域」と規定している。しかし、その自治の権限を規定し、そして自治法を発布するのは飽くまでも「中華民国政府」としての汪政権であり、蒙疆を中央政府のコントロールの下に置いた。蒙疆の国際的地位を「現在の外蒙に同じ」とした従来の規定とは異なる。また華北については日本国政府との協議を必要とするものの、華北政務委員会を汪政権の管轄下に置いた。つまり汪政権は華

北・蒙疆を自らの政権内にとどめることに最終的に成功したのであった。

三　華北・蒙疆地域における日本居留民の進出

1　華北・蒙疆の日本居留民

本節では視点を日本国政府と汪精衛らから日本軍が占領した華北・蒙疆に進出した日本居留民に移して、華北・蒙疆の位置づけを確認したい。一九四〇年七月一八―二〇日の三日間にわたって北支領事館警察署第二回保安主任会議が在北京日本大使館で開催された。この会議には、在北京大使館警務部長心得の土田豊以下大使館関係者二三名、各警察署、分署、派遣所の保安主任ら六三名が出席しており、彼らは河北省、山東省、山西省、河南省、江蘇省、そして蒙疆地区の代表であった(86)。つまり北支領事官警察署は「北支」の管轄地域として河南省、江蘇省と蒙古連合自治政府管轄下の蒙疆地区を含んでいた(87)。つまり、汪側が最後までこだわり、日本側が譲歩したはずの華北・蒙疆の枠組みが現地において適用されていなかったことになる。

この会議では、日々増加しつつある日本居留民人口にともなう問題、すなわち「物資の統制、通貨膨張の抑制等金融経済に関する問題」、「不良法人取締」、「風俗取締」等が議題として取り上げられた(88)。「北支在留邦人発展の状況」に関する報告では、「我国策たる東亜新秩序建設」は同年三月の汪精衛政権の誕生によって「第二の段階に入りたり」とし、「時局の認識を欠き聖戦目的に相反するか如き行動に出つる」渡航者に対しては取り締まりを厳しくし、さらに軍と密接に協力して「摘発に努め諭旨退去処分或は在留禁止処分又は刑事上の処罰を以て臨み東亜新秩序建設の国策に向つて邁進しつつあり」と説明された(89)。土田警務部長心得も訓示のなかで「風俗取締」に関して「帝国臣民としての体面に関し他国民に影響する所大であるのに鑑み東亜建設の国策的見地より現地に即応したる警察眼を以てし在留民の指導監督に留意」するよう促した(90)。このように日本人とその植民地下にある朝鮮人、台湾人の華北・蒙疆進出は東亜新秩序建設の重要な一要素ととらえられ、同時に他国の目を意識しての指導監督、取り締まりの対象とされた。それでは、日本人、朝鮮人、台湾人はどのようなかたちで華北・蒙疆に流入したのであろうか。次に人口移動の面から考察したい(91)。

盧溝橋事件の勃発によって華北在住の日本居留民（日本人、朝鮮人、台湾人）は中国の他の地域に避難したり、日本、朝鮮に帰国したりして一時的に人口が減少した。しかし、日本軍による戦地・占領地の拡大にともなって日本人、朝鮮人が新たに流入し、日本居留民人口は増加していった。第二回保安主任会議では、日本居留民の華北・蒙疆への進出が日本軍の戦果拡大と治安の確保によって「容易」になり、「諸資源の開発、事業の新興は邦人の進出と密接不可分の関係」にあるとして、「必然的に各階級の要員又は各種営業者並多数の接客婦女等の進出をも誘致」したと説明している(92)。各種営業者と並んで「接客婦女」の進出にわざわざ論及している点が、その存在の大きさを物語る。

華北の日本居留民人口は、盧溝橋事件勃発直前（一九三七年七月一日）に四万二五七五人であったが、一年後には二倍以上の九万二一六〇人に倍増し、東亜新秩序声明発布後の一九三八年末には一三万人を突破した。そして、一九三九年の年末には日中戦争勃発前の約五倍に相当する二二万八八五七人、一九四〇年六月には三〇万人を超えた（表1）。ここでいう華北とは、河北省、山東省、山西省に蒙疆地区と河南省、江蘇省を含む地域を指す。

日本居留民の民族構成は、日中戦争勃発前は日本人八〇・八五％、朝鮮人一八・七六％、台湾人〇・三九％であり、日本人が全体の約八割を占める構成はその後も続いていく。一九三八年末にそれぞれ、八一・一八％、一八・四八％、〇・三四％と日本人の割合が微増した後、一九三九年末に七八・六四％、二一・〇九％、〇・二八％、一九四〇年六月には七六・七九％、二二・九一％、〇・三〇％と日本人の割合が減少し、朝鮮人のそれが増える傾向がみら

表1　華北日本居留民人口増加状況調査表（1940年6月1日現在、単位：戸、人）

年月	区分	日本人	朝鮮人	台湾人	計
1937/7/1	戸数				
	人口	34,422	7,986	167	42,575
1938/7末	戸数	22,603	6,148	105	28,856
	人口	72,762	19,078	320	92,160
1938/12末	戸数	24,304	7,050	150	31,504
	人口	106,232	24,179	451	130,862
1939/12末	戸数	61,360	13,100	182	74,642
	人口	179,962	48,262	633	228,857
1940/6/1	戸数	79,862	18,895	296	99,053
	人口	231,836	69,173	895	301,904

※出典：在中華民国（北京）日本帝国大使館警務部『北支領事館警察署第二回保安主任会議議事録』（1940年7月）257頁から作成。
＊「1937年7月1日現在」に関しては原資料に「戸数」の記載がない。

れた。そして、台湾人は一貫して〇・三％前後の割合を占めた。

一九四〇年六月現在の華北における地域別日本居留民人口分布を見ると（表2）、華北在住日本居留民人口三〇万一九〇四人の半数を少し上回る一五万六二〇三人（全体の五一・七四％）が河北省に集中し、次いで五万八九三二人（一九・五二％）と二割近い人口が山東省に存在した。これらの地域以外では蒙疆の四万〇五三八人（一三・四三％）、山西省の二万三四〇一人（七・七五％）、河南省の一万三五七三人（四・五〇％）、江蘇省の九二五七人（三・〇七％）と続いた。

日中戦争勃発前から日本居留民がすでに進出していた北京（北平）、天津を擁する河北省、そして在華紡が集中する青島のある山東省に日中戦争勃発後も人口が集中していたことがわかる。そして日本軍占領地の前線に近づくにつれて日本居留民人口は減少した。さらに、日本居留民の大多数は「鉄道沿線都市或は主要商港街に蝟集し奥地居住者は僅に鉱山業又は軍関係其の他の特殊業者の一部に限られ」た(93)。一九四〇年六月一日現在で、在華北日本居留民人

表2　日本居留民民族別人口分布表（1940年6月1日現在）

地域別	総戸数(戸)	人口（人）			総計(人)	1戸当たり平均人口数
		日本人	朝鮮人	台湾人		
蒙疆地区	15,763	36,335	4,157	46	40,538	2.60人
河北省	48,041	115,030	40,486	687	156,203	3.24人
山東省	19,546	52,164	6,621	147	58,932	3.01人
山西省	9,006	17,073	6,323	5	23,401	2.04人
河南省	3,760	6,047	7,526	0	13,573	3.34人
江蘇省	2,937	5,187	4,060	10	9,257	3.11人
計	99,053	231,836	69,173	895	301,904	3.04人

出典：在中華民国（北京）日本帝国大使館警務部『北支領事館警察署　第二回保安主任会議議事録』（1940年7月）261頁。
＊「1戸当たり平均人口数」の計算が合わないが、原資料の数字のままとした。

口三〇万一九〇四名の九〇％以上に当たる二七万九五五五名が、日本居留民五〇〇名以上の在留する四二の都市に集中し、残り一〇％弱が四〇〇か所余りの都市に分散していた。(94)

地域別では、上述したように河北省に在華北・蒙疆日本居留民の約半数が住み、なかでも北京、天津、石家荘の三都市に在華北・蒙疆日本居留民人口の四〇％に相当する一二万九五二五名が集中していた。改めて指摘するまでもなく北京は華北における政治、文化、交通の中心地であり、天津は華北を代表する商工業都市であった。山東省の青島、済南は同省における政治、交通、商業の中心であり、青島に一万六二二三名、済南に一万五二五七名と同省内在住日本居留民人口の半数以上を占めた。次に日本居留民人口が多かった蒙疆地区は、張家口一万八六九六名、大同八三〇一名、厚和四一八三名、包頭二一四九名、宣化一三七三名、口泉鎮一三三八名と、同地区内日本居留民の約四二％が張家口に集中し、これらの主要都市に日本居留民の九〇％（三万六〇四〇名）が居住した。単純な構造として、人口分布としては、西に行けば行くほど居留人口が減少した。残りの山西省、河南省、江蘇省は上記の三地域と比べると日本居留民の進出が少ない地域であった。山西省の太原に一万二九七九名、河南省の開封に五四四八名、新郷に三五三〇名、江蘇省の徐州に六五八一名、新浦に一一三七名が居住した。しかし、日中戦争勃発前にこれらの地域の日本人居留民は「皆無」[95]といわれたことを考えれば、大幅な増加であろう。

そして、以上の地域における進出状況を民族別に見ると、次の点を指摘できる。すなわち、蒙疆地区における日本居留民の民族構成が日本人八九・六三%、朝鮮人一〇・二五%、台湾人〇・一一%、山東省が八八・五二%、一一・二三%、〇・二五%と、日本人が九割近く、朝鮮人が約一割と同様の傾向を示したのに対し、河北省では日本人七三・六四%、朝鮮人二五・九二%台湾人〇・四四%、山西省では七二・九六%、二七・〇二%、〇・〇二%と、この二省では朝鮮人の割合が高かった。河南省は四四・五五%、五四・四五%、〇%、江蘇省は五六・〇三%、四三・八六%、〇・一一%と朝鮮人人口の割合がさらに増加し、河南省では日本人人口を上回った。つまり、河北省を除いて、日本軍の前線に近づけば近づくほど朝鮮人人口が増えたのである。これは日本軍と協力関係を結ぶことによって一攫千金を目論む商人に朝鮮人が多かったという分析を裏付ける[96]。

一戸当たりの平均人口数から推測されるのは、山西省や蒙疆地区といった河北省の西側に位置する地域は単身者の進出が多く、河北省とそれ以南では、家族単位での進出が多かった点であろう[97]。特に朝鮮人は家族連れで進出する傾向が強かったと考えられる。

2　華北・蒙疆における日本の団体・組織の管轄[98]

第二回保安主任会議の開催された一九四〇年六月の九か月前も前に蒙疆連合自治政府はすでに成立していた。それにもかかわらず、蒙疆地域は領事館警察の管轄で「北支」すなわち華北に含まれていた。「蒙疆」という新たな地域概念を日本は生み出し、さらに同地域の高度自治を指向しながら、同地に進出した日本居留民に対しては、旧来の「北支」の枠組みを適用したことになる。

このような地域概念の混乱、もしくは意図的な適用の例は、領事館警察に限られたことでなく、次に見るように華北・蒙疆に設立された居留民団・居留民会、在郷軍人会、国防婦人会等の各種団体・組織においても顕在化した。

(1) 居留民団・居留民会

一九四〇年六月現在、華北・蒙疆には居留民団六、居留民会四〇、日本人会六、朝鮮人民会一の計五三団体が設立されていた。日中戦争勃発前から存在した居留民団は天津、青島、済南の三か所、居留民会は坊子、南口、唐山、秦皇島の四か所、日本人会は青州の一か所に過ぎず、ほとんどが日中戦争勃発後、日本軍の進攻を追って流入した日本居留民によって設立された。北京、張家口、済南、石家荘では居留民会が日中戦争勃発後に居留民団に昇格している。

蒙疆地域では一九四〇年三月一八日に張家口居留民団が設立され、他の都市では厚和（一九三八年三月）、包頭（一九三八年七月二八日）、宣化（一九三八年八月）、大同（一九三八年）、集寧（一九四〇年一月一三日）、豊鎮（一九四〇年）の六か所に居留民会が開設されていった。

(2) 在郷軍人会

天津、済南、青島のように日本人が早期に進出した都市では、居留民団・居留民会の設立に前後して在郷軍人会も開設されたが、その他の都市ではほとんどが日中戦争勃発後に設置された。一九四〇年五月現在、華北における在郷軍人会員数は二万五五九〇名で、東京の帝国在郷軍人会本部を頂点に、その下に北支那連合支部（多田部隊本部）[99]が置かれ、その下に一〇の支部が北京、天津、済南、青島、蒙疆、大同、太原、石門、新郷、徐州に置かれ、その下にさらに七つの連合分会である北京、天津、済南、青島、張家口、大同、石門と、支部直轄の地方分会が置かれた。ここで明らかなように、蒙疆（張家口）の在郷軍人会は北支那連合支部の下部組織として設置され、そして本来、晋北政庁の所在地である大同は蒙疆支部に含まれず、大同支部として併置された。

つまり、蒙古連合自治政府の管轄下にある地域の在郷軍人は、蒙疆支部の下に設置された張家口連合分会[100]、大同支部の下に設置された大同以西の大同連合分会とその他の分会（平地泉、厚和、包頭、豊鎮）に分割された[101]。大同支部は時期的に蒙古連合自治政府が設立された後に設置されている。ここでは綏遠省内の都市に設置された在郷軍人会が蒙疆支部ではなく、大同支部に属しており、蒙疆支部の「蒙疆」は蒙古連合自治政府の省都となった張家口を代表する単語として使用されている。

（3）国防婦人会

華北に設置された国防婦人会は、一九四〇年四月二九日に、それまでの支部を地方本部に、連合分会を支部に改称した。東京に総本部を置き、多田部隊本部に北支本部、その下に北京、天津、済南、青島、蒙疆、太原、石門、新郷、徐州の九か所に地方本部、その下に地方本部直轄の分会と六か所（北京、天津、山海関、青島、張家口、晋北）の支部、さらにその下に支部直轄の分会が置かれた。

一九四〇年五月現在、地方本部、支部の下に一一二分会があり、会員数は三万〇一七三名だった。国防婦人会の場合は、蒙疆地方本部の下に張家口支部と晋北支部の二つの支部が置かれ、宣化、包頭、厚和、平地泉など九分会が設置された。そして張家口支部の下には河東、河西、鉄道分会が、晋北支部の下には大同南、大同北、口泉、朔県、岱岳鎮、左雲の六分会が設置された。このように国防婦人会は在郷軍人会と異なり、察南政庁、晋北政庁の管轄内の国防婦人会をそれぞれ張家口、晋北支部とし、旧蒙古連盟自治政府管轄内のそれを分会としたのであった。

以上から判明するように、華北・蒙疆の現場において、華北・蒙疆の線引きはそれぞれの団体、組織によって異なっており、統一されていなかったのである。

おわりに

汪政権の行政院副院長となった周仏海は一九四一年五月一三日付で日本政府に対して汪政権の要望書簡を提出した。その内容は日中合弁会社の調整、物資流通、国民政府の各級地方政府に対する統制力強化など多岐にわたっていたが、華北方面に対する希望では、特に緊急に実施を求める項目として、華北政務委員会の人事、華北の法令・司法の中央政府による統一的な実施と地方の管轄問題を掲げ、地方の管轄問題について次のように記していた。

　河南省は約定に照し中央に直属せしむること。江蘇の徐海道一帯及安徽の准《マ》北一帯の原《マ》と江蘇、安徽両省に属する各県は速に夫々江蘇及安徽両省政府の統治に復帰せしめ、中国多年の省境を混乱すること無き様希望す。(102)

前節でみたように、日本は日本居留民の管理において蒙疆地区だけでなく、河南省、江蘇省も華北に含め、「日支国交調整原則に関する協議会」で確認された汪側との約束を実行していなかった。周仏海はこの書簡によって日本に約束の実行を迫ったのである。

　このように一九四〇年一一月に締結された日華基本条約は日本による実行が不十分であり、また、日本軍の「北支及蒙疆の一定地域及海南島」(103)における駐兵問題はその後、対米交渉の懸案の一つとなり、日本はこれを解決できないまま一九四一年一二月、対米英開戦に踏み切ることになる。汪政権は政権強化を理由に対米英戦への参戦を日本に要求した。日本は開戦からほぼ一年後の一九四二年一二月二一日、御前会議で「大東亜戦争完遂の為の対支処理根本方針」を決定し、汪政権の「政治力を強化」するために、同政権に対する「干渉を避け、極力その自発的活動を促進」し、そして「極力占拠地域内に於ける地方的特殊性を調整し、国民政府の地方政府に対する指導を強化せしむ」(104)と、汪政権による地方政府への政治関与を認める方向へと政策を変更した。具体的には一九四三年一月九日、日本は「戦争完遂に付ての協力に関する日華共同宣言」によって汪政権に租界を還付し、治外法権を撤廃した[105]。さらには同年一〇月三〇日に「日本国中華民国同盟条約」[106]を締結して、日本の汪政権に対する干渉を後退させていった。

一九四四年九月五日、最高戦争指導会議は「対重慶政治工作実施に関する件」を決定した。重慶政府に対する政治工作は「大東亜戦争完遂の為速かに重慶政権の対日抗戦を禁止せしむるを主眼」とし、そのために「直接会談の機を作る」ことを第一の目標とした[107]。重慶政府との「和平条約の腹案」として「蔣介石の南京帰還、統一政府の樹立を認む」と蔣介石による国民政府の統一を認め、さらには「此際支那内政問題には一切干渉せざるものとす」と日本による干渉を否定し、それまで一貫して日本軍がこだわってきた防共駐屯を一擲して「延安政権及共産軍の取扱も右に準ず」との姿勢を打ち出したのだった[108]。そしてこれも一貫して日本の特殊防共地帯としてきた「蒙疆問題」を「支那の内政問題として取扱はしむ[109]」とした。一九四一年八月の時点で蒙疆政権は蒙古自治邦と名称を変更していたにもかかわらず、ここでは「蒙疆」の字が依然として使われている点から理解されるように、対重慶和平工作のために蒙古自治邦は認められようもなかった。

一九四五年五月一四日、最高戦争指導会議構成員会議で決定したソ連を介した和平案は、南満洲の中立化と満洲帝国の独立維持と朝鮮の留保だけを条件に、南樺太のソ連返還から、大連・旅順のソ連租借、そして「内蒙に於ける蘇連の勢力範囲」を覚悟する必要があるとしていた[110]。

日本はアジア太平洋戦争の末期においてそれまで汪政権に押し付けてきた諸要求すべてを「支那の内政問題」として放り出し、内蒙を放棄してまでソ連に和平の仲介を期待したが、この段階で日本による華北・蒙疆支配は実質的な終わりを迎えていたのである。

本論は日本の国策と汪精衛政権の樹立工作の関係、そして華北・蒙疆に進出した日本居留民とその団体・組織の管轄に焦点を絞ったため、中華民国臨時政府、華北政務委員会、蒙疆政権の側からの分析がほとんどできなかった。これら地方政権からみた華北・蒙疆の位置づけについては稿を改めて論じたい。

注

（1）本庄比佐子・内山雅生・久保亨編『華北の発見』（汲古書院、二〇一四年）、関智英「『蒙疆』と日本のモンゴル統治」（『近代中国研究彙報』第三〇号、東洋文庫、二〇〇八年）。

（2）日本国際政治学会太平洋戦争原因研究部編『太平洋戦争への道《新装版》』三、四（朝日新聞社、一九八七年）、江口圭一『十五年戦争小史　新版』（青木書店、一九九一年）、劉傑『日中戦争下の外交』（吉川弘文館、一九九五年）、臼井勝美『日中外交史研究』（吉川弘文館、一九九八年）、同『新版　日中戦争』（中公新書、二〇〇〇年）、安井三吉『柳条湖事件から盧溝橋事件へ』（研文出版、二〇〇三年）など。華北を対象とした研究には、内田尚孝『華北事変の研究』（汲古書院、二〇〇六年）、光田剛『中国国民政府期の華北政治　一九二八―三七年』（御茶の水書房、二〇〇七年）を挙げられるが、いずれも日中戦争勃発までの分析である。また蒙疆に関しては森久男編著『徳王の研究』（創土社、二〇〇〇年）、同『日本陸軍と内蒙工作』（講談社、二〇〇九年）があるが、関東軍を中心とした日本陸軍の分析が中心である。

（3）史料の引用に際しては、カタカナをひらがなに、旧字体を新字体に直し、適宜、濁点、句読点を補った。

（4）本庄比佐子「はじめに」（前掲『華北の発見』）ⅵ頁。

（5）久保亨「華北地域概念の形成と日本」（同前）五頁。

（6）同前、六頁。

（7）同前、一七頁。

（8）日本政府は公文書における中国の呼称を一九一三年の閣議決定によって「清国」から「支那国」に、一九三〇年一〇月には「中華民国」と替えた（冨澤芳亜「新聞記事から見る華北認識」、前掲『華北の発見』八一頁）。

(9) 例えば、一九〇七年に出版された奥田竹松『北清之商業』(博文館)では、「北清」を「清国人の通常呼び慣れた」「北五省」すなわち直隷(河北)、山東、河南、山西、陝西に甘粛を加えた六省としており、これは「黄河流域の全部を挙げた」ものという。ここでは、「内外蒙古」、青海、西蔵は含まれていない(同前、一九頁)。
(10) 同前、九頁。
(11) 江口前掲書、七四頁。
(12) 同前、九七頁。
(13) 陸軍省『昭和一〇年満受大日記(密)其二』(同前)一〇〇頁。
(14) 『東京朝日新聞』(一九三五年九月二五日)、内田前掲書、二三二、二三三頁。
(15) 内田前掲書、二三三頁。
(16) 光田前掲書、九三頁。より正確にいえば、行政院駐北平政務整理委員会は五省の他に北平・青島の二市(特別市)を管轄範囲とした(同前)。
(17) 外務省編『日本外交文書　昭和期Ⅱ第一部　第四巻上』(外務省、二〇〇六年)三七三頁。
(18) 外務省編『日本外交年表並主要文書(下)』(原書房、一九六六年)三二一頁。
(19) 『現代史資料8　日中戦争1』(みすず書房、一九六四年)解説xivii頁。
(20) 「第一次北支処理要綱」(一九三六年一月一三日)(同前、三四九頁)。
(21) 同前、三五〇頁。
(22) 同前。
(23) 「国策の基準」及び「帝国外交方針」作成の経緯は、同前、解説(liii、liv頁)参照。
(24) 外務省編『日本外交文書　昭和期Ⅱ第一部　第五巻上』(外務省、二〇〇八年)七九頁。
(25) 同前、七四三頁。
(26) 同前、七四四頁。
(27) 参謀本部「陸軍省に対し対支政策に関する意思表示」(前掲『現代史資料8　日中戦争1』)三八四頁。

(28) 同前、三九五頁。
(29) 同前。
(30) 同前、三九六頁。
(31) 同前、四〇〇頁。
(32) 同前、四〇一頁。
(33) 同前。
(34) 同前、四〇二頁。
(35) 同前、四〇三頁。
(36) 蒙疆地域における関東軍と北支那方面軍の地域分担は、陸軍省作成の「察蒙処理要綱」（一九三七年九月四日）を参照（外務省編『日本外交文書　日中戦争　第二冊』六一書房、二〇一一年、一一三八、一一三九頁）。
(37) 前掲『日本外交年表並主要文書（下）』三六七頁。
(38) 外務省編『日本外交文書　日中戦争　第一冊』（六一書房、二〇一一年）七八頁。
(39) 同前、一八三頁。
(40) 同前、一八四頁。
(41) 同前。
(42) 同前、二一九頁。
(43) 同前。
(44) 外蒙古であるモンゴル人民共和国は一九三六年三月にソ連と相互援助協定を締結して、締約国の領土が第三国から攻撃の脅威を受けた場合に軍事援助を行うと約した（臼井前掲『新版　日中戦争』四三頁）。
(45) 前掲『日本外交文書　日中戦争　第一冊』二二三―二二七頁。
(46) 同前、二二三頁。
(47) 同前。

(48) 同前、一二二四頁。
(49) 作成年月日不明「蒙疆政務処理要綱」(前掲『日本外交文書　日中戦争　第二冊』)一二四六頁。
(50) 同前、一二四六、一二四七頁。なお、蒙疆に対する日本軍の政務指導は、「蒙疆政務指導要綱」(一九三八年七月四日)によって北支那方面軍司令官が駐蒙軍司令官を通じて実施するとされ、北支那方面軍司令官のそれは「重要なる事項は陸軍大臣の認可を受けて之を行ひ、尚満洲国と関係を有する事項は関東軍司令官と密接に連携す」と陸軍中央のコントロールが強められた(同前、一二五二、一二五三頁)。
(51) 前掲『日本外交文書　日中戦争　第一冊』二四四頁。
(52) 「支那政権内面指導大綱」(同前)三三九、三四〇頁。
(53) 同前、四〇六頁。
(54) 同前、四〇五頁。
(55) 同前、四一八頁。
(56) 同前、四一九頁。
(57) 同前、四二〇頁。
(58) 同前。
(59) 同前。もっとも、蒙疆が蒙古と新疆を指す言葉として誤解される恐れがあるとの汪側の主張は、漢人の感覚として考えにくく(蒙古と新疆では「蒙新」となり、蒙疆とはならない)、関智英による、「『蒙疆』という言い方を認めてしまうことが、この地域を中国とは異なる地域であることを黙認し、ひいては該地域の中国からの分離を裏付ける可能性」を汪側が恐れていたとの指摘は強い説得力を持つと考える(関前掲論文、四七頁)。
(60) 前掲『日本外交文書　日中戦争　第一冊』四三二頁。
(61) 同前、四三三頁。
(62) 同前、四三四頁。
(63) 同前、四五〇、四五一頁。

(64) 柴田善雅「中国占領地行政機構としての興亜院」（本庄比佐子ほか編『興亜院と戦時中国調査』岩波書店、二〇〇二年）二五、三五―三八頁。
(65) 前掲『日本外交文書　日中戦争　第一冊』四七三、四七四頁。
(66) 臼井前掲『新版　日中戦争』一二二頁。一九四〇年四月五日、有田外務大臣より在仏国沢田大使他宛電報合第六六三号（前掲『日本外交文書　日中戦争　第一冊』一〇七二頁。
(67) 一九三九年九月二六日、太田書記官作成「三巨頭会談の空気を踏まえた華北の特殊問題等に対する意見」（前掲『日本外交文書　日中戦争　第二冊』）八五六頁。
(68) 同前、八五八、八五九頁。最終的に中央政治会議の構成員は一九四〇年一月に決定され、議員三〇人のうち、国民党関係者が三分の一の一〇人、臨時政府、維新政府がそれぞれ五人ずつ、蒙古連合自治政府が二人、残りは「在野合法政党代表」四人、「社会に重望ある人士」四人とされた（一九四〇年一月二六日、在青島石川総領事代理より有田外務大臣宛電報、同前、一〇四九頁）。
(69)「蒙疆統一政権に関する件」（同前）一二七四頁。
(70) 一九三九年一一月二七日起草、野村外務大臣より在上海加藤公使宛電報第一〇号「汪側との対立点に対するわが方方針を検討した関係省庁局長級会議の結果について」（同前）一〇〇二頁。
(71) 一九三九年一一月一日、矢野書記官記「内約交渉議事録（第一回）」（同前）九〇八頁。
(72) 同前。
(73) 一九三九年一一月六日、「内約交渉議事録（第四回）」（同前）九四〇頁。
(74) 同前。
(75) 同前、九四〇、九四一頁。
(76) 同前、九四一頁。
(77) 同前。
(78) 同前、九四二頁。

(79) 同前、九四三頁。
(80) 同前。
(81) 同前。
(82) 同前、九四四頁。
(83) 同前、一〇一四、一〇一七頁。もっとも、晋北の蒙疆政権への編入については汪側に大きな不満として残った。一九四〇年五月二五日、汪政権の陳公博立法院院長は有田八郎外相と会談した際に次のように述べている。「蒙古に於ては昨年末の話合に依り山西北部十三県及察哈爾南部数県を蒙古に編入したるが今となって是が変更を要求する訳には非ざるも私見として言へば古き歴史を有する是等の地方を俄かに蒙古に含ましむるは洵に不合理にして一般に対する感情上面白からざるものあり。尚北支蒙疆に於ては公然「モルヒネ」の製造販売等行はれ居る実情にして斯る状態にては日支の協力合作は将来悲観すべきものあり」(同前、一〇八六頁)。陳公博は晋北の問題とともに華北・蒙疆の麻薬問題に論及して日本側を批判している。
(84) 前掲『日本外交文書 日中戦争 第一冊』五九一、五九二頁。
(85) 前掲『日本外交文書 日中戦争 第二冊』一一三九―一一四一頁。
(86) 在中華民国(北京)日本帝国大使館警察部『北支領事館警察署 第二回保安主任会議議事録』(一九四〇年七月)、JACAR(アジア歴史資料センター)Ref. B00702328OO(外務省外交史料館)、二四八―二五〇頁。
(87) 田中比呂志によれば、河南と江蘇を華北と位置づけた新聞報道に次の記事があるという。「北支蒙疆興亜建設の現地報告③『河南篇』民衆、大地に蘇る、農産既に事変前突破へ」(『大阪毎日新聞』一九三九年七月二八日)、「新支那中央政権の成立と東亜経済⑭――山東経済圏の特性(上)三大動脈の強み、江蘇の徐州も圏内へ」(『大阪毎日新聞』一九四〇年三月二四日)。河南に関しては、記事に「北支五省の南端河南省」と書かれ、「それまで河南省の位置付けがあいまいだったのは、同省農産品の大半が上海市場、漢口市場に向けて取り引きされていたことによる」としている。また、江蘇省については、江蘇省の徐州が華北の一部分として認識されるようになり、「大掴みに北支といふ場合、隴海線以北の地が指されてゐるのが普通でこれに複雑密接な済南、徐州間と青島、海州、連雲間の繋りを入れて考へる時、単に地理的のみでなく政治的にも経済的にも同鉄道東段、特に徐州を山東省と切り離して談ずることは出来ない」と報じていた（田中比呂志「戦時期華北在住日本人の華北認識」、前掲『華北の発見』一一七頁）。

(88) 一九四〇年七月一八日、在北京日本大使館警務部長心得大使館一等書記官土田豊の訓示（前掲『北支領事館警察署第二回保安主任会議議事録』二五二頁）。

(89) 同前、二五六頁。

(90) 同前、二五二頁。

(91) 小林元裕「日中戦争期華北の日本居留民—居留民組織・団体と徴兵検査を中心に」（『新潟国際情報大学国際学部紀要』創刊号、二〇一六年四月）。

(92) 前掲『北支領事館警察署　第二回保安主任会議議事録』二五一頁。

(93) 同前、二五八頁。

(94) 同前。

(95) 同前。

(96) 木村健二ほか「戦時下における朝鮮人の中国関内進出について」（『青丘学術論集』第二三集、二〇〇三年一二月）七〇頁。

(97) もっとも、ここでいう「戸数」は、第二回保安主任会議で「独立の生計を営む者を原則とする。（中略）下宿人は一戸として認め、尚華北交通株式会社社員の如き合宿する者と雖も同様各一戸とす、実際問題として判断し内地に於ける世帯主の謂ひを妥当とする」（前掲『北支領事館警察署　第二回保安主任会議議事録』四二〇頁）と説明されている。

(98) 前掲小林論文一〇八—一一四頁。

(99) 当時、北支那方面軍司令官であった多田駿中将の名前からこう称された。

(100) 蒙疆支部（一九三八年六月一日設立）、張家口連合分会（張家口連合分会、河東分会、軍分会、河西分会、鉄道分会、宣化分会—一九三八年一一月六日設立。張北分会—一九三九年一〇月八日設立。政府分会、察南政庁分会—一九四〇年三月一〇日設立）。

(101) 大同支部（一九四〇年四月一日設立）、大同連合分会（大同連合分会、大同第一分会、同第二分会、晋北政庁分会、大同鉄道分会、大同炭砿分会—一九三九年一一月二九日設立）、包頭分会（一九三八年三月一〇日設立）、厚和分会（一九三八年四月三日設立）、平地泉分会（一九三九年一一月三日設立）、豊鎮分会（一九四〇年四月二九日設立）。
(102) 前掲『日本外交文書　日中戦争　第二冊』一二〇一頁。
(103) 一九四一年一一月二日、大本営政府連絡会議決定「帝国国策遂行要領」（前掲『日本外交年表並主要文書（下）』五五四頁）。
(104) 外務省編『日本外交文書　太平洋戦争　第一冊』（外務省、二〇一〇年）一八二頁。
(105) 同前、二二九、二三〇頁。
(106) 同前、三五〇、三五一頁。
(107) 同前、四〇四頁。
(108) 同前。
(109) 同前、四〇五頁。
(110) 外務省編『日本外交文書　太平洋戦争　第三冊』（外務省、二〇一〇年）一八一三頁。

三　戦時期日本における思想戦の展開

――国内議論を中心に――

唐利国

はじめに

日本近現代史研究において、これまで思想戦という用語はよく言及されてきたが、その全体的な特質と展開について分析した研究は多くはない。その理由の一つとして、先行研究が、思想戦をその一部分を構成する宣伝やプロパガンダのみに注目してきたからと考えられる。では、なぜそうした研究状況が生じたのであろうか。それは、思想戦という言葉が、戦時期日本においては、きわめて曖昧で、宣伝やプロパガンダと同じように使用された場合が多かったためである。

戦時期日本において思想戦は、国内向けの宣伝や思想統制、精神動員と、国外向けのイデオロギー闘争の二つの側面を持って展開した。国外向けの側面は、宣伝やプロパガンダが主であったが、それだけにとどまらず、総力戦のもとでは、世界・地域・国家をどのように構成し、どのような価値観を持つのかという理念の対決も存在した。こうした二つの側面を持つ思想戦は、総力戦のもとでは、武力戦、経済戦とともに重要な構成要素であった。本稿では、この思想戦の展開を、二つの側面の関係性に注意しながら、主に国内の議論を中心に検討を加えたい。

これまで思想戦に関連する研究を概観すると、戦争を背景にして、メデイア史、教育史、治安体制史などの視点から多くの分析がなされて、優れた業績が蓄積されてきたが、総力戦のもとでの戦争政策史としての観点からの関心は高くはなかった(1)。

なかでも、次の三人の研究は、それぞれ思想戦の各側面に対して、貴重な成果を残した。渋谷重光氏は「大衆操作」の視点から近代日本の思想戦の論理を明確にした(2)。そして、「皇道思想でもって他国に思想戦をいどむ様相がどこにも見いだせない」が「国民操作の観点からすれば、きわめて必要だった」とする。しかし、思想戦の様々な側面での関連性に注目すれば、論理が果たした役割について、渋谷氏の説明とは異なる思想戦の展開についての説明が見いだせる。佐藤卓己氏は「総力戦体制」の視点から、「戦時動員体制下で構想された思想戦」を紹介分析することを通し、戦前と戦後の「情報システム」の「連続性」を検証した(3)。佐藤氏は、「「情報宣伝」における近代化とは、決して公開性ではなく、監視(見えない検閲)を伴う「閉ざされた言説空間」の形成である」ことを明らかにしている。ただ、佐藤氏の関心はメディア史にあって、分析の中心は「言説空間」であり、思想戦の様々な側面との関連性までは分析していない。日本語に訳されて出版されたバラク・クシュナーの『思想戦　大日本帝国のプロパガンダ』は、戦時日本の思想戦の実態を解明してみたものであり、数多く興味深い分析を行っているが、思想戦の分析対象の内容が、宣伝の側面に集中している(4)。

こうした研究状況をふまえて、本稿では、分析において、思想戦を宣伝(戦)だけでなく、総力戦の一部として捉えることに留意し、それゆえ日本の戦争指導者の実際の認識に注目していきたい。このために国内の議論を中心とした分析となる。そして、戦時期日本の思想戦政策を、四つの段階に分けて整理して、多元的な側面の関連性を意識して、その展開過程を追っていくことにする。

一　満洲事変から盧溝橋事件まで——総力戦論としての思想戦論

第一次世界大戦から、日本人は総力戦を論じ始めたが、日本の指導者たちは、なお戦争の一部門としての思想戦を捉えていなかった。思想統制と精神動員は武力戦や経済統制を補足するものとされていた。一九三一年、満洲事変が起こった時、情報や宣伝を担当する統一的な政府の部署はなかった。その後、一九三二年九月一〇日に関係省の申し合わせに基づいて、外務省内に官制によらない情報委員会が設立された。(5)また、思想統制に関わる法律の整備のために、内閣は「思想取締方策具体案」(一九三三年九月一五日閣議決定)を発した。この段階において、思想戦は事実上総力戦を補うものだった。しかし、思想戦に関する議論の基本的なモデルはこの段階で形成された。(6)

一九三四年二月、陸軍省軍事調査部は『思想戦』というパンフレットを発行した。(7)これは日本で公式に発行された思想戦に関する体系的な論説として、その後の思想戦に関する議論を強く規定した。このパンフレットで提示されたいくつかの重要な論点は、その後の議論に広く継承された。例えば、このパンフレットは中国の『孫子』の言葉を引用して、思想戦は過去にもあったことを説明した後に、近代的な思想戦は第一次世界大戦に現れたものとする。「世界大戦に於ては、相当大規模な工作を以て、所謂プロパガンダ(宣伝)の名に於て、近代的一戦争手段たる思想戦が出現した」と述べている。(8)直接に日本人に刺激を与えたのは、満洲事変によって日本が国際的に孤立に陥った事実であった。「近代戦に武力、思想政略、経済の三作戦部門があることは、満洲事変が吾人に明確に警告した」という。(9)満洲事変自体が誤ったものと認めることはできないので、日本の孤立は思想戦の失敗として受け止められている。「満洲事変勃発後、ゼネバを中心として展開した思想政略戦に於ても、日本は美事に敗北をした。其の原因は固より多々あらうが、要するに我が国朝野が、斯かる国際折衝が、畢竟近代戦争手段の一たる思想作戦其ものであるとの認識を欠き、恰も之を平和事業であるかの如く錯覚し、之れに対する準備配慮を欠如せるが為めではあるまいか」と述べている。(10) このような思考は、後の思想戦論に於て、ほとんど常套的なものになっていった。

近代戦争における思想戦の重要性について、このパンフレットは原則として、それを武力戦や経済戦と並行して位置付けている。「過去の国防戦争に於ける思想、政略、経済等は概ね只、武力戦遂行の助成的要素の如く考へられて居つたのであつて、謂はば武力戦の附随的手段乃至は又、武力戦の後詰と見られたに過ぎなかつた。然るに今日の国防戦争に於ては、武力戦と、思想戦、経済戦等が、殆んど対等の形に於て実現することとなつて来た。否寧ろ国防戦争の根本は思想戦、経済戦に存することを自覚しなければならぬ時代となつて来たのである」という。(11) さらに、思想戦の特別な重要性について、「所謂思想戦、上述のやうな広汎な意味に於て、武力戦と相応じ、又は武力戦を誘導する所の、大規模にして根本的なものであつて、近代国防戦争上見遁すべからざる一要素である」と述べている。(12)

もちろん、当時の日本の戦争指導者は本当に武力戦以上に思想戦を重要視しなかったため、これらの表現は総力戦の遂行のために思想戦をも行う必要性を唱える修辞術に過ぎなかった。そしてこのパンフレットの最後には、いわゆる「皇道文化」を「思想戦の大根幹」としながら、「唯惜むらくは、皇道文化の政治的殊に経済的内容が、世界新時代を主導する為には尚ほ未だ大いに更生維新を要するものがあること是れである。茲に日本は速に皇道経済を確立して以て大いに世界に呼びかけねばならぬ必要がある。近代日本の思想国防はかくして始めて全きを得るであらう」と述べているように、結局、思想より政治と経済との方が重要視されたのである。(13)

このパンフレットが思想戦に期待したのは総力戦に寄与することであった。「武力、経済、思想政略等各種作戦手段を、一元的に統制する国家が、近代戦争の勝利者たることが出来る。而も之等の作戦各手段は、平戦両時を通じて、統一したる一定の方針に基き、一貫せる指導方策に則り、之を遂行貫徹せなければならぬ」という。(14) ここで、平時と戦時の区別をなくして、平時をも戦時と同一化させる論理を打ち出した。その狙いはやはり総力戦を平時から準備することであった。

さらに、このパンフレットは国民の思想を一元的に統制する必要性をこう述べている。「平時戦時を通じて、近代国防を完了する為には、国家は一定の方針に基き、統制ある思想戦線を張つて、敵対国に対して必勝を期せなければならぬ。従つて思想戦に処する機関の整備及び之が運用等に関し更に〳〵研究を要するものがあると思はれるのである」という。(15)国民思想が多様化する可能性を封じるために、敵国同士の思想戦の攻防に立脚して次のように述べている。「国民としては、敵対国の思想攻撃に対して、充分なる覚悟と警戒とを以て之に敗れないだけの用意が必要である。最近に於て日本の国内勢力を数派に離間分断し、其の挙国一致を妨げ、非常時解消の名の許に、新興日本の挙国的気勢を挫き、我が大陸政策を根柢より覆へそうとする列強極東政策者の魔の手が、日本の国内に再び伸びて来たようである」と。(16)

このパンフレットによれば、日本国内で現れた反戦的言論はすべて敵国の思想戦の仕業とされる。ソ連からの共産主義はもちろん、英米のデモクラシーも「日本に侵入し、その宣伝は力強く日本の学界、言論界に影響して、……世に謂ふ文化運動なるものが台頭した。……純真なる国家主義、真の平和主義、之に立脚する国防、軍備等は相次いで之等似而非なる文化―デモクラシー思想―の名の下にたぢ〳〵と追ひつめられてしまつた。日本は明確に思想戦上の敗者となるかの観を呈して来た」。(17)中国の抗日運動も、ソ連による「赤化」や英米による煽動の結果とされて、「満洲事変は実に列国の指向せる対日包囲攻勢の手先きで躍つた支那軍閥に対し、日本の已むなく起てる防衛戦である」と強弁している。(18)このパンフレットは思想戦という概念を用いて、英米ソ中と日本の衝突を説明してみたが、なお思想戦を宣伝戦として捉えて、イデオロギーの対決の側面を軽視した。ゆえに、世界の範囲で、共産主義と自由民主主義に抵抗できる理論を構成する必要性を認識せず、日本の国内で流通している天皇を中心とする国体論的な言説で充分であると考えていた。
一九三四年一〇月、陸軍省つわもの編集部は「昭和九年満洲事変三周年記念日」を迎えて、国防軍事知識を普及するために、『思想戦経済戦』を刊行した。[19]漢字に振り仮名をつけるだけではなく、内容もできるだけわかりやすく説明している。確かに一般国民の動員にふさわしいものとして、『思想戦』と比べると、この書物の特徴は思想戦の論理を使って満洲事変が招致した日本の孤立を説明するが、その孤立を思想戦の失敗と見なすというこれまでの通説を採用せず、かえって日本の思想戦の勝利として自賛する。「列強の思想戦政略戦乃至経済戦に対して自己防衛上止むなく剣を把つて立つた日本は、この事変を契機に思想的逆襲を試み、……むろん四十二対一の環境ではあつたが、日本は日本独自の正義感に於て彼らの思想攻撃を一蹴し、ここに始めて皇道日本の思想戦の緒戦を戦ひ勝つたのである」という。[20]また、国内向けのために、新しい理論を構成する必要がなく、「思想戦に於て日本が宣伝するのは皇道宣布、日本精神表明である事も云ふまでもない」と説明している。[21]
上述したように、満洲事変から盧溝橋事件までという第一の段階で、日本の戦争指導者は思想戦の重要性を強調しているが、その思想戦政策の重点は日本国内の国民むけの宣伝に置かれたので、対外的な思想戦を十分に展開していない。そのことは、傀儡国家である「満洲国」の現場で、中国の民衆に向き合っていた日本人の批判から読み取れる。一九三五年一〇月に発行された『北支政策上忘れられたる文化工作と思想戦展開の急務を論ず』は、まさにこのことを証明している。[22]著者の鯉沼忍[23]は「信義なき支那に対し威力を用ふるは固より当然である。しかし排日偽装の支那に対し一方的経済工作を提唱する以外策なき状態は、従来の支那ならば兎も角として、悪化せる現下の支那に対し策を得たるものでなく、畢竟彼等をして、日本は武力と経済侵略以外のものではないと言はしめてゐる」と、中国人が日本人を侵略者として認識し、かつ抵抗する事実を素直に認めて、「か丶る通弊に陥りしは何故であるかを究明すれば、疑ひもなく……更に重要なるは支那に対する文化工作乃至思想戦を忘れた處に見逃すべからざる一大欠陥のあ

る事を指摘するに躊躇しない」と日本の政策の失敗を批判し、中国での思想戦の展開の必要性を唱える。(24)

鯉沼は中国民衆を対象とする思想戦について、こう述べている。「単に力を頼み、恩を売り、漫然として支那に臨むならば、日本の強豪を以てするも尚且つ及ばない事を覚悟すべきである」といい、「新しく支那に臨むの道は、現実に則して民衆を把握することで、畢竟民衆運動を通して文化工作を行ひ、広く思想戦を展開するが最上の策である」と書いている。(25)「満洲」で青年団運動を担った鯉沼は、中国人に対する思想戦の必要性を肌で感じていたのであろう。そのうえで鯉沼は、「支那を傀儡とするソビエトの共産軍と英、米の圧倒的資本主義に対し、日本は一方的日本主義の理想を以て、正にいみじくも世界争覇の激戦に上がらねばならら」ないので、「海外諸国に対する思想戦の主体たるべき思想参謀本部の樹立」を望んでいた。(26)

二　盧溝橋事件から武漢会戦まで——国内向けの思想戦

盧溝橋事件から日中戦争の全面化に対応して、日本の当局者は国内向けの思想戦を強く推進し始めた。武力戦を支えるために、国内向けの精神動員に主な力を入れ始めた。そのために、まずは日本軍の戦果を大々的に宣伝して、国民の戦争支持を得ようとした。国民精神を戦争協力に動員することに重点が置かれた。反対意見を抑圧するとともに、日本国民の戦意を高揚させる必要があると考えて、一九三七年一一月二〇日に設置された大本営陸軍報道部、情報委員会が一九三七年九月二五日に改編されてできた内閣情報部などの機関が設けられた。

盧溝橋事件の後、日本の思想戦に関する政府の方針は、情報委員会が「部外秘」というレベルの「時局宣伝資料」として作成した『国防と思想戦』(一九三七年八月一五日)から読みとれる。(27)「本書の目的は関係庁に於て講演、座談会、新聞、雑誌、映画などの指導及連絡上の参考たらしむるに在るを以て、之を死蔵することなく十分に活用し、汎ゆる機会に於て本内容の普及を図るべきものとす、但本書の内容は此儘新聞雑誌等に掲載するが如きことなき様注意を要す」とこの書の扉であらかじめ注意した。[28] つまり、場合によって調整する必要があるが、できるだけ広く宣伝すべき内容が書かれている。「我国の採るべき思想戦は歪曲せる宣伝にあらず、陰険なる謀略にあらず、俯仰天地に恥ぢぬ正々堂々の陣であり、進んで世界に宣布し人類を光被すべく、又此の精神を国内の汎ゆる部面に顕現することによつて、他の如何なる思想戦的工作に対しても、儼乎として国家を防衛することが出来るのである」と思想戦の役割を強調した。[29]

このパンフレットでは、「要するに思想戦は国民精神と国民精神との戦いであつて、精神的団結の鞏固でない国民は其の敗者とならねばならない」として、思想戦は国民精神を一致団結させるために実行されるものとの認識であった。[30] そして、日本の思想戦に関する改善すべきところとして五つあげ、「政府竝に民間を通じ挙国的の宣伝教化の組織を確立し、一糸乱れず政府の意図を国民の末梢迄徹底せしめ、思想戦工作に当つて些の遺漏齟齬なきを期せねばならない」というように、対内的な政策を強化する意欲を示した。[31]

特に注目に値する点として、このパンフレットは、「思想戦的根柢」[32] としての日本の国体論を理論的に再構成する必要があることを提示した。「我国には世界に比類なき国体と日本精神が厳存して居り、思想戦的根基は揺ぎなきものがあるが、之を世界に宣布し理論的に闘つて破れざる為には、日本主義の学的体系及宣伝理論が整備せられる事が必要である。日本精神は科学的・理論的に全部表現し盡さるべきものではないが、自由主義・民主主義・共産主義信奉者や外国人をも承服せしめ得るだけの理論体系とその実践の事実とを具備することが必要である」と述べている。[33] しかし、このパンフレットはそのような理論を提示しなかった。

『国防と思想戦』が「部外秘」とされるのに対して、内閣情報部が編纂した『近代戦と思想宣伝戦』（一九三七年一〇月）は「時局資料」として日本国民に広報するものであった。[34] 近代戦争の特性を分析した上で、「思想宣伝戦」に関する「知識」を日本国民に教えて、日本の思想戦に対して積極的に協力し、外国の思想戦に抵抗できる国民を作り出そうとする内容であった。「近代戦は国運を賭して遂行される国力戦であるから、戦線、後方の区別なく一般国民は戦争に直接、或は間接に参与し、戦線兵士とは別個な労苦、困難に直面することとなつた。さればか丶る困難を克服し苦痛に打ち勝つて戦争を遂行する為には、平時から強力な精神的訓練が必要であることは自明の理である。従つて国民精神の統一強化を行ひ、国民自らがその目的に向って積極的に働きかける様にならねばならぬのである」といって日本国民の戦争協力を積極的に動員しつつ、また、「輓近に至り、自由主義、個人主義、物質主義の思想を国民の間に侵入し、就中、共産主義及その亜流の破壊的革命思想は、戦時に於ける国民精神動揺を好機として、反軍思想、反戦主義、革命運動、暴動、ストライキ等凡ゆる悪辣な手段を弄して道義心を破壊し、階級闘争意識の激発に努め、遂に之を内乱に導き、戦争半ばにして脆くも戦敗の悲運を満喫せしめんとする策動を行ふので、之に対する防衛の工作が必要となり、国民全般が一致協力して之等の悪思想、反逆行為、破壊運動を根絶し、教化善導の為に盡力しなければならぬ事になつたのである」と述べ、国民の不都合な思想をすべて外国の思想戦の結果と見なして、抑圧しようとしている(35)。中国に対する全面戦争を担えるように国民を鍛錬する意図がこのパンフレットによくあらわれていた。

このように、全面戦争開始直後は、国民に一致団結と忍従を強いるように、宣伝は「思想宣伝戦」に強化されたのであった。

三　武漢会戦から真珠湾攻撃まで——長期戦のための思想戦

日中戦争が長期戦に陥って、日本の指導者たちは、総力戦の本格化を意識し、中国の抗日意識の強さを改めて認識し、思想戦も多様な側面から議論されるようになった。

内閣情報部『新支那建設の長期戦』（一九三八年八月五日）は「支那事変は、所謂長期戦の段階に入つた。もはや武力戦のみの時期ではない。経済戦、思想戦、外交戦等…いな国を挙げての戦である」とし、とりわけ抗日思想は根深く民衆の間に浸透している状況に対して「彼等抗日分子を武力だけではなく、思想戦で克服することが絶対必要なのである」と中国に対する思想的な面での圧伏を強く意識している。[36] そして「武力膺懲が一段落して第二段の構へに入つたといふことは、とりもなほさず、思想戦といふやうな第二段の建設工作に重点が置かれて来てゐることを意味するものである」と述べ、「彼地にある皇軍や、新政権が民衆の救済施設に力を用い」て「支那国民生活の福祉安寧」を図る「更生支那」の実現をめざすことを呼びかける。[37] 中国の民衆に対する思想戦の重要性が強調され、その方法についても議論されることになった。

一九三九年四月に企画院が作成した『長期建設指導国策要綱案（第三案）』はこれまでの国内向けの方策だけでなく対外的な方策についても具体的に示していた。[38] ここでは「長期建設戦ノ時機ニ入リテハ武力戦ノ刺激漸次減退シ政略的作用益々活発トナルニ鑑ミ思想戦ノ指導ニ就テハ特ニ重キヲ置キ思想戦ニ勝利ヲ獲得スルコト必要ナリ」として、「思想研究及指導機関ヲ整備シ」て、対内と対外、そして「対支」という三つの項目でそれぞれ四項目の方策をあげた。対内では、「長期建設戦ノ目的ヲ宣明シ右達成ノ為挙国一致堅忍持久ノ精神ヲ昂揚堅持セシム」とするとともに、「共産主義ノ絶滅、自由主義ヲ排除ス」「日本精神ヲ積極的ニ鼓吹ス」とした。対外では、日本の「東亜新秩序建設」の真意を認識させ、列国に援蔣行為をやめさせるよう誘導することが示された。そして「対支」では、「東亜新秩序ノ建設カ支那ノ民福ノ増進」をもたらすことを徹底させるとしていた。注目すべきは、「我国現下ノ思想戦指導ヲ見ルニ、消極的取締ノ方面ニ厚ク、積極的ニ思想戦ニ勝利ヲ獲得スベキ努力ニ於テ缺クル所アルノ感アリ」と今までの思想戦で不足な部分を反省し、在外宣伝機関の整備、外国新聞や通信の掌握、外国有力者との提携など、積極的に対外活動を実施することを唱えていたところである。

とはいえ、武漢会戦の後、中国での戦局がだんだん膠着状態に入ると、国内向けの思想戦のいっそうの強化が唱えられる。長期戦や持久戦に耐える国民を錬磨する必要性が主張され、戦意を維持することを狙った。それに応じて、日本国内に対する取り締まりも更に厳しくなっていた。

同時に、日本当局が不断に思想戦を提唱したにもかかわらず、良好な効果を得られなかったと多くの日本人は考え、そのための反省あるいは批判的な議論がかなり盛んに行われた。例えば、思想国防協会は日本の思想戦には不充分なところがあるかもしれないと考えて、内閣情報部部長の横溝光暉などいわゆる思想戦の権威を招聘して、一九三八年六月二九日に「思想国防問題懇談会」を開催した。その後、懇談の記録を要約して、一九三八年八月二〇日に『今次事変と思想戦』というパンフレットを出した。[39]

この懇談記録を読めばわかるのは、戦争の長期化を念頭に置きながら、思想戦の名目で、国民の思想を更に厳しく統制しようという強い意図である。大同産業会社に勤めるある思想国防協会の会員は「私は日本自体の対内的思想対策よりも、積極的に対外思想攻略を進めるべきで、これを武力戦と平行させてやるとき、効果は倍加すると思ふ」[40]というような、対内的より対外的な思想戦の充実を強調する発言もあるが、内閣情報部部長の横溝光暉は「国民の一人々々が思想戦の戦士であることを自覚し、自己の持場を守り善処する。このやうに国民を指導する必要がある」[41]という発言で懇談会を主導している。

内閣情報官の清水盛明陸軍中佐は「武力的平定した後と雖も、思想的に我が意志に帰一せしめるには今後何十年もかかる事になり、その間武力的監視も必要とする。何れにしても今次事変を真に意義あらしめ、有終の美を発揮するには、国民精神総動員の確立を期し、特に国民の思想戦に対する覚悟と訓練を強化せねばならぬ。殊に外国の策動に対しては厳に警戒する必要がある。外国は機に乗じ最も適切な問題を、例へば資本家対労働者、軍部対国民と言ったやうな事柄を捉へて策動する。此處に於て思想戦の重大さがある」と述べている。[42] 清水は中国を征服するためには、引き続き日本国民の思想を統制し動員する必要があり、改めて国民の潜在的な反抗行為を外国の策動の結果と見なして鎮圧すべきであると主張しているのである。

内閣情報官の竹田光次陸軍大尉は「思想戦即プロパカンダ《ママ》の如く考へられるが、当局は、吾々の立場は正しい、といふことを国民に徹底さす方針でやつてゐる。国民の一部には、新聞も雑誌も政府が統制してゐて自分の都合のいいやうにしか発表させないだらう、といふ風に見てゐる傾向があるが、斯くの如く当局を信頼しないといふことは、既に思想戦に於て負けてゐるのである。政府も民間も所謂官民一致協力してこそ、初めて思想戦の全きを期し得らる、のである」と主張している。[43] 竹田は日本国民が当局の宣伝を信用しないことを思想戦の失敗とみなしている。しかし彼は内閣情報官として日本当局のやり方そのものが不当であったかどうかを反省することなく、かえって、国民の協力をひたすらに求めているのである。

懇談会の最後に、織田信託会社に勤めるある会員は「大体一般の国民は思想戦に対する覚悟も認識もない。と同時に然らば如何にすべきか、国民精神動員といふやうな漠としたものではなく、具体的に細かいことまで指示願ひたい。吾々はそれによつて従業員を指導して行きたいと思ふ」と述べていたように、[44] 日本政府の国民精神総動員に反対するわけではないが、その内容の空疎さに注文をつけているのである。ただし、それは自らを指導者と自認して積極的に協力しようとする立場から言い出すものだった。

汪精衛が蔣介石から離れて重慶を脱出し、新しい日本の傀儡政権の指導者になって、その政権の発足が明確になってくると、思想戦はさらに新しい段階に入った。この汪精衛政権と日本の支援を正当化する宣伝工作が大々的に展開されるようになった。一九三九年一一月七日、大本営陸軍部はその後翌年三月に発足することになる汪精衛政権を支援するために、『新支那中央政府ノ樹立ヲ繞ル宣伝輿論指導要綱（案）』を作成している。[45] そこでは、「新中央政府ノ樹立ヲ積極的ニ助成」するために、日本や中国にある諸機関を総動員して「一大思想戦ヲ展開ス」としていた。具体的には、中国の民族的情熱を日本の「大乗的道義性」や「寛容」「包容力」により「正常ナル繁栄ヲ助成」しているとし、中国の民衆を日本との提携に持ち込むとする。その一方で、日本国内に対しては、「日本ヲ干城トスル東方文化ノ再建ヲ企図スル反共親日理念ニ基ツクモノナルコト」を広く闡明して、誤解をさせずに積極的に支持するように誘導するというものであった。そして、汪精衛政権が発足したら、その基本理念や政策大綱を闡明して支持をえるようにするとともに、「皇道ニ基ク聖戦ノ意義」を内外に浸透させるとした。対外的に宣伝を徹底化するとともに、国内では汪政権への援助はあくまで「皇道」に基づくものと日本主義的な精神で一致することを求めたのである。

内閣情報部も『支那事変処理の概貌』（一九四〇年三月四日）を作成し、汪政権成立にあたって、極秘の「時局宣伝資料」を作成した[46]。そこでは、汪精衛を利用し蔣介石に対抗するために、「一体、国民党、三民主義、青天白日旗なるものは、いづれも抗日の標識として我が国の排撃し来つたものである。然るに今日之を許容したる所以のものは一は内容改善せられ支障なからうといふこと丶、一は対蔣工作支那民衆把握のための思想戦の見地より、結局これ以外の良策なしとして容認したものである」と述べている[47]。しかし、これは「抗日思想瀰漫せる現状に対して威力を背景として局面を打開するとともに、支那国民経済を向上して人心を収攬し、東洋文化を復活して指導精神を確立し、恩威併せ用ひて一般漢民族の自発的協力を促すべきものである。政治、軍事、経済、交通、文化等の各部門に就いて方針が決定せられそれが著々実現せられつ丶ある」と述べ[48]、武力を含む様々な手段を動員し、アメとムチをともに利用して、中国人を心服させる方策の一部でしかなかった。

この小冊子は主に日本国内向けであり、「支那事変の前途が如何になるだらうと云ふことは現時日本国民の最大関心事である。……この支那事変処理に就いて政府が屢々声明してゐる様に確固不動の方策が既に決定せられ、それに基いて著々進行せられつ丶あるのであるが、目下戦争遂行中こと丶て防諜上その方策を具体的に発表し得ないため、国民中には不安を感じ相当誤解してゐるものがあることは否定出来ない」[49]というように、日中戦争の長期化に対する国民の不安の存在を認めた。それゆえ、日中戦争は「わが肇国の大精神、神武御創業当時の史実が既にその源を発せるものであつてわが国体に関し深く研究したならば支那事変の真意義も容易に諒解し得られるもの」であり「支那に対し日本の求めるところは、領土や賠償ではなく、実に東亜新秩序の建設にあるが、之が所以は他民族の征服と強力支配の方途は我が日本民族の伝統たる皇道精神に適合しないからである」[50]と日本の道義性を説き、新秩序を作るために国体論で説明している。そして、「国民中に戦時の反国家的な分子があつてはならない。反国家的な分子はこれを排除し徹底的に矯正しなければならない」とし、「支那事変を完遂し得ないものの様に信じてゐることに対し、吾々は日常の言動を反省すべき」と日本国内における思想的一致こそが重要であることを強調していた[51]。

こうして、この段階に入ってから、日本の思想戦政策は対外的にも対内的にも急速的に整備されてきた。中国人の抗日意志の強さは日本の戦争指導者の予想をはるかに超えていた。それゆえ、中国の論理を一部表面上は認めるが、国内ではやはり、国体論で統一しようとした。中国を征服するために、日本国民がさらに多くの苦しみを耐え忍び、さらに大きな犠牲を払う必要があるとした。従って、日本人向けの思想戦はますます激しくなっていった。しかし、同時に日本人の自由な発想もますます多くの抑圧を受けるようになり、日本の中国に対する思想戦の展開にかえって不利となった。この問題に気づいた同時代の日本人もいる。

一九四一年九月、「満洲国」につくられた建国大学の教授であった中山優は支那派遣軍総司令部嘱託として思想戦対策の検討にあたっていた。中山は嘱託を辞任して帰国し「対支思想戦に就て」[52]というテーマで日本外交協会の例会で演説をした。その要旨は極秘のパンプレットとしてまとめられている。この中で、中山は中国に対する日本の思想戦の問題性について様々な批判を行って、更にこの問題が発生した原因は日本の国内の状況にあると指摘した。「その思想戦といふ角度から見まして一番気になるのは現地の実感と東京の空気の間に若干の距離があるという点であります」といって、日本の戦争指導者は中国の実情を充分理解していないことを指摘した[53]。

中山は「軍事で結付《ママ》かぬ。短刀直入的な政治解決も困難である。社会的解決しかないといふことは換言すれば持久戦といふことである。その持久戦に於て一番大事なことは私は思想工作と思ふ」と対中国の思想戦の重要性を強調している。そして、中国人は汪精衛より蔣介石を支持しているが、「こういふ情勢に於てこそ思想工作といふことが一層重大性を加わるに拘らず、日本の今までのやり方といふものは、その点に於て非常な思ひ違ひがあり、独善にすぎるといふ心配があるのであります」といい、「生の儘で日本人の嗜好を強制するとき、支那人から言えば、どうも食い付き悪いという結果になる」と述べていて、中国に対する日本の思想戦が英米のそれと比べると下手だったと批判した[54]。

中山は特に東亜連盟論について詳しく論じて、日本の思想戦のやり方の問題性を指摘した。長期化する日中戦争の早期解決を実現するために、一九三八年末、近衛内閣は「東亜新秩序」論を提出した。これに呼応して、石原莞爾や宮崎正義らは東亜連盟論を展開し、いわゆる「王道主義」を指導原理として、日中提携を模索していた[55]。中山優によれば、東亜連盟論は中国人をかなりの程度で納得させる理論だったという[56]。「思想戦らしい思想戦が展開されたのは、謂はば東亜連盟が最初だろうと考へるのであります」と中山は高く評価している[57]。

確かに、中国で汪精衛、繆斌らは日本の東亜連盟運動に呼応する動きがあった。汪精衛は、国家の対等関係を前提にして、東亜連盟論と大アジア主義を結合させたという[58]。一方、一九四〇年四月二九日に支那派遣軍総司令部が発行した小冊子『派遣軍将兵に告ぐ』では、第四章「事変は如何に解決すべきか」の四節で「東亜新秩序と東亜連盟」を挙げ、「東洋永久平和の基礎は日満支三国の道義的結合の上に東亜連盟を結成し、善隣友好の関係を維持し、東亜侵略の暴力に対しては共同防衛に任じ、倚《ママ》相り相扶け互恵の経済を以て有無相通じ三国国力の充実発展を図ることによつてのみ実現せられ」とするとともに「東亜新秩序に於ける国家相互間の関係は究極に於て連盟結成への発展を予期するものである、東亜連盟の真義は右の様に道義的基礎の上に東亜の安定と発展を確保し、世界平和の再建に貢献せんとするもの」と説明した(59)。この時期においては、中国に駐留する日本軍はこういう思想を示していたのである。

しかし、東亜連盟論は日本の国内で主権の所在を曖昧にするとか、王道をもって皇道を否定するとか、日本の国内で様々な批判を浴びていた(60)。中山優は東亜連盟をこう説明した。「支那事変の本質からして、それは支那に勝ちさへすれば宜いといふのではなくて、支那の民族主義を全体として日本側に向けさせる必要があるといふことになつて来ると、どうしても今日の段階に於いて支那の国民党といふものを相手にしなければならぬ」。そして「国民党の正統性を嗣ぐといふ意味から言つて、孫文との思想の接続を図る必要がある。東亜連盟論は支那の立場に於ては大アジア主義、日本に於けるところの近衛声明、それ等に方法論を示したものである。東亜新秩序の思想に科学的方法論を与へ、現実性を附与したのが東亜連盟論である」という(61)。しかし、一九四一年一月一四日、近衛内閣は「興亜諸団体ノ指導理念統一ニ関スル件」を閣議決定した(62)。そこでは、「肇国ノ精神ニ反シ皇国ノ国家主権ヲ晦冥ナラシムル虞レアルカ如キ国家連合理論ノ展開乃至之ニ基ク国際形態ノ樹立ヲ促進セントスル運動ハ之ヲ撲滅スル如ク指導ス」とあり、東亜連盟の考えは採用されなかった。

このことに対して中山は、「支那側が折角張り切つてゐる東亜連盟なら、今日のところ之を無下に否定するのは対手に致して礼儀ある態度でない」と遺憾を示した(63)。中山によれば、思想戦の発展は三つの段階があるという。第一は外国から思想を輸入する。第二はいわゆる日本精神に還る。第三は「一遍日本的に還つたのを更に再輸出する」。しかし、「日本の思想戦は第二段階に止まつて居る。東亜新秩序、大東亜共栄圏の建設といふことは日本の思想輸出でありますが、自分自身の明徳を明にするに集注して、親民の工夫が足らない」としている(64)。このように中山は東亜連盟論に対する批判に関して、自分には「日本の今後の支那に対する思想戦の上について幾らか御参考になりはしないか」と「納得の行き兼ねる事」を述べたのである(65)。

それにしても、中山は、「思想の一元的統制が必要でありますが故に、又これがもし間違つたり手落ちがあつたりしたら大変であります。一元的統制が必要であるだけに、これが正当に一元化される為に事前に於て十分に細心の注意を必要とする」という程度の建言をしたに過ぎない。(66) 中山は決して「思想の一元的統制」に反対なわけでなく、むしろこれを根拠に、日本当局が「一元化」実施を決定する政策の前に慎重であるよう注意を促した。東亜連盟について、「吾々は主観的に良いと思ひますが、或は悪い所があるかも知れない。悪いと決定したときは止めるのも結構である。日本国民として当然政府の政策に異存のある筈はない」と中山は述べている。(67) 彼は東亜連盟論のために弁護を試みたが、同時にまた日本政府の政策を全面的に否定したわけではない。「今までの思想戦ということが余りに国内的に用いられている」と中山は嘆いていたように、(68) 国内で「国民精神」の純粋性をあまりにも追求するのは、逆に対外的な思想戦の効果を低下させる事態を招致したのである。

四　太平洋戦争の段階――破綻にむかえる思想戦

中国との戦争において、日本は明らかに武力の優位に立って一定の余裕があったが、工業能力が日本を超えている米国と戦うと、日本の総力を集中する必要性が一気に高まっていく。一九四二年に大政翼賛会の第三委員会が作成した報告書には、「軍人ばかりでなく国民全体が戦はねばならぬ。つまり国民一人一人が尽く戦士となるのである。そうでなければ、長期持久戦の覚悟を要するこの戦争に勝利を得ることは出来ない」とあり、「長期戦に入り仮令戦争が幾年続いても、之れに打ち勝つの決意を固むべきであるが、「然し急ぐな余裕を保て」と説くのは誤りであつて大なる弊害が生ずる虞がある。ここ一、二年の間は戦争勝敗の大勢をきめる最も重要な期間であるから国民総べてが大に努力を要することを宣伝すべきである」とあるように、国民の精神力を戦争協力に対して、これまで以上に動員しなければならないと考えられた。[69] 対英米戦争の拡大に従って、日本の当局者は「思想国防体制」を極端まで発展させて、やがてその崩壊を迎える。[70]

そして、国内向けの論理としては、やはり国体論の延長で「大東亜戦争」を正当化しようとした。例えば、政府中央にいた人物ではないが、東京保護観察所の所長の長谷川瀏は「東亜を貫く思想戦」を書いて、日本の司法保護事業を論じることによって「大東亜戦争」の倫理性を説明しようとした。長谷川は「大東亜戦争は支那事変の延長である。而して支那事変は支那に於ける抗日思想の切開手術であった。……抗日思想発生の原因力は中国共産党を通じて行はれたコミンテルンの思想策戦と国民党を利用して支那植民地化を計つた英米資本主義国の侵略戦術との他にない」と断言し、それらの思想に抵抗するために、「万民一家、同胞階和の日本倫理」を東亜に提唱すべきであるとし、「各民族をして安居共栄の新秩序」は「美しき日本倫理の内から初めて生れ出て来るのである」と主張した。そして、いわゆる日本の司法保護事業は日本倫理の「極めて明確に実践化されてゐるものの一つ」だと説明した。[71] 満洲事変のころから使われた宣伝である、中国の抗日思想は米ソによる思想戦の結果であるという論法をとり、いわゆる「日本倫理」によって「大東亜戦争」の倫理性を説明した。これでは皇道主義に基づく思想で独善的な言説に過ぎず、地域を中国から「大東亜」に拡大しただけであって、それでは他国との思想における論理の対決を作り出すことはできなかった。[72]

ところが、自由や民主を唱える英米思想との競争がさらに激しくなるため、この段階において、かえって体系性と論理性が高い思想戦に関する理論をまとめる試みが現れた。長谷川瀏は依然として国体論的な言説にこだわっているのに対して、外務省調査部第一課の藤崎万里事務官が作成した『思想戦対策論（未定稿）』（一九四二年九月）は、日本の思想戦の失敗した点を反省して、自由主義と自由経済の国際秩序を批判する理論を体系的にまとめたものだ。[73] 藤崎は自らの問題関心を狭義の思想戦すなわち戦争の道義性に関係する宣伝に限定した。端的にいえば、戦争責任論と戦争目的論によって、日本の戦争の「大義名分」を明らかにすることである。[74]藤崎によれば、日本は「防衛戦争ト言フ立場ヲ執ル以上、戦争責任論ノ本質的重要性ヲ忘レテハナラナイ」が、「従来ノ我方ノ思想宣伝ニ於テハ、此ノ戦争責任ノ問題ガ寧ロ閑却セラレテ居タ嫌ヒガアル」、ゆえに、「今次世界戦乱ノ原因ヲ客観的ニ究明スルト云フ建前ヲ執ツテ、本格的ナ戦争責任論ヲ組織的ニ展開シナケレバナラナイ」という。[75]藤崎は世界歴史を遡って、戦争を起した責任は英米にあると論じた。

さらに、「第二次世界大戦」と呼ばれるように、世界的な戦争だから、「大東亜戦争」だけを論じると、その「大義名分」が明らかになるわけがないと藤崎は指摘した。[76]「世界的規模」において戦われる第二次世界大戦の目的は「世界的構想」のものでなければならないし、その戦争目的論は必然的に「世界観的」でなければならない。ゆえに、「世界戦争ガ本質的ニ思想戦的性格ヲモチ、ソシテ其ノ思想戦ニ於テ世界観的戦争目的論ガ中枢的重要性ヲモツ」。「世界戦争ハ「イデオロギー」ノ戦争トシテ戦ハレル本質的傾向ヲ有スル」とした。[77]ここで表われるのは、第二次世界大戦の性格や本質を表現する概念としての思想戦である。

他の思想戦論者達は主に、思想戦という概念を使って、ソ連の共産主義や英米の自由民主主義を日本に対する思想戦の手段にすぎないと規定し、それらの「正義」としての価値を抹殺しようとしていた。このような概念操作によって自国の侵略行為は少なくとも、ソ連や英米の行動と同じようなものにして、日本人だけが悪いという指摘を否定できる論理を一応作り上げたことに満足していた。これに対して、藤崎は「自由」とか、「民主」とかは「彼等ノ思想戦ニ於ケル最大ノ武器ナノデアル。従ツテコレヲ撃破シ去ラナイ限リ、我々ハ米英トノ思想戦ニ於テ勝ヲ制スルコトハ出来ナイ」と主張した。しかし、単純に動機や結果を批判することで、相手の主義を破ることはできない。藤崎は、「其ノ批判ハ、或ハ全然思想ノ内容ニ触レズ、自由主義ハ単ナル仮面ニ過ギナイトカ、民主主義ハ非能率的デ時代遅レテアルトカ言フニ止マルカ、思想ノ内容ニ触ルル場合デモ、批判ノ仕方ガ徒ラニ超越的デ、……此ノ様ナ批判ノ仕方デハ既ニ自由主義、民主主義思想ノ虜ニナツテ居ル世界ノ人心ヲ動カシ得ルモノデハナイ」と従来の批判の不十分さを指摘した。「自由主義思想其ノモノノ内ニ包蔵セラレテ居ル誤謬矛盾ヲ剔抉シテ、ソレガ一ツノ指導原理トシテ成立チ得ナイモノデアルヲ論証シナケレバナラナイノデアル」という目標を実現するために、藤崎はかなりの文面を割いて自由主義を批判する理論を構成した(78)。

相手を批判するだけではなく、藤崎は「従来ノ「新秩序建設」ト言フガ如キ、ソレ自身トシテ何等積極的ナ意味内容ノナイ概念デハ、真ニ標語トシテノ機能ヲ果シ得ナイ」と日本の対外的な思想戦の欠点を批判し、「信ト和」を日本の「戦争目的論ノ中心理念」として挙げて積極的に論じた。これまで日本が提唱した「地域的新秩序論」すなわち「広域圏主義」について、「ココニハ唯従来適切ナ表現ガ與ヘラレテ居ナイカニ見ユル其ノ道義的側面ヲ解明シヨウトシタ」と藤崎はその狙いを述べていた(79)。藤崎によれば、日本の占領地に対して、「自由経済ノ世界ニアツテハ、優勝劣敗ノ原則ニヨリ、米英等ノ先進国ニヨルコレ等地域ノ植民地化ハ避ケ難イトコロデアツタガ、広域圏秩序ノ下ニ於テハ圏全体ノ強化発展ガ目的ナノデアルカラ、其ノ内部ニ於テハ全体トシテノ脆弱化ヲ招来スル如キ植民地的搾取ハアリ得ナイ」という点を特に強調すべきとした(80)。

新しい理論の構築に成功したとは言えないが、日本の戦争指導部のなかでは国体論との関係が弱い言説だったところが、藤崎が作成したこの文書の特徴の一つだった。その論述のなか、「此ノ様ナ抱擁的ナ態度コソ八紘一宇ノ大精神ニ繋ガルモノデハナカラウカ」という一文以外にほとんど国体について言及しなかった(81)。この点について、藤崎は次のように釈明しようとした。「思想宣伝ハ結局現代ノ世界ノ常識ヲ基礎ニシナケレバナラナイノデアルカラ、我々ノ戦争目的論モ差当ツテハ右ノ程度ノモノカラ出発スル外ナイノデハナカラウカ。ソレハ日本人ノミニ然モ単ニ気分的ニノミ分ル様ナモノデアツテハナラナイ」という(82)。「世界ノ常識」といえば、藤崎は「日独伊」が「従来謂ハバ悪玉トサレテ居タ」というのは、「一ツノ出来上ツタ常識」だと素直に認めた(83)。要するに、日本人にしか通用できない国体論的な言説は日本の対英米の思想戦の基礎にはならない。「其ノ基礎トナルモノモ世界的、即チ普遍妥当的ノモノデナケレバナラナイ」と藤崎は考えた(84)。

この秘密文書において、ようやく国体論から離れて、米英と対抗できる世界構想を考えるべきだと提唱して、これまでの日本の対外的な思想戦の方法を批判していたこと自体が、当時の日本の思想戦が持っていた限界を明確に表しているといえよう。しかし、こうした合理的な思考法は広く日本の思想戦の指導者においては共有できなかった(85)。外務省という対外関係を担当した部署だからこそ、こうした「普遍」を基礎とする思想戦の論理を考えることができたのであろう。

おわりに

以上、四つの段階に分けて、戦時期日本の思想戦政策を検討してきた。近代日本の思想戦は国内向けの宣伝・思想統制・精神動員と国外向けのイデオロギー競争との二つの側面を持つ。満洲事変が起こった時、政策立案者は主に国内向けの宣伝について考えて、対外的に思想面で対決することを真剣に考えなかった。中国との全面戦争を始めた当初でも、対外的な思想戦の重要性を説きながら、やはり国内向けの戦意高揚に力を注いだ。武漢や広州を占領して長期戦に陥った後、武力戦だけで中国を征服することができないと認識し、満洲事変以来の経験を活用して中国向けの思想戦を試みたが、東亜連盟論が辿った運命が示したように、依然として国内の思想統制が優先されて、思想をもって敵国思想と戦うことはできなかった。日中戦争を解決できないまま、さらに東南アジアへ戦争を拡大した。あえていうならば、日本が対英米戦争に突入したことは、中国に対する思想戦が失敗した結果であるといえよう。日本は対中戦争でのような武力の優位を失って、対米英戦争の苦境を乗り越えるために、ますます国民の思想を厳しく取り締まり、国体論に基づいた独善的な論理で精神動員を行うようになっていた。藤崎が作成した文書が示したように、国体論から離れて、外国と対抗できる世界構想を考える発想は出てきてはいたが、それを思想戦として政府の方針として本格的に検討した形跡は見受けられない(86)。対内的にせよ、対外的にせよ、近代日本の戦争指導者は、思想戦を重視するようになっていったが、国民の思想と言論の自由をあまりにも制限したために、かえって思想戦の効果を低下させたという逆説を指摘したい。総力戦下の日本の国内で考えることができる思想は、天皇を中心とした国体主義に収斂し、それにゆえに普遍性を失い、他国民にとっては、一層、わかりづらいものとなった。そして、その思想に依拠せざるをえない思想戦は、対外的には効果を発揮することができなくなっていった。総力戦の一部門としての思想戦は、海外での展開などその実態について、なお解明すべき点が多い。今後の課題としたい。

注

（1）　本稿に関連するいくつかの業績をあげてみよう。赤澤史朗『近代日本の思想動員と宗教統制』（校倉書房、一九九六年）は、「「思想戦」と宣伝技術」という一節で、主に日中全面戦争期からの日本の国家宣伝の方式の変化を論じたが、その問題関心は明らかに日本国内の宣伝史にある。対外宣伝に言及したところでも、当時日本人の宣伝観を中心として議論している。荻野富士夫著『思想検事』（岩波書店、二〇〇〇年）は、「検察主導の「思想戦」―日中戦争下の取締の拡大と深化―」という一章を立てたが、その焦点は近代日本の治安体制における「思想検事」の役割に当てている。荻野富士夫「総力戦下の治安体制」（倉沢愛子ほか編『岩波講座　アジア・太平洋戦争2　戦争の政治学』岩波書店、二〇〇五年、所収）は日本の国内の治安体制だけではなく、「大東亜治安体制」をも論じたが、制度史的な考察を中心にして、思想戦を対象としなかった。

（2）　渋谷重光「「思想戦」の論理と操作性」（『大衆操作の系譜』勁草書房、一九九一年、二四一頁）。

（3）　佐藤卓己「総力戦体制と思想戦の言説空間」、山之内靖ほか編『総力戦と現代化』柏書房、一九九五年。

(4) バラク・クシュナー『思想戦　大日本帝国のプロパガンダ』井形彬邦訳、明石書店、二〇一六年。
(5) 筆者・発行者不明『戦前の情報機構要覧』一九六四年三月、四頁。
(6) 例えば、一九三四年一〇月、陸軍省新聞班によって作成された有名な『国防の本義と其強化の提唱』は思想戦について言及するところ、ほとんど一九三四年二月の『思想戦』の主な論点を踏襲した（陸軍省新聞班『国防の本義と其強化の提唱』一九三四年一〇月一〇日、四三―四四頁。防衛省防衛研究所所蔵、アジア歴史資料センター（ＪＡＣＡＲ）Ref: C01002049000）。
(7) 陸軍省軍事調査部『思想戦』一九三四年二月一一日。防衛省防衛研究所所蔵、アジア歴史資料センター Ref: C01006571500。
(8) 同前、四頁。
(9) 同前、三頁。
(10) 同前、一六頁。
(11) 同前、二頁。
(12) 同前、三―四頁。
(13) 同前、二四頁。
(14) 同前、二頁。
(15) 同前、二一頁。
(16) 同前、二一―二二頁。
(17) 同前、一二頁。
(18) 同前、一三頁。
(19) 陸軍省つわもの編集部『思想戦経済戦』一九三四年一〇月一八日。国立国会図書館デジタルコレクション（http://dl.ndl.go.jp/info:ndljp/pid/1457952）。
(20) 同前、三八―三九頁。

(21) 同前、五三頁。

(22) 鯉沼忍『北支政策上忘れられたる文化工作と思想戦展開の急務を論ず』奉天：鯉沼牧場事務所、一九三五年一二月二五日発行。外務省外交史料館所蔵、アジア歴史資料センター Ref : B05016095500。

(23) 鯉沼忍は、一九一八年に盛岡高等農林学校を卒業し、翌年、渡満、牧畜会社に入り、かたわら満鉄・関東庁で嘱託を勤めた。その後一九二三年に奉天で乳牛牧場を開設し経営した。少年団理事、青年団理事、青年連盟奉天支部長などにつき、政治や青年運動に関心が高かった（竹中憲一『「満州」に渡った一万人：人名事典』（皓星社、二〇一二年）を参照）。

(24) 前掲、鯉沼忍『北支政策上忘れられたる文化工作と思想戦展開の急務を論ず』四―五頁。

(25) 同前、一二頁。

(26) 同前、一四頁。

(27) 情報委員会『国防と思想戦』一九三七年八月一五日。国立公文書館所蔵、アジア歴史資料センターRef:A06031097600。

(28) 同前。

(29) 同前、一七―一八頁。

(30) 同前、一五頁。

(31) 同前、一九頁。

(32) 同前、一八頁。

(33) 同前、一九頁。

(34) 内閣情報部監修『近代戦と思想宣伝戦』一九三七年一〇月、国立公文書館所蔵、アジア歴史資料センター Ref : C14010501100。

(35) 同前、第三頁。

(36) 内閣情報部『新支那建設の長期戦』一九三八年八月五日、第三五、一四頁、国立公文書館所蔵、アジア歴史資料センター Ref : A06031103900。

(37) 同前、第一二、一五頁。
(38) 企画院『長期建設指導国策要綱案（第三案）』一九三九年四月、四〇―四一、四三頁。国立国会図書館デジタルコレクション（http://dl.ndl.go.jp/info:ndljp/pid/1270254）。
(39) 思想国防協会『今次事変と思想戦』一九三八年八月二〇日、国立国会図書館デジタルコレクション（http://dl.ndl.go.jp/info:ndljp/pid/1456018）。
(40) 同前、一四頁。
(41) 同前、五頁。
(42) 同前、三頁。
(43) 同前、八頁。
(44) 同前、一五―一六頁。
(45) 大本営陸軍部『新支那中央政府ノ樹立ヲ繞ル宣伝輿論指導要綱（案）』一九三九年一一月七日、七頁。外務省外交史料館所蔵、アジア歴史資料センター Ref：B02031739100。
(46) 内閣情報部『支那事変処理の概貌』一九四〇年三月四日、第一頁。国立公文書館所蔵、アジア歴史資料センター Ref：A06031095900。
(47) 同前、一六頁。
(48) 同前、一三頁。
(49) 同前、一頁。
(50) 同前、五、一一頁。
(51) 同前、二一頁。
(52) 中山優『対支思想戦に就て』日本外交協会、一九四一年九月。外務省外交史料館所蔵、アジア歴史資料センター Ref：B02030931700。
(53) 同前、六頁。

(54) 同前、一〇、一一、一四頁。
(55) 野村乙二朗「近衛新体制と東亜聯盟」(政治経済史学会編集『政治経済史学』(五七七)、二〇一五年一月)を参照。野村乙二朗は一九四〇年近衛内閣が主導した「新体制」の本来の目的は「東亜聯盟」だと指摘した。
(56) 確かに、中国で汪精衛、繆斌らには日本の東亜聯盟運動に呼応する動きがあった。日本における東亜連盟論と運動、そして中国における東亜連盟運動とその思想については、嵯峨隆「東亜連盟運動と中国」(慶應義塾大学法学研究会編『法学研究』八八(八)、二〇一五年八月)を参照。
(57) 前掲、中山優『対支思想戦に就て』三四、四五頁。
(58) 前掲、嵯峨隆「東亜連盟運動と中国」を参照。
(59) 支那派遣軍総司令部『派遣軍将兵に告ぐ』一九四〇年四月二九日、一一—一三頁。防衛省防衛研究所、アジア歴史資料センター Ref: C11110467900。同前「東亜連盟運動と中国」も参照。
(60) 五百旗頭真「東亜聯盟論の基本的性格」(アジア政経学会『アジア研究』二二(一)、一九七五年四月)を参照。五百旗頭真は東亜聯盟論に対する同時代人の非難を①日本の優越性を無視した日支平等主義である。②支那事変遂行を妨げる敗戦主義である。③マルキシズムの影響を受けた危険思想である。という三点に要約した。
(61) 前掲、中山優『対支思想戦に就て』三五、三八頁。
(62) 陸軍省—陸支密大日記—S一六—七—三〇、防衛省防衛研究所、アジア歴史資料センター Ref: C04122640600。
(63) 前掲、中山優『対支思想戦に就て』四九頁。
(64) 同前、四三、四五頁。
(65) 同前、四二頁。
(66) 同前、一五—一六頁。
(67) 同前、三四頁。
(68) 同前、六四頁。
(69) 大政翼賛会第三委員会「国民総力戦思想確立ニ関スル報告書」一九四二年一二月一八日、一、四頁。国立公文書館所

蔵、アジア歴史資料センター Ref : A04018650300。

(70) 荻野富士夫『思想検事』（岩波書店、二〇〇〇年）、第四章「「思想国防」体制の構築」を参照。この時期における日本の思想状況について、荻野富士夫は「このなかで、戦争に批判的・非協力的な言動は徹底的にえぐり出されていく。しかし、いかに水も漏らさぬ治安体制と総動員体制ができたとしても、人の心を完全に支配することはできない。むしろ、窒息的状況だからこそ、戦争への懐疑や不満が人びとの心に深くもぐって、ふくらんでいく。治安当局はつねに、こうした懐疑と不満の影におびえざるをえなかった。だからこそ、いささかでも批判的と見える言動は芽のうちに摘むべく、さらなる徹底抑圧取締に狂奔するのである」と述べている（同書、一三五頁）。

(71) 長谷川瀏「東亜を貫く思想戦」、初刊は『中央公論』一九四二年四月号、東京昭徳会東亜思想研究室編『大東亜戦争の本義』一九四二年四月三〇日、所収、五八、六七、六四、六四―六五頁。国立国会図書館：特246―742。

(72) 前掲、渋谷重光「「思想戦」の論理と操作性」を参照。

(73) 外務省調査部『思想戦対策論（未定稿）』、一九四二年九月。外務省外交史料館所蔵、アジア歴史資料センター Ref : B10070425300。

(74) 同前、四頁。

(75) 同前、七、一三頁。

(76) 同前、三―四頁。

(77) 同前、一六頁。

(78) 同前、一九―二〇頁。

(79) 同前、二九―三〇頁。

(80) 同前、三七頁。

(81) 同前、二九頁。

(82) 同前、三一頁。

(83) 同前、一三―一四頁。

(84) 同前、四四頁。

(85) 佐藤卓己氏が指摘したように、日米戦争期の情報局は、日本の思想戦の中心的な組織部門として、「思想戦講習会」の合理的思考を受け継いだが、戦局に追い立てられ、こうした合理性は背後に押しやられた。「思想戦は情報部で構想された合理性を離れ、武力戦、経済戦、外交戦に行き詰まった日本の「見えない戦争」として国民の戦意を維持する「情念の物語」となった」と佐藤氏は述べている(前掲、佐藤卓己「総力戦体制と思想戦の言説空間」二三一頁)。なお、佐藤氏によれば、一九四〇年九月三〇日内閣に設置された総力戦研究所においても、思想戦講習会の報告者が重要な役割を演じていた。しかし、結局、情報局の統制下に置かれた大日本言論報国会の非合理的な活動が前面に躍り出ることになった。大日本言論報国会については、赤澤史朗『徳富蘇峰と大日本言論報国会』(山川出版社、二〇一七年)を参照。

(86) 本稿では、「大東亜共同宣言」など連合国の目的と類似する言説が取られた、重光葵外相の外交政策が持っていた「宣伝」的役割との関連については、言及することができなかった。重光外交については、波多野澄雄『太平洋戦争とアジア外交』(東京大学出版会、一九九六年)や、武田知己「第二次世界大戦期における国際情勢認識と対外構想」(井上寿一編『日本外交』第一巻(外交史戦前編)、岩波書店、二〇一三年)を参照のこと。

【研究動向】

一九五〇年代の文化運動をめぐる研究動向

高田　雅士

一　なぜ一九五〇年代の文化運動なのか

日本の戦後史をめぐる研究動向において、この二〇年間、最も熱い眼差しを向けられてきたのは一九五〇年代だったといってもよい。[1] 政治史・経済史の視角からの研究を皮切りに、一九五〇年代独自の社会の存在様式を早くから指摘した雨宮昭一の研究[2]や、森武麿らによる地域社会に即した共同研究、[3] あるいは社会運動の視角から検討を加えた広川禎秀・山田敬男らの共同研究[4]がこの間、相次いで発表された。一九五〇年代を高度成長の始期として位置付けた政治史・経済史による研究とは異なり、雨宮、森、広川・山田らの研究は、一九五〇年代を固有の意味をもった時代として描き出そうとする試みであったといえる。

そして、その後の一九五〇年代論を牽引してきたのは、文化運動の視角による研究であった。そうした研究は、歴史学、社会学、文学などを中心に広汎な分野の研究者の関心を集め、学際的に研究が進められている点に特徴がある。生活記録運動やうたごえ運動、そしてそれらと連動するサークル運動は、一九五〇年代に隆盛したのち、一九六〇年代からは停滞・衰退し、長年、研究の対象として取り上げられることはほとんどなかった。しかし、新自由主義時代ともいわれるなかで、自己責任論が蔓延し、個と個が切断されていく状況は、あらためてサークル運動などがもった「つながり」や「共同性」のあり方に光を当てることとなった[(5)]。また、メリーランド大学のプランゲ文庫に敗戦から一九四九年までの史料が豊富に残されているのと比較し、一九五〇年代のサークル誌などは公的な資料所蔵機関にほとんど収められておらず、そのような事情が研究の進展を長年妨げてきたともいえる。しかし、近年では研究の進展と並行して史料の掘りおこしが精力的に進められ、サークル誌の復刻版が数多く刊行されるようになった。こうした研究環境の改善が、一九五〇年代を対象とした文化運動研究の大幅な進展をもたらしている。

本稿では、そうした一九五〇年代を対象とする文化運動研究の成果を整理し、今後の課題を提示することを目的とする。先述したように、一九五〇年代を対象とした文化運動研究は、学際的に研究が進められている。しかし、そうであるがゆえに、それぞれの学問分野の分析視角や枠組みから検討がおこなわれ、必ずしも一本の糸で研究史を整理できるわけではない。さらに、そのことが研究そのものの生産的な積み重ねを阻害しているようにも見受けられる。以上の点を踏まえ、本稿では、文化運動研究をとおして、一九五〇年代の全体像にいかに迫ることができるのか、という観点から研究史の整理および課題の抽出をおこないたい。単なる研究史のサーベイに自足することなく、今後の議論を前進させたいと考えるためである。

二　何が問われてきたのか

（1）サークル運動・生活記録運動研究の進展①――「生活を記録する会」を中心に――

生活記録運動にせよ、うたごえ運動にせよ、その多くはサークルという形式をとることになる。よくいわれるように、サークルとは、一九三一年に蔵原惟人がソビエト・ロシアの用語例に倣って、プロレタリアの前衛的な文化運動を担う、小さな集団をさす言葉として使い始めたのが最初とされている。(6) サークル運動を対象とした研究は、鶴見俊輔を中心とする思想の科学研究会のサークル「集団の会」による『共同研究　集団』以外は、長年まとまった研究が存在しなかったが、近年はさまざまなサークルを対象とした研究の進展がみられる。その先駆けとなったのが、自身も「集団の会」に参加していた天野正子による研究である。(7) 天野は、サークルに着目する理由を、「これまでの、時代のオピニオンリーダーたちの思想の稜線を連ねる形で書かれてきた「正統的」な論壇史、運動史、学問史とは異なる方向で、「もう一つの」思想史、それも日常思想史の道筋を跡づけることができるのではないか」としている。天野の研究は、サークルという視座から、戦後日本の思想に迫ろうとしており、思想の科学研究会の課題を引き継ぐものであった。また、「つきあい」という思想を手がかりとして、敗戦から高度成長期以後までのサークル運動の趨勢を論じたことは、その後の研究の枠組みや重要な指針を提示することにもなった。

そして、従来、社会教育史分野などで進められてきた生活記録運動に関する研究も、あらゆる学問領域から関心を集めている。なかでも、一九五〇年代のサークル運動・生活記録運動において最もよく知られる、四日市東亜紡織泊工場のサークル「生活を記録する会」には、同会サークル誌の復刻版『紡績女子工員生活記録集』第Ⅰ期（二〇〇二年）・第Ⅱ期（二〇〇八年）が刊行されたこともあって、研究が集中している。「生活を記録する会」は、無着成恭編『山びこ学校』（青銅社、一九五一年）に刺激を受けた澤井余志郎が、一〇～二〇代の若い女性労働者たちと共に発足させたサークルである。澤井を中心とする会のメンバーは、生活記録運動に取り組み、そこで作成された文集『母の歴史』は、のちに鶴見和子・木下順二編によって一九五四年に河出書房から新書として出版され、注目を集めた。

そうした「生活を記録する会」をめぐる研究は、大きくいって二つの視角から検討が進められている。一つは、戦後運動史の視角から人びとの意識を探ろうとするものであり、三輪泰史(8)や安田常雄(9)による研究があげられる。ここでは三輪の研究を例にみてみよう。三輪によると、一般に日本労働運動史は無産政党や労働組合の動向を軸に叙述されることが多く、「団体ではなく人物がとりあげられる場合でも、たいていは指導的な地位にあった人を登場させるにとどまって、運動を底辺でささえた労働者、あるいは運動側の呼びかけに応えようとはしなかった人にまで、分析が及ぶことは稀」であった。そのため、こうした団体本位、指導者本位の運動史に対し、「中心的な党幹部でも熱心な組合活動家でもない、ふつうの労働者を主語とする労働運動史の構築を意図し」たことが、「生活を記録する会」を取り上げた理由としている。

三輪は、従来の労働運動史研究が、政党の課題や組合の戦略・戦術といった現代的な関心と歴史研究を直接的に結びつけるような傾向を有しており、その結果、社会変革への期待が衰退した一九八〇年代以降、労働運動史研究も「冬の時代」を迎えることになったと認識していた。しかし、二〇〇〇年代以降、「以前のような社会革命の展望を前提とした、変革主体発展史へのそれ」ではなく、「むしろ将来展望の有無にかかわらず、運動に立ちあがる主体、立ちあがらざるをえない人間にたいする共感に根ざした、運動史への関心」が高まってきたことを踏まえ、サークル運動の視点からの運動史研究を試みたとしている。運動史をとおして、「ふつうの労働者」の意識をいかに探るか、という関心からのアプローチである(10)。

そしてもう一つは、人びとが「事実」を「書く」、「記録」する行為自体を女性史・ジェンダー史的な関心から検討の俎上に載せた研究群である。こうした研究は、三輪が「生活を記録する会」の取り組みから「ふつうの労働者」の意識を読み取ろうとしたのに対して、その「ふつうの労働者」の内実を女性史・ジェンダー史の視角からあらためて問いなおすことを試みたものといえる。例えば、中谷いずみは、「民衆」、「大衆」、「人民」といった表象行為そのものを問題化し、常に従属的立場に置かれる女性たちの発話について考察している。(11)「生活を記録する会」のメンバーたちは、農村に暮らす母親から聞き取りをし、「母の歴史」を作成していくなかで、「わたしたちは母の歴史をくりかえさない」というスローガンを次第に得ることになる。そこでは、「母」の時代とは異なる「新しい知性」を獲得していこうとする「私」の姿が綴られているが、テクストで「新しい」未来（「母」の時代との異質性）への具体的な展望が語られることはなく、彼女たちの生活記録の多くが「みんなで話し考へ合って行こう」という一文で閉じられていることに中谷は注目する。つまり、現状に横たわっている、あるいは未来の自分たちに降りかかってくる現実問題の根本的な「解決」は先送りにされているという指摘である。成田龍一も、「「よき母」「よき妻」という規範は何ら疑われておらず、「母の歴史」を綴るときも、やがては自分も「母」になるということは自明とされている」、「母を歴史化しても、個々の体験／集合的な体験をくくり上げる概念としての「母」の歴史的条件やその歴史的形成には考察は及ばなかった点は残される」との評価を与えている。(12)「「母の歴史」への期待はむしろ男性の歴史家や文学者に特有の願望であったのではないかとさえ思える」という西川祐子の指摘とともに、(13)一九五〇年代の生活記録運動がもったジェンダー的限界を考える上で示唆に富む。

一方、中谷が対象を内在的にとらえることには禁欲的で表象作用の解明に力点を置くのと対照的に、二〇年以上、「生活を記録する会」のメンバーとの交流を続け、『紡績女子工員生活記録集』の復刻作業にも携わった辻智子は、徹底的に彼女たちのなかに入り込むことで考察をおこなっている。(14)辻は、一九五〇年代以降の会の道筋についても丹念な調査にもとづき克明に跡づけた。彼女たちが実際に「適齢期」に直面し、恋愛と結婚をめぐって葛藤するさまを、著者の辻は彼女たちに寄り添いながら丁寧に紹介していく。一九五〇年代だけに注目していてはみえてくることのない当事者たちのその後の人生に光を当てることで、あらためて一九五〇年代の運動経験がもった意味をとらえ返していくことに成功している。

「生活を記録する会」をめぐる研究は、現在でも会が存続していることや、史料が豊富に存在していることを要因として、あらゆる角度から関心が向けられ、サークル運動・生活記録運動研究を大きく前進させることに貢献してきたといえるだろう。

(2) サークル運動・生活記録運動研究の進展②——考えられる批判・論点——

(1)では、「生活を記録する会」をめぐる研究に即して、サークル運動・生活記録運動研究の進展を確認した。一方、「生活を記録する会」以外の対象に着目することで、従来の研究を乗り越えるような論点も、次第に提出され始めている。以下、内容別にみていこう。

第一に、サークル運動を労働運動との連関のなかで把握しようとする研究の登場である。水溜真由美は、「サークルが文化運動を通じて、労働者の分断や階層構造に抵抗する基盤を作り出したのではないか」という問題関心のもと、炭鉱における文学やうたごえなどのサークル運動を労働運動との双方向的な関係のなかで描いた[15]。政治的な理念や労働組合などの制度的な組織から自立したユニークな小宇宙としてサークルをとらえるのではない、新たな視点の獲得である。

第二に、研究対象および方法論に対する批判である。北河賢三は、研究対象の多くが、よく知られた、あるいは典型と見なされる運動とそのリーダーである知識人の思想および作品に集中していることに対して批判をおこない、これまで充分に検討されてこなかった東北地方の生活記録運動を五つ取り上げ、詳細に分析した(16)。また、北河は、「言説・表象は実態についての主観的認識を示すものであることは自明の理なのであって、歴史研究においては、言説・表象の背後にあるモノ・コトに迫る手立てはあり、また一定の傍証は可能なのだから、そのための努力が求められる」とも語っている。人びとを取り巻く「実態」についての理解を深めることなくして、「言説・表象の解釈に終始するならば、歴史の理解としては一面的で不十分なものに止まる」との批判は、明言はしていないものの、中谷をはじめとする言説分析的研究手法に向けられたものであると推察される(17)。

第三に、生活記録運動のあり方そのものに対する批判であり、これは同時代に山代巴によって加えられた。『荷車の歌』の作者として知られ(18)、戦後、広島県をフィールドに農村文化運動をおこなった山代の全生涯を克明に描き出したのが牧原憲夫の研究である。そして、牧原が注目したのが山代の生活記録運動批判であった。「母たちを保守のわからずやと敵視し、あるいは弱者・被害者として同情し、苦難を生き抜こうとする努力を称賛する、それだけではかれらをほんとうに理解したことにならない」、「母のうちにひそむ鬼を具体的に描きだすとともに、みずからの内面をも見つめなおし、鬼の克服をともにめざすことこそが愛情ではないか」という山代の思想を、牧原は丁寧に掬い上げている。

山代は、生活記録という方法によるのではなく、村一番の頑固者で「鬼」のような女性の、若き日の辛苦と今の姿を鏡に映すように自らの作品のなかで描き出し、それをとおして女性自身が自らを客観視する機会をつくることを目指した。牧原によれば、「国家権力の抑圧や階級支配に苦しみ、あるいは果敢に闘う、それだけが民衆のあり方ではな」く、「民衆は貧しくしいたげられているがゆえに植民地支配のおこぼれに期待し、侵略や戦争に荷担した」、その自覚をもたなければ、「被害者が加害者になる連鎖を断ちきるのはむずかしい」ことを山代が念頭に置いていたと指摘する。

以上、三つの批判的論点は、必ずしも（1）で確認した「生活を記録する会」を対象とするサークル運動・生活記録運動研究に対して直接的に向けられたものではない。しかし、（1）で提起された課題をより発展的に検討していく上で避けて通ることはできない論点が提出されていることも確かである。今後は、事例の豊富化も含め、サークル運動・生活記録運動の全体像やその論理を追求していくことが求められている。

（3）人生雑誌・大衆娯楽雑誌の時代

一九五〇年代は『葦』や『人生手帖』などの人生雑誌、あるいは『平凡』といった大衆娯楽雑誌が広く読まれた時代でもあった。また、そうした雑誌の読者層は多くが集団就職をしたような勤労青年たちであった。都市において現場労働に従事していた地方出身の中卒年少労働者たちは、高校に進学できなかったことに由来する劣等感もあって、社会の下積みに置かれているという実感を強くもっていた。そのため、同様な境遇のもとにある同世代の者との連帯に強く惹かれていたのである。(19) うたごえ運動も、こうした勤労青年たちが共に連帯する手段として広汎な広がりをみせた運動の一つであった。社会運動・平和運動としての側面のみならず、職場の仲間どうしで気楽に集い、歌うことによって楽しむ感情を有していたのである。(20)

さて、人生雑誌・大衆娯楽雑誌に話を戻そう。これらの雑誌をめぐっては各地に読者サークルも存在したが、(21) 主軸は誌面をとおした人びとの交流であり、福間良明が指摘するように、そこにはサークル活動のような対面でのコミュニケーションともまた異なる「想像の読者共同体」が存在した。(22) そうした意味において、人生雑誌や大衆娯楽雑誌を通じた人びとの「つながり」も、サークルとはまた異なる文化運動のあり方といえるだろう。

福間は、勤労青年たちが、「具体的にいかなる鬱屈を抱き、そのことがどのような文化を生み出したのか。経済や労働環境の観点からだけでは把握し得ない彼らの心性や知的営みについては、総じて見落とされてきた」として、人生雑誌を丹念に読み解いた。福間は、「古今東西の思想家のような深味があるわけでもなければ、「大衆性」「抵抗の契機」をつよく感じさせるものでもなかった」ために、「人生雑誌に浮かび上がる読者や「生き方」への関心は、これまでさほど顧みられることはなかった」という。「誌面を蔽う「まじめ」で「前向き」な市井道徳や、左派志向の微温さ、学歴への鬱屈に、研究者が食傷を覚えたであろうことは想像に難くない」とした上で、「だが、戦後社会は、少なくともひところまでは、こうした層によって支えられてきたのではないか」と問題を提起する。

大衆娯楽雑誌『平凡』を手がかりに一九五〇年代を描こうとした阪本博志も、福間と関心が近い。[23] 阪本は、これまでの一九五〇年代像が左右対立の時代であり、「政治の季節」としてのみ描かれてきたことを批判し、検討を加える。そして、『平凡』を過渡期的メディアと位置づけ、大きく三点に整理しつつ一九五〇年代を論じている。第一に、本格的な高度成長にともなうテレビの普及以前に支持を集めたマスマガジンであったこと。第二に、『平凡』が飛躍的に部数を伸ばした一九五〇年代前半は、高度成長にともなう大規模な人口移動と平準化の起こる以前の、都市部とは格差のあった地方を中心として人口が分布していた時期であったこと。そして第三に、その読者たちは、進学率が上昇する直前に、中卒・高卒で労働に従事していた若者たちであり、知識人・大学生との間には大きな断絶があったことである。その上で阪本は、知識人・政治家、そしてその予備軍としての大学生といったエリート主体の従来的一九五〇年代像を、「政治運動・労働運動・学生運動に自身のエネルギーを発現させなかった若者たちの姿」から、あらためてとらえ直そうとした。

人生雑誌や大衆娯楽雑誌に関する研究は、主にメディア史研究を中心として進められているが、これまで充分顧みられることのなかった「ふつうの労働者」の視点から、一九五〇年代を考えようとする狙いは、三輪泰史の研究とも共通している。しかし、両者が念頭に置いている「ふつうの労働者」の内実のズレにも目を凝らす必要があるだろう。加瀬和俊は、地方から都市に出て就職をした勤労青年たちが加入した集団の性格を、①雇用主協力型団体（若い根っこの会など)、②雇用主警戒型団体(創価学会青年部など)、③雇用主対抗型団体(民青など)の三つに分類している[24]。この加瀬による分類に従えば、若い根っこの会に集った人びとに多い『平凡』の読者層は②に、そして澤井余志郎の不当解雇をめぐって企業との裁判闘争を支援した「生活を記録する会」は③に属することになる。集団の性格をより見極めた上での詳細な検討が求められている。

(4) 左翼文化運動の〝発見〟

さまざまな集団を対象とした文化運動研究が進展する一方で、日本共産党の影響を強く受けた左翼系の文化運動は史料的制約もあって、ほとんど手がつけられないままであった[25]。こうした限界を突破してみせたのが、道場親信などを中心とした「文化工作研究会(略称:文工研)」による、東京南部の下丸子文化集団を対象とした共同研究である。詩人集団である下丸子文化集団は、一九五一年に安部公房・勅使河原宏・桂川寛の三人の若きアヴァンギャルド芸術家による働きかけで結成された。安部らが下丸子で活動したのは半年ほどであったが、集団は以後も二〇歳代の労働者を中心に、半非合法的な反米反戦闘争をおこなった。そして、その中心に位置していたのが「工作者」江島寛(本名:星野秀樹)である。江島は、詩をつくることを中心に、書くこと、表現することを通じて人びとの主体のあり方を変容させ、生活・労働の場から政治的な抵抗意識や社会的な批判意識を形成していくことを目指した。

そして、文工研とは、かつて下丸子文化集団で活動した井之川巨に出会った『現代思想』編集長(当時)の池上善彦が、「熱に浮かされたように「下丸子」「サークル」「詩が大事なんだよ」と周りの人びとに語りかけ続け、それに感応したり、何か誘われるものを感じた若手の—必ずしも研究者とは限らない—面々が集まって発足した」研究サークルである[26]。文工研の取り組みの成果は、まず、『現代思想』二〇〇七年一二月臨時増刊号の総特集「戦後民衆精神史」として発表された[27]。また、この総特集で柱となる論文を執筆し、その後も下丸子文化集団を題材とした論文を発表していた道場親信は、その成果を単著『下丸子文化集団とその時代』にまとめている。

これら一連の研究は、一九五〇年代、とくに前半期に注目することで、戦後史の再構成を試みている点に重要な意義がある。従来一九五〇年代前半は、「占領以後／安保以前、あるいは朝鮮戦争による特需景気と高度成長によって語られ、独自の歴史的な位置づけが行われて」こなかったが、こうした研究群が、当該期に「人びとの変革へのエネルギーが充満していたことに目を向け」ることとなった[28]。「占領―独立―高度成長と単線的に説明されてきた戦後史像を再考」し、「既定の通過点としての「過渡期」ではなく、「戦後」を創り出した〝岐路〟としての五〇年代を動的に捉える視点」の浮上である[29]。日本共産党の五〇年問題に巻き込まれ、それまで「政治的引きまわし」として充分顧みられなかった取り組みが、サークル誌の掘りおこしや当事者からの丹念な聞き取りをとおして客観的に検証されるようになったことの功績は大きい。また、下丸子という地域を結節点として、朝鮮戦争下の東アジアにおける地政学のなかで、当時の文化運動を考える視点を打ち出したことも重要である。朝鮮戦争を「特需」としてのみとらえる一国主義的な日本の戦後史ではなく、東アジアという広がりのなかで位置づけようとする動きが、その後活性化した。

こうした研究の進展を受け、筆者は国民的歴史学運動の再検討を進めている。国民的歴史学運動も、従来は一九五〇年代における共産党の複雑な政治史に従属するものとして論じられ、その歴史は「傷痕として封印」され、「過去の悪夢として忘却」されてきた[30]。しかし、そうした運動像は、中央（＝東京）の研究者を中心に構築されていったものであったことを、城南郷土史研究会という地域サークルと民主主義科学者協会京都支部歴史部会との関係に着目することで検証した[31]。一九五〇年代の歴史像は、歴史研究者自身が共産党の政治的混乱のなかに身を置いていたがゆえに、これまで見えにくくなっていたともいえる。史学史的観点も含め、内在的に一九五〇年代像を描いていくためにも、地域に即した国民的歴史学運動の実証的研究がより求められている。

(5) 戦後文化運動合同研究会への発展

先ほど紹介した文工研をはじめ、二〇〇〇年代以降、全国各地で戦後の文化運動についてサークル的に研究を進める集団が現われてきた(32)。そして、そうした集団が徐々に合同で研究会を開催するようになる。その端緒となったのが、先述した『現代思想』の総特集「戦後民衆精神史」であり、これをきっかけとして坂口博から道場親信に合同での研究会開催の要請があった。これによって、坂口らの第三期『サークル村』を基盤とする筑豊・川筋読書会と、道場らの東京南部をフィールドとする文工研との交流(筑豊・南部合同研究会)が二〇〇八年に始まり、以後、二〇一六年まで計一〇回の合同研究会が開催されることになる。

二回目の研究会以降、戦後文化運動合同研究会(以下、合同研)という名が付されることになり、さらに三回目からは原爆文学研究会との合同研究会となった。「合同」の意味が筑豊・南部から戦後文化運動へと拡張され、さらに原爆文学へと接続されることになったのである。その後、大阪、奈良、北海道、名古屋など、各地持ち回りで研究会が開催された。この研究会の周辺から、『サークル村』(不二出版、二〇〇六年)、『ヂンダレ・カリオン』(不二出版、二〇〇八年)、『東京南部サークル雑誌集成』(不二出版、二〇〇九年)の復刻や『谷川雁セレクション』(日本経済評論社、二〇〇九年)などが生まれ、サークル誌の保存や研究の必要性が広く認知されるようになったことは重要な成果である。また、一〇回にわたる研究会の成果として、『「サークルの時代」を読む』も刊行された(33)。

『「サークルの時代」を読む』は、「第一線でサークル文化運動研究を進めてきた研究者の手によって研究の到達点を示し、この分野に進む後続の人びとへの共通の土台とするべく企画された」。しかし、各執筆者が研究対象としているサークルをそれぞれ紹介するという性格が強く、多くの課題が残されていることも否定できない。「あとがき」にも記されているように、①サークルとは何かという包括的な議論の必要性や、一九五〇年代に集中した議論を、どのように一九四〇年代、一九六〇年代の状況への視点に接続していくかという点、②一九五〇年代サークル文化運動が一九六〇年代において衰退していったことをどのように意味づけるかという点、③沖縄の問題をうまく議論できていない点などは、一九五〇年代の文化運動を考える上で外すことのできない論点である。

さらに、合同研を中心とする研究の成果は、その起源を『現代思想』での総特集「戦後民衆精神史」に求める傾向が強く、それ以前に蓄積されてきた研究成果との積極的な対話をおこなっていないことも問題である。こうした課題も含めて、今後どのような研究の方向性が考えられるのかを、次に展望してみたい。

三　残された課題と今後の展望

ここまでみてきたように、一九五〇年代を対象とした文化運動に関する研究は、さまざまな学問分野から進められてきた。そのなかで深まってきた論点もある一方で、『「サークルの時代」を読む』で提示されたような、一九五〇年代の文化運動を考える上での核心をつくような課題も依然として残されている。それでは、こうした課題を克服していくには、はたしてどのような方策が考えられるのか。その際、オーソドックスな方法にはなるが、やはり、一九五〇年代の文化運動をヨコ軸とタテ軸で考えていくことが重要であろうと思われる。

(1) ヨコ軸としての課題

ヨコ軸としては、一九五〇年代の文化運動をいかにして全国的・構造的にトータルとしてとらえるかが重要な論点となる。例えば、大串潤児は、「戦後文化運動・サークル運動の全体的図柄を描くため」に、国民文化会議を取り上げ、地域における文化運動の組織化を焦点としながら検討を加えた(34)。国民文化会議や民主主義科学者協会など、サークルの全国的な組織化を目指した団体を分析することは、先述した課題を克服する上での一つの手がかりとなるだろう。

また、文化運動の担い手の間にみられる「断層」をどのように考えるかも、ヨコ軸としての課題である。成田龍一は、日本共産党の影響下にあった『人民文学』と大衆娯楽雑誌『平凡』の読者との間に横たわっていた「断層」を指摘しているが(35)、当時の文化運動における「断層」には、さまざまなバリエーションがあり、それが複層的に存在していた点に特徴がある。なかでも、在日朝鮮人の文学サークルに関しては、日本語で表現することにともなう葛藤や苦悶が常につきまとうこととなったのであり、当時の日本人がどれだけこうした現実に想像力をはたらかせることができただろうか(36)。サークル内での「つながり」やサークル間ネットワークのみならず、そうした網の目からこぼれ落ちる事象への目配せも必要だと思われる。

さらに、地域社会の動向のなかに文化運動を位置づけ、考えていくことも求められている。一九五〇年代の地域社会に目を向ければ、「昭和の大合併」による大きな変動や税金闘争をはじめとする人びとの生活をかけた運動が各地で起こった。例えば、月の輪古墳の発掘で知られる岡山県勝田郡飯岡村(現・久米郡美咲町)では、一九五二年の税金闘争をきっかけとして、青年団、婦人学級、柵原鉱山の労働組合などで学習運動が広まり、それが多くの住民を巻き込んだ月の輪古墳の発掘につながったことが指摘されている。さらに、そうした学習運動の広がりは、総選挙の結果にもつながり、「村民の革新勢力に対する支持が圧倒的に強まってきた」とも報告されている(37)。

そのような地方自治論の観点も含んだ地域文化運動を描いたのが大門正克である(38)。大門は、岩手県和賀郡和賀町(現・北上市)が戦後復興に際して、医療保険や生活記録、生活改良を組み合わせて「生存」の仕組みをつくろうとした事例を紹介している。戦後の地方自治のあり方に即して、行政もかかわった地域の生活記録運動を検証した貴重な成果といえよう。文化運動のリアリティをより追求するのであれば、政治・経済との相互関係のなかでとらえる必要があり、地域という視点はその重要な結節点となりうる。また、工場や炭鉱でのサークル運動に研究が集中している状況において、農村での文化運動とその担い手となった青年団にも、もっと注目が集まってよい。[39]

（2）タテ軸としての課題

次に、タテ軸に関しては、赤澤史朗、北河賢三、高岡裕之らによる戦中・戦後大衆文化研究の成果[40]と、合同研を中心とする研究成果とを架橋して考えていくことが必要である。赤澤らを中心とする従来の戦中・戦後大衆文化研究は、「知識人と民衆」の関係とそれにもとづく「文化の二重構造」の問題を軸に検討を進めてきた。赤澤によれば「文化の二重構造」とは、外来移植文化と伝統文化、都市文化と農村文化、知識人文化と大衆文化など、いくつもの基準で分割されるもので、明治後期から一九六〇年前後にいたるまで日本社会に存在したとされ、この二重構造が「知識人と民衆」の生活様式の違いと結びついていたとする。[41]

それを踏まえ、高岡裕之は、一九三〇年代以降、都市大衆文化における産業化とマスカルチャー化の進展が、権力と知識人双方による大衆文化批判を生み出し、総力戦体制への知識人・文化人の参画が、そのような文化産業による支配から文化を解放するとともに、「文化の二重構造」を知識人主導で解消することを目指したものであったとした。[42]さらに高岡は労音運動に注目することで、この「文化の二重構造」が、高度成長期に進行した人々の生活へのマスメディアの浸透、経済水準や教育水準の上昇などの要因によって崩れ去ったことを具体的に明らかにしている。[43]筆者は、こうした高岡の提示した構図を前提としながらも、一九五〇年代前半の「知識人と民衆」の関係性をあらためて焦点化することで、当該期に両者の間を媒介するさまざまなタイプの「民衆的知識人」が生まれたことにより、その関係はむしろ「多重構造」化していったと指摘した。[44]このように、「知識人と民衆」との関係を手がかりとして、文化運動を段階的・構造的に把握しようとする試みは、依然として有効だと思われる。

そして、タテ軸の問題を考える上では、担い手たちのその後にも注目しなければならない。一九五〇年代に各地で文化運動を担った人びとは、そこでの経験をその後の人生でどのように活かしたのだろうか。例えば、下丸子文化集団のメンバーは、一九七〇年代に入り、一九五〇年代における集団の取り組みの意義を歴史的に検討しようとする作業をおこない(45)、『サークル村』に集った谷川雁、森崎和江、上野英信、石牟礼道子などは、一九七〇年代以降、それぞれ作家・運動家として大きな飛躍を遂げた(46)。また、一九五〇年代に国民的歴史学運動を経験した学生たちは、その後、多くが教員となり、一九七〇年代以降の地域での歴史掘りおこし運動などを精力的に支える主体となった(47)。高度成長にともなう大衆消費社会化の進展によって、一九五〇年代の文化運動は衰退した、という図式だけでは見落としてしまうものがあるだろう。

そうした観点に立てば、一九五〇年代の文化運動の経験が、一九六〇年代以降の社会運動にどうつながっていったのかを、神戸という地域に即しつつ検討した黒川伊織の研究が重要となってくる(48)。近年では、「一九六八」への関心が高まりつつあるが(49)、一九五〇年代の文化運動の経験が、後の時代にどう作用しているのか/していないのか、といった問いは、「一九六八」をめぐる研究をより深めていくためにも、重要な論点となりうるだろう。

むすびにかえて

以上を踏まえて、文化運動の視座から一九五〇年代の全体像にいかに迫るかが試されているといえよう。一九五〇年代を「記録」の時代として描いた鳥羽耕史の研究(50)は、この時代をとらえるための一つの見取り図を示したという点において貴重ではある。しかし、一九五〇年代における「記録」とは一体何かといった根本的な問い、あるいは先述したタテ軸の問題については視野の外にあり、まだまだ検討の余地は残されている(51)。

しかしながら、冒頭でも述べたように、一九五〇年代の文化運動をめぐる研究の全てが、必ずしも一九五〇年代の全体像を問うことを目的としているわけではない。だが、自らの学問分野で自己完結するのではなく、他分野の研究成果との積極的な対話を進めていくためには、何らかの指針が必要であることはいうまでもないだろう。その指針として本稿で提起したのが、一九五〇年代の文化運動をあらためてヨコ軸とタテ軸で考えていくことの重要性であった。本稿が、今後の一九五〇年代を対象とした文化運動研究を、より発展させていく上での捨て石となれば幸いである。

一方、本稿ではうたごえ運動も含め美術、演劇などの文化運動に関する研究については充分に言及することができなかった。一九五〇年代における人と人との「つながり」は、決してものを書くことや書かれたもののみによって生み出されていたわけではない。当時の文化運動の全体像に迫るためにも、あらゆる回路によって生み出される集団の「共同性」を検討していくことが求められているだろう。こうした点も組み込んだ、人びとの視座にもとづく一九五〇年代像の構想は、筆者自身にも課せられた今後の重要な課題である。

注

(1) 先駆的な業績として、中村隆英・宮崎正康編『過渡期としての一九五〇年代』(東京大学出版会、一九九七年)。

(2) 雨宮昭一「一九五〇年代の社会」(歴史学研究会編『日本同時代史 三 五五年体制と安保闘争』青木書店、一九九〇年)。のち、同『戦時戦後体制論』(岩波書店、一九九七年)に収録。

(3) 森武麿編『一九五〇年代と地域社会』(現代史料出版、二〇〇九年)。

(4) 広川禎秀・山田敬男編『戦後社会運動史論』(大月書店、二〇〇六年)。

(5) 佐々木啓「新自由主義時代の運動史研究」(『歴史科学』二〇一号、二〇一〇年五月)。

(6) 鶴見俊輔「なぜサークルを研究するか」(思想の科学研究会編『共同研究　集団』平凡社、一九七六年)。

(7) 天野正子『「つきあい」の戦後史』(吉川弘文館、二〇〇五年)。
(8) 三輪泰史『日本労働運動史序説』(校倉書房、二〇〇九年)。
(9) 安田常雄「社会・文化の視座と民衆運動史研究」(『歴史学研究』八五九号、二〇〇九年一〇月)。
(10) 三輪の方法論をめぐっては、『歴史評論』誌上において上野輝将と交わされた論争「日本労働運動史研究の現在を考える」Ⅰ(七二九号、二〇一一年一月)およびⅡ(七三七号、二〇一一年九月)において、より明確となった。
(11) 中谷いずみ『その「民衆」とは誰なのか』(青弓社、二〇一三年)。
(12) 成田龍一「当事者性と歴史叙述」(上村忠男・大貫隆・月本昭男・二宮宏之・山本ひろ子編『歴史を問う 四 歴史はいかに書かれるか』岩波書店、二〇〇四年。のち同『歴史学のポジショナリティ』校倉書房、二〇〇六年)に収録。
(13) 西川祐子「サークル運動再考」(安田常雄編集、大串潤児・高岡裕之・西野肇・原山浩介編集協力『シリーズ戦後日本社会の歴史 三 社会を問う人びと』岩波書店、二〇一二年)。
(14) 辻智子『繊維女性労働者の生活記録運動』(北海道大学出版会、二〇一五年)。
(15) 水溜真由美『『サークル村』と森崎和江』(ナカニシヤ出版、二〇一三年)。
(16) 北河賢三『戦後史のなかの生活記録運動』(岩波書店、二〇一四年)。
(17) 北河賢三「『戦後史のなかの生活記録運動―東北農村の青年・女性たち』覚え書き」(『季論二一』二八号、二〇一五年春)。
(18) 牧原憲夫『山代巴』(而立書房、二〇一五年)。
(19) 加瀬和俊『集団就職の時代』(青木書店、一九九七年)。
(20) 河西秀哉「一九五〇年代うたごえ運動論」(『大原社会問題研究所雑誌』七〇七・七〇八号、二〇一七年九・一〇月。なお当該号では、一九五〇年代の「労働者文化運動論」が特集として組まれている)。河西は『うたごえの戦後史』(人文書院、二〇一六年)をはじめ、この間精力的にうたごえ運動に関する研究を進めている。その一環として、道場親信・河西秀哉編『「うたごえ」運動資料集』(金沢文圃閣、二〇一六〜二〇一七年)も刊行された。
(21) 大串潤児「山本茂実と地域「葦会」」(『年報・日本現代史 八 戦後日本の民衆意識と知識人』現代史料出版、二〇〇二年)。
(22) 福間良明『「働く青年」と教養の戦後史』(筑摩選書、二〇一七年)。
(23) 阪本博志『『平凡』の時代』(昭和堂、二〇〇八年)。
(24) 前掲、加瀬『集団就職の時代』。
(25) しかし、佐藤泉『戦後批評のメタヒストリー』(岩波書店、二〇〇五年)や丸川哲史『冷戦文化論』(双風舎、二〇〇五年)など、言説レベルで一九五〇年代の左翼系文化運動を論じた研究は存在していた。
(26) 道場親信『下丸子文化集団とその時代』(みすず書房、二〇一六年)。
(27) 総特集「戦後民衆精神史」(『現代思想』三五巻一七号、二〇〇七年一二月)。
(28) 成田龍一『近現代日本史と歴史学』(中公新書、二〇一二年)。
(29) 戸邉秀明「戦後思想としての「戦後」史叙述」(『メトロポリタン史学』一一号、二〇一五年一二月)。
(30) 小熊英二『〈民主〉と〈愛国〉』(新曜社、二〇〇二年)。
(31) 拙稿「一九五〇年代前半における地域青年層の戦後意識と国民的歴史学運動」(『日本史研究』六六一号、二〇一七年九月)。
(32) 戦後文化運動合同研究会についての記述は、鳥羽耕史「合同研究会の経緯と成果」(『原爆文学研究』八号、二〇〇九年一二月)および、道場親信「「戦後文化運動合同研究会」について」(宇野田尚哉・川口隆行・坂口博・鳥羽耕史・中谷いずみ・道場親信編『「サークルの時代」を読む』(影書房、二〇一六年)にもとづく。
(33) 前掲、宇野田ほか編『「サークルの時代」を読む』。また、本書執筆者を中心として、『社会文学』三三号(二〇一一年)では、特集「一九五〇年代文学の可能性を探る」が組まれている。
(34) 大串潤児「国民文化会議の誕生と曲折」(君島和彦編『近代の日本と朝鮮』東京堂出版、二〇一四年)。
(35) 成田龍一「「断層」の時代」(『思想』九八〇号、二〇〇五年一二月)。
(36) ヂンダレ研究会編『「在日」と五〇年代文化運動』(人文書院、二〇一〇年)。
(37) 「民科歴史部会全国総会議事録」(『歴史評論』六四号、一九五五年三月)での民科岡山支部の報告。

(38) 大門正克「いのちを守る農村婦人運動」(大門正克・岡田知弘・川内淳史・河西英通・高岡裕之編『「生存」の東北史』大月書店、二〇一三年)。

(39) 一九五〇年代の青年団運動研究については、大串潤児「「戦後」地域社会運動についての一試論」(『日本史研究』六〇六号、二〇一三年二月)をはじめとする大串の一連の研究や、前掲、北河『戦後史のなかの生活記録運動』などがある。

(40) 赤澤史朗・北河賢三編『文化とファシズム』(日本経済評論社、一九九三年)など。また、戦後を対象としたそれぞれの研究として、赤澤史朗「戦中・戦後文化論」(『岩波講座日本通史一九』近代四、岩波書店、一九九五年)、北河賢三『戦後の出発』(青木書店、二〇〇〇年)、高岡裕之「敗戦直後の文化状況と文化運動」(『年報・日本現代史 二 現代史と民主主義』現代史料出版、一九九六年)などがあげられる。

(41) 赤澤史朗「日本ファシズムと大衆文化」(『日本史研究』二九五号、一九八七年三月)。

(42) 高岡裕之「戦争と大衆文化」(『岩波講座日本歴史一八』近現代四、岩波書店、二〇一五年)。

(43) 高岡裕之「高度成長と文化運動」(大門正克・大槻奈巳・岡田知弘・佐藤隆・進藤兵・高岡裕之・柳沢遊編『高度成長の時代 三 成長と冷戦への問い』大月書店、二〇一一年)。

(44) 拙稿「一九五〇年代前半における「知識人と民衆」」(『歴史学研究』九七〇号、二〇一八年五月)。

(45) 前掲、道場『下丸子文化集団とその時代』。

(46) 前掲、水溜『『サークル村』と森崎和江』。

(47) 歴史教育者協議会編『歴史教育五〇年のあゆみと課題』(未来社、一九九七年)。

(48) 黒川伊織「朝鮮戦争・ベトナム戦争と文化/政治」(『同時代史研究』七号、二〇一四年)。

(49) 例えば、荒川章二「地域のなかの一九六八年」(前掲、安田ほか編『シリーズ戦後日本社会の歴史 三 社会を問う人びと』)。また、『大原社会問題研究所雑誌』六九七号(二〇一六年一一月)、六九八号(二〇一六年一二月)では特集「一九六八年」と社会運動の高揚」が、『思想』一一二九号(二〇一八年五月)では特集「〈一九六八〉」がそれぞれ組まれ、さらに国立歴史民俗博物館では、企画展示「「一九六八年」―無数の問いの噴出の時代」(開催期間:二〇一七年一〇月一一日〜一二月一〇日）が開催された。

（50）　鳥羽耕史『一九五〇年代』（河出書房新社、二〇一〇年）。

（51）　拙稿「災害を記録する人びと」（『アジア民衆史研究』二三号、二〇一八年）では、歴史が「記録」されることの意味について検討をおこなっている。

〔附記〕本研究はJSPS科研費JP一六J〇五九一四の助成を受けたものである。

福田ドクトリンとＡＳＥＡＮ

保城　広至

はじめに

一九七七年日本の政府は、「わが国が戦後初めて示した積極的外交姿勢(1)」を世界に向けて示すことになる。当時の総理大臣であった福田赳夫が東南アジア諸国を歴訪した際に、最後の訪問地であるフィリピンの首都マニラで表明したスピーチ、いわゆる福田ドクトリンである。その中で最も有名なフレーズは、次の三原則からなっている。第一に、日本は軍事大国にならない。第二に、東南アジア諸国との間に心と心のふれ合う相互信頼を築きあげる。そして第三に、ＡＳＥＡＮ（東南アジア諸国連合）およびその加盟国の連帯と強靱性強化の自主的努力に協力し、またインドシナ諸国との間には相互理解に基づく関係の醸成を図り、東南アジアの平和と繁栄の構築に寄与する。

さらには、三原則には含まれていないものの、マニラ・スピーチ本文には、文化交流の積極的推進、ＡＳＥＡＮ工業化プロジェクトに対する一〇億ドルの協力といった、具体的な政策も述べられている(2)。このマニラ・スピーチの発表からすでに四〇年もの歳月が経過した。その間に、福田ドクトリンに関する研究は多くの蓄積がなされてきた。実際にドクトリン形成に携わった政府関係者や、戦後日本外交の研究者が高く評価する福田ドクトリン像は、次のようなものである。[3] すなわちＡＳＥＡＮとインドシナ諸国の「橋渡し」を、あるいは「橋渡し」のための環境整備を試みた外交努力であった福田ドクトリンは、日本外交が受動的・経済中心から積極的・政治志向へと転換した新しいイニシャティブであった。それを実現させる手段として日本は、東南アジアへのＯＤＡ（政府開発援助）増額を行ったのである。

このような高評価に対して、福田ドクトリンは東南アジア地域秩序に対して何ら実質的な貢献をもたらさなかったとする、より批判的な意見が国際政治学者から表明されている。一九七八年末のベトナムによるカンボジア侵攻により、ＡＳＥＡＮ対インドシナという対立構図ができあがった結果、両陣営の平和共存をめざす福田ドクトリンの前提は大きく崩れてしまう。すなわち、「外交のプロの作り上げた福田ドクトリンの第三項目は、国際政治の現実のまえにまったく実現不可能となってしまった」[4] のである。さらには、日本から経済協力を引き出そうとするＡＳＥＡＮと、文化的な関係を強調してその要求をかわし続けたのが福田ドクトリンの実像であったという、より批判的な見解も存在する。[5]

本稿では以上のような対立する先行研究の見解を踏まえた上で、一九七七年八月の福田ドクトリンに結びつく福田赳夫首相の東南アジア歴訪の背景と政治過程を明らかにする。特に重視するのは、ＡＳＥＡＮからの日本への要求内容と、それに対する日本政府の対応である。その交渉過程を分析することによって、東南アジア地域への福田ドクトリンの貢献は何か、ということが明らかになるからである。さらに本稿では、この時期に日本政府が行ったＡＳＥＡＮに対する経済援助を統計的に検討する。このような定性・定量分析により本稿は、次のような新しい諸点を明らかにした。

第一に、福田の東南アジア訪問では、ＡＳＥＡＮの要求はほとんど実現しなかった。第二に、日本政府が打ち出した「ＡＳＥＡＮ文化交流基金」は、日本がＡＳＥＡＮの要求をかわすために提案されたものではなく、福田ドクトリンの形成とは別のプロセスでつくられたものであった。第三に、福田ドクトリンという名称はマスコミによってつくられたものではなく、外務省アジア局が明示的に提案したものであった。そして最も重要な点として第四に、福田ドクトリンによってＡＳＥＡＮ諸国に対する実質的なＯＤＡの増大は、実際のところほとんどなかった。

一　福田ドクトリン出現の背景

なぜ一九七七年八月に福田ドクトリンが打ち出されたのだろうか。それは（一）インドシナ諸国との関係改善の必要性、（二）ＡＳＥＡＮという地域機構への評価の高まり、（三）ＯＤＡ政策の再検討、という国内・国際要因が背景にあった。

一九七〇年代中旬は、東南アジア地域秩序、特にインドシナに大きな変動が生じた時期である。ベトナム戦争の終焉（一九七五年四月）と、ベトナム社会主義共和国（一九七六年七月）、民主カンプチア（一九七五年四月）、ラオス人民民主共和国（一九七五年一二月）の三つの社会主義国家の成立である。当該地域からの米国の軍事的プレゼンスが縮小していく中で、日本政府はこれら共産諸国との関係構築を模索していた。たとえばベトナム民主共和国（北ベトナム）には、ベトナム和平協定（パリ協定）が一九七三年一月に締結された直後から接近し、同年九月に外交関係を樹立する。さらに日本はクメール・ルージュの民主カンプチアにも関係構築を試み、一九七六年の八月に国交を結んでいる。日本政府としては、インドシナ諸国が中ソいずれの影響からも独立で、自由な路線をとることを支援する方針であった。ベトナムを中心とするインドシナ共産諸国を、過度な中ソ両大国依存状態にさせてはならない。その

ために日本は、インドシナ諸国への経済援助を積極的に行う必要があったのである。(6)

そして同時期、設立一〇周年を迎えるASEANという機構に対する評価も、外務省内で高まりつつあった。それまでは、ASEANという機構を通じて日本の外交を行うことに対して、懐疑的な見方があった。(7) それが一〇年の歳月を経て、ASEANはより実質的な機構として変化していったと外務省は認識するようになったのである。一九七六年一二月二三日に外務省アジア局によって記された文書には、ASEANに対する高い評価とそれへ経済的に協力する必要性が述べられている。(8) つまり福田内閣が発足する日(一九七六年一二月二四日)の前日の時点ですでに外務省アジア局は、ASEANを重要視し、それへの実質的な協力を惜しまない必要性を認識していたのである。

そのようなASEAN各国では国内に反政府活動が存在し、体制側にとって悩みの種となっていたが、ASEAN諸国はインドシナの共産諸国による自国への直接的・間接的介入を警戒していた。他方でベトナムは、ASEANを米国主導下の軍事同盟として危険視していた。(9) 日本外務省の言葉を借りれば、両者の間に「心理的なしこり――強調原文」(10) が残っていたのである。日本はそこで、「地域全体としての平和と繁栄維持のため、より積極的な貢献を行うことが期待されている」と外務省は考えていた。東南アジアはいわば「日本の選挙区」であり、そのような貢献によって日本の地位向上と、「米国との関係においてわが方の立場を強める」ことができる。具体的には、貿易や援助を通じたASEAN諸国の政治的安定への貢献と同時に、インドシナ諸国の自主独立性への誘導、ASEAN諸国とインドシナ諸国間の協調関係醸成への助成(両地域間経済協力プロジェクトの推進など)が提案されている。つまりこのときすでに、狭義の福田ドクトリン第三の原則、「平和共存」は模索されていたと言える。

福田ドクトリン出現の背景にある第三の要因として、日本の援助政策の再検討が指摘できる。一九五五年のビルマを皮切りに始まった戦後賠償・準賠償は、一九七〇年代後半にはそのほとんどの支払いが終了した。その結果ASEANとビルマ向けの二国間ODAは、一九七七年に大きく支出額が落ち込むことになる。一九七六年当時の日本のO

ＤＡはＧＮＰの〇・二％という数字で、国際公約の〇・七％を大きく下回っており、またグラント・エレメント（援助の贈与割合を示す指標）も七四・九％と、開発援助委員会（ＤＡＣ）諸国の中で米国と並んで最低の数字であった(11)。さらにこの時期日本は、累積する貿易黒字に対する世界的な批判に直面していた。これを受けたかたちで、援助政策の再検討が開始されたのである。首相の諮問機関である対外経済協力審議会、外務省、通産省、そして財政保守的な大蔵省でさえも、この時期ＯＤＡの増額方針に賛成していたのである(12)。

このような国内の動きを受けて一九七七年六月、国際経済協力会議（ＣＩＥＣ）で日本は発展途上国に対するＯＤＡを「五年間に倍増以上」にすると表明した(13)。つまり福田が東南アジアを訪問する一九七七年という年は、政府が一丸となって戦後初のＯＤＡ倍増計画が打ち出された年であった。

一九七七年八月の福田ドクトリンは、以上のような国際・国内的背景から誕生したのである。

二　ＡＳＥＡＮ首脳会議と日本の参加問題

一九七六年二月二三日。インドネシアのバリ島デンパサールで、歴史上初めてのＡＳＥＡＮ首脳会議が開催された。この会議で「ＡＳＥＡＮ協和宣言」や「東南アジア友好協力条約」の締結が発表されることになる。このように、現在から見れば歴史的な意義のあった会議に、当時参加意欲を示していたのが、日本の三木武夫首相や豪州のフレーザー（Malcolm Fraser）首相であった。

前年の一九七五年一一月にフランスのランブイエで開催された第一回先進国首脳会議（サミット）に出席した三木は、東南アジア諸国と「アジア版ロメ協定」を締結することに意欲を示したことがあった。ロメ協定とは一九七五年二月に調印（翌年四月に発効）された、欧州経済共同体（ＥＥＣ）とアフリカ・カリブ海・太平洋諸国（ACP：Africa, Caribbean, and Pacific）との間に結ばれた特恵貿易枠組みのことである。[14] 主に欧州の旧植民地諸国であったACPからの、農産物や鉱山資源のEECに対する輸出にかかる関税が、この協定によって免除された。さらには、輸出所得補償（STABEX : Stabilization of Export Earnings System）の設置や、EECからの援助をACP諸国に供与することなども取り決められている。三木はこれに倣って、東南アジア諸国との間に特恵貿易枠組みを設けようとしたのである。ただしこの構想は日本政府が時間をかけて温めてきたものというよりは、サミットに出席する予定であった三木が意気込んで、他の首脳メンバーに披露する、という個人的なパフォーマンスという要素が強かった。[15] 結果として、当該構想は東南アジア諸国に提示することすらなく、結局は廃案に終わることになる。

アジア版ロメ協定構想はこのときは挫折したものの、三木は自ら出席したサミットのアジア版を、東南アジア首脳と開きたいと常々語っていた。[16] 日本が特別参加するかたちのASEAN首脳会議は、まさに三木の思惑に一致する機会だったのである。日本政府はそこで、ASEAN首脳会議への首相参加の是非を打診した。[17] しかしながらこのような日本の意欲にもかかわらず、二月九日から一〇日にかけて開かれたASEAN外相会議では、日本をはじめとする域外先進国の首脳は招請しないことが決定される。各国首脳が会談する「日程の都合がつかない」ことが、その理由として挙げられている。[18] 次の福田政権における、ASEAN首脳会議出席へ至る日本の慎重で着実な動きを考えると、三木政府の打診はやや拙速であり、それゆえ参加が実現することもなかったのである。[19]

後述するように、アジア版ロメ協定の締結は、実はASEAN諸国が強く求めたものであり、福田内閣が一貫して拒否したものでもあった。ASEAN首脳会議の出席を断られた三木がこの協定の実現に意欲を示し、逆に参加を要請された福田が、ASEANからの要求を拒否したという事実は、皮肉な結果かもしれない。

第一回ASEAN首脳会議への三木首相の参加は拒否されたが、政府は翌年の福田の参加可能性を探り始める。同年一一月二五日から二七日にかけて、ASEAN地域大使会議がバンコクで開催されるが、田中角栄首相以来日本からの要人が訪問していないので、早期に首相あるいは外相による東南アジア訪問を実施することがその会議で提案された。[20] そのような日本の考えに呼応するかのように、東南アジア諸国の首脳も内外に対して日本との首脳会談の呼びかけを行っていた。フィリピンのマルコス（Ferdinand E. Marcos）大統領はその代表的人物であり、日本とASEANの間で閣僚級の会議を開き、経済協力について話し合うべきだとマルコスは繰り返し主張していたのである。[21]

一九七七年四月末にジャカルタで行われたASEANの高級管理者会議（SOM）において、ASEAN首脳会議の具体的な日程と、日本・豪州・ニュージーランド首脳の招待が話し合われ、ASEANとして正式にその決定がなされた。[22] 最終的にASEAN首脳会議への公式の招請は、六月一〇日にマレーシアのリム（Lim Taik Choon）駐日大使が、フセイン（Hussein bin Onn）首相の親書を福田首相に手渡すという形で行われた。[23] この時点でASEANを重視したい日本と経済協力を獲得したいASEANの思惑が一致し、前年の三木ができなかったASEAN諸国訪問を、福田が実現することになるのである。

三　ASEANの対日要求

以上のように、八月に行われるASEAN首脳会議に福田が参加することが正式に決定された。後述するように福田ドクトリンの原型となる外務省アジア局の文書が作成された日は七月五日であるが、それより前に経済協力をめぐるASEAN諸国と日本との交渉は行われていた。本節では、ASEAN側が日本政府に対して何を求めたのかを明らかにする。それは専ら、経済的な貢献——援助と貿易の増進——への期待であった。

ASEAN諸国の日本に対する経済協力の要望は、日本が高度成長を遂げた後には常に存在していたと言ってもよい。たとえば日本のイニシャティブで一九六六年から始まった東南アジア開発閣僚会議では、東南アジア諸国が日本からの援助増大を絶えず訴え続けてきた。しかしながらこのような要求に対し、日本の腰は常に重かった。東南アジア開発閣僚会議の開催は、米国の大規模出資を期待したものであったために、当該会議による日本からの実質的な援助増額はほとんどなく、東南アジア諸国は不満を募らせていた[24]。ただし前節で述べたように、一九七〇年代後半には戦後賠償の支払いが終了し、また累積する貿易黒字批判を受けたかたちで、この時期の日本政府は援助政策の再検討を迫られていた。政府開発援助を五年以内に倍増するという一九七七年六月における世界に向けた福田の政策表明は、その再検討の結果であった。

日本への要求へと結びつくＡＳＥＡＮ側の動きとしては、一九七七年の一月後半に開催されたＡＳＥＡＮ経済閣僚会議に見ることができる。この会議では、日本首相のＡＳＥＡＮ首脳会議への招待およびそこからの資金援助要請をセットとして、基調演説の中でマルコス大統領が提案し、それは「共同声明」の中でも明記された[25]。このときのＡＳＥＡＮ経済閣僚会議では、ＡＳＥＡＮ内の特恵関税の拡大、非関税障壁の撤廃などを含む「ＡＳＥＡＮ通商特恵協定」などが採択され、ＡＳＥＡＮの経済協力の歴史にとって重要なものであったが、日本への経済協力の要請も重要事項の一つだったのである。

この会議でＡＳＥＡＮが日本に協力を求めたものの一つに、「ＡＳＥＡＮ工業化（産業）プロジェクト」がある。これは三木首相の参加がかなわなかった前年の第一回ＡＳＥＡＮ首脳会議で決定された、域内の工業化を促進させるための大規模計画である。各国が一件ずつ工業プロジェクトを希望し、ＡＳＥＡＮより承認された場合、他の加盟国はその生産品の輸入を特恵的に扱い、また競合プロジェクトを実施しない義務を負う、というものであった。当時のＡＳＥＡＮ加盟国は五カ国であったため五つのプロジェクトが基幹となっており、インドネシアとマレーシアは尿素肥料（urea）、フィリピンは過リン酸肥料（superphosphate）、シンガポールはディーゼル・エンジン、タイはソーダ灰（sodaash）を担当することが決定されている[26]。このプロジェクトに対する日本の支援を、ＡＳＥＡＮは求めたのである。

それ以後も、ＡＳＥＡＮの対日要求は継続して行われた。一九七七年三月二三日にインドネシアのジャカルタで開かれた第一回「日本・ＡＳＥＡＮフォーラム」では、次の四項目に対してＡＳＥＡＮが日本からの協力を要請している。[27]すなわち、（一）ＡＳＥＡＮ工業化プロジェクトへの協力、（二）ＡＳＥＡＮ産品に対する、特恵関税供与、非関税障壁の除去、（三）ＡＳＥＡＮの伝統的対日輸出商品に対する輸出所得補償（ＳＴＡＢＥＸ）やアジア版ロメ協定の締結、（四）ＡＳＥＡＮ地域の食料および農産品増産のための投資促進や農業研究に対する援助、である。その後六月二五日には、シンガポールでＡＳＥＡＮの対日輸出問題を中心に、ニヤム（Ngiam Tong Dow）シンガポール経済開発庁長官・大蔵次官を委員長とするＡＳＥＡＮ貿易委員会と、日本の外務・大蔵・通産・農林各省担当者とが話し合った。[28]ここでもＡＳＥＡＮ側はＳＴＡＢＥＸの重要性や地域特恵への考慮を求めている。

以上のような数回の討議を経て、最終的なＡＳＥＡＮの対日要求は、七月一五日に行われることになる。ラヴィウス・プラウイヨ（Radius Prawiro）インドネシア貿易相を団長とするＡＳＥＡＮミッションがこの日に来日し、翌日に外務・大蔵・通産・農林の関係省庁局長らと協議を開始する。[29]ここでは次の四項目に焦点を絞って、ＡＳＥＡＮ側の要求をめぐって話し合われた。すなわち、（一）一次産品価格の安定と、輸出価格が下落した場合のＳＴＡＢＥＸ問題、（二）ＡＳＥＡＮ産品の対日輸出拡大、特に一般特恵の枠内にＡＳＥＡＮの関心項目を増加させる、（三）日本の非関税障壁の軽減と輸入割り当て枠の拡大、（四）ＡＳＥＡＮ産業プロジェクトに対する日本の資金および技術援助、である。なおアジア版ロメ協定については、日本政府がこれまでの協議や駐インドネシア大使を通じて難色を示していたこともあり、[30]ＡＳＥＡＮは必ずしもその締結にこだわらないという姿勢に変じたようである。[31]

以上のように、ＡＳＥＡＮの具体的な対日要求は日本へ正式に伝えられた。四つのうち三つが貿易問題であり、一つが経済援助であった。

四　日本政府内の政策過程

前節で述べたように、福田首相の第二回ASEAN首脳会議への出席に対し、ASEANとしての日本政府への要求は四点、すなわちSTABEX、ASEAN産品の対日輸出拡大、日本の非関税障壁の軽減と輸入割り当て枠の拡大、そしてASEAN工業化プロジェクトに対する日本の資金および技術援助であった。これらの要求が日本へ正式に伝えられたのは七月の半ばであったが、先述したようにそれ以前から、公式非公式にそれらは日本に伝わっていた。では日本政府は、このようなASEAN諸国の貿易支援・経済協力の要請に対してどのような対応を見せ、福田ドクトリンに結びつけたのであろうか。さらには、ASEANが要求しなかった文化交流基金はどのような過程を経て日本から提案されたのだろうか。それを検討するのが本節の目的である。

ASEANの対日要求に対する日本政府の具体的な動きは、福田の東南アジア訪問が固まりつつあった三月頃から始まる。そこから六月初旬にかけて、ASEAN工業化プロジェクトへの支援、STABEXや特恵貿易制度新設の検討がなされている。その後、六月二五日にシンガポールで行われたASEAN貿易委員会と日本政府関係者との話し合いや、七月一六日のASEANミッション来日、そして首相官邸にて首相・外相・通産相以下、関係省庁幹部によるASEAN諸国歴訪に臨む日本政府の方針を決める勉強会を経て、日本の態度が決定されることになる。(32) この間に、どのような議論が日本政府内で行われていたのだろうか。

福田ドクトリンの立案は外務省アジア局の四人（中江要介局長、枝村純郎参事官、西山健彦地域政策課長、谷野作太郎南東アジア第二課長）が担っていた。ただし日本の対外経済方針を左右するような政策には、当然ながら他省庁や政治家の意向が影響してくる。さらに米国がどのような態度をとっているかもまた、日本の外交や経済政策を左右する要因の一つである。したがって以下では、外務省内の動きだけではなく、農林省や大蔵省といった他省庁、福田赳夫個人、そして米国の動向を時系列的に結びつけながら、日本政府による対ＡＳＥＡＮ対応策の形成過程を明らかにする。

ＡＳＥＡＮ工業化プロジェクト

福田が政権に就く以前から、ＯＤＡ政策の再検討が日本政府内で求められていたことは第一節で述べた。さらに、ＡＳＥＡＮに対する経済協力の必要性を、日本政府が認識していたことも先述した。その結果として、三月中旬にＡＳＥＡＮへの経済援助を五割増しの一三一〇億円と増額することが、外務・大蔵・通産の三省間で決定されている。この際に、ＡＳＥＡＮ工業化プロジェクトについても、「企業化の可能性が確認されるならば、協力する」と福田首相が広言するに至るのである。(33) そしてこの協力方針は、福田の東南アジア訪問前にも確認されている。(34) つまりＡＳＥＡＮ工業化プロジェクトへの援助に対する障害はなかったと言えよう。

以上のようなＡＳＥＡＮへの経済協力への具体的な動きと同時に、日本政府は米国に対する配慮も忘れていなかった。前記の方針が決まった直後の三月下旬に福田は米国を訪問する。この年から大統領に就任したカーター（**Jimmy Carter**）大統領との間で行われた日米首脳会談で福田は、日本がＡＳＥＡＮ諸国とベトナムに対する経済協力を通じてアジアの安定を図ることの重要性を強調した。(35) その後に発表された日米共同声明でも、両者はＡＳＥＡＮとインドシナ地域を東南アジアの重要な安定化要因と認め、両国がＡＳＥＡＮ諸国の地域的結束への努力に協力・援助する、と発表するのである。(36) この声明は西山健彦アジア局外務参事官が述べているように、「前年の大統領選挙戦の間殆ど東南アジアを口にせず、また勝利を収めた後も東南アジアについて殆ど何も語らなかったカーター大統領の東南アジア政策を明らかにした最初の公式文書」(37) であった。つまり日本政府の東南アジア政策、特に援助の増額は、米国の公式なお墨付きを得たのである。

STABEX

ASEANの対日要求の一つであるSTABEXについては、外務省は受け入れ可能であると考えていた。五月三一日に作成された外務省案では、ASEAN側からSTABEXスキーム創設の要望が強く出された場合、日本としては「然るべき国際フォーラムで検討を行うことに異議はない」。その際に出てくる「経済的及び技術的側面につき、ASEAN側とわが方との専門家レベルで検討することが適当」、と記述されている。[38] この方針は、七月後半に書かれた文書でも確認できる。このような制度の実施に向けてはさまざまな問題が存在するが、[39]「ASEAN側の要望自体は理解できる」ため、「ASEAN側と検討を始める用意がある」とされているのである。STABEXについては、巨額の資金が必要となることから、大蔵省が難色を示していると報道されているが、[40] 外務省は少なくともASEANとの協議は行うつもりであり、これが最終的な日本からの回答となる。福田ドクトリン発表後も、ASEANの「一次産品価格及び輸出所得安定のための措置を積極的に検討、実行すべき」であると外務省は提言として掲げており、[41] そこからもASEANの要求に真摯に対応しようとする姿勢が見て取れる。

ちなみに米国は、日本がASEAN諸国に対してSTABEXを与えることには反対であった。[42] この見解は、米国務省経済局の国際貿易部長代行が、現地大使館の七尾清彦一等書記官に伝えて判明した。その理由は、多角的貿易を推進するという目的の他に、途上国の優先的供給が増大すれば、米国の供給アクセスが阻害される可能性があるからであった。錫や天然ゴム、砂糖などの輸出が制限され、議会から攻撃を浴びることを米国政府関係者が恐れたのである。すなわち米国の懸念は、日本とASEANが経済圏を構築して世界がブロック化するといったグローバルな視点に加えて、米国製品が日本で売れなくなるかもしれないという、自国主義的なものだった。[43]

アジア版ロメ協定と対日アクセスの改善

それに対してアジア版ロメ協定の創設や対日アクセスの改善といった貿易問題は、外務省を含む日本政府は当初から及び腰であった。六月初旬に外務省内で作成された資料によれば、ＡＳＥＡＮ地域特恵問題（ロメ協定）に関しては、「原則論上の問題もあり、わが方としてはＧＳＰ（一般関税特恵制度─引用者）の枠内でＡＳＥＡＮの要望を出来るだけ取り入れていくことの方がより現実的なアプローチであると考える」。そのうえで、ＧＳＰの「特恵スキームの改善を図っていくに際しては、（一）対象品目の追加、（二）特恵税率の引き下げないし無税化などにつき、出来るかぎりＡＳＥＡＮの要望を盛り込むよう努力する」、としている。[44]つまり外務省内ではアジア版ロメ協定の新設には否定的であり、ＡＳＥＡＮへの対応は、あくまでＧＡＴＴ（関税と貿易に関する一般協定）東京ラウンドの多国間交渉全体の枠内で行いたいと考えていたのである。[45]この方針は最後まで貫かれることになる。[46]

なぜ外務省はアジア版ロメ協定の創設を拒否したのだろうか？　その理由としては、「世界経済のブロック化を助長しかねない」こと、また「実施面でも問題が多」いことが指摘されている。[47]このようなブロック化は、「ＡＳＥＡＮ自体にとっても利益とはならない」と外務省は考えていたのである。[48]そしてこの「ブロック化への懸念」は、後述するように福田首相が繰り返しＡＳＥＡＮ各国首脳に述べた理由でもあった。

ＡＳＥＡＮ産品の対日輸出促進のためには、「ＡＳＥＡＮ側による輸出努力」が必要であると外務省は主張する。[49]そこで「ＡＳＥＡＮ側が望むならば、ＡＳＥＡＮ側の売り込み努力を側面から支援する」ために、ＡＳＥＡＮ物産観光常設展示場の東京設置などが提案されている。また非関税障壁の撤廃に関しては、熱帯果実や食肉に関する検疫は純粋に科学的技術的観点から必要な制度であるので緩和撤廃できないが、当該分野における技術指導等については、出来る限り協力したいとしている。つまり対日アクセス改善のための直接的な措置は、事実上なかったのである。

輸入割り当て枠の拡大

輸入割り当ての問題は、七月二二日の段階では結論は出ていなかった。[50] それが七月二八日付の文書では、「輸入枠の拡大は国内農水産業等に影響を及ぼすことになるので、この点理解を求めたい」と記されることになる。[51] この七月二八日付文書「貿易・投資面における協力　総理御発言要領（案）」は、七月二二日に開かれた勉強会（第二回）の意見を踏まえたかたちで、二九日の第三回勉強会のために作成されたと考えられる。つまり二二日の第二回勉強会において、国内農水産業への配慮が主張された可能性が高い。ＡＳＥＡＮからの一次産品輸入問題については、「パイナップル、エビなど特定品目の関税を引き下げてＡＳＥＡＮ側の要望に応えたい」とする外務省と、「そんなことをすれば国内業者の死活問題である。政府が死刑宣告するわけにはいかない」とする農林省との論争が報道されているが、[52] このような論争は、一連の勉強会での議論で生じたものだろう。すなわち、一次産品の輸入枠拡大については、ＡＳＥＡＮ側に同情的な外務省が、農林省に押されるかたちで、否定的な回答を与えることになったのである。

ＡＳＥＡＮ文化交流基金

ＡＳＥＡＮの対日要求は貿易と援助の四項目であったが、日本はそこにないもの、すなわち「文化交流基金」をＡＳＥＡＮ側に提案した。これはどのような過程を経て政策へと結実したのだろうか。対ＡＳＥＡＮ文化交流のあり方は、一九七七年三月頃からその重要性が認識され、外務省文化事業部は従来とは異なる抜本的なものを打ち出す方針を持っていた。[53] そこで江藤淳東工大教授や矢野暢京大助教授などの意見を聴取し、一〇〇億円程度の規模の基金を設け、文化人や学者の域内・域外交流や地域研究、芸術・芸能等の催物の開催といった事業に拠出することが考案されている。[54] その後、江藤淳と永積明東大教授が七月の前半に東南アジア諸国を訪問して各国の意見を聴取し（江藤ミッション)、また各在外公館の賛意も得た上で、最終的には五〇億円の拠出で提案することになった。ちなみにこの拠出には、大蔵省の反対があったことが報道されているが[55]、福田首相が後押ししたために実現することになったと考えられる。ちなみに基金方式として運営をASEAN側に任せたのは、日本政府の文化事業のダミーであるとの疑念を払拭するためであった[56]。

ASEAN文化交流基金の提案に至る過程については、いくつかの興味深い事実があり、先行研究の理解が必ずしも正しくないことを教えてくれる。まず本構想は、「反日論に対処することを出発点とするのは誤り」とする矢野の提言が容れられ、「域内国が自らの文化圏を築き、精神的連帯感を培うことに寄与することを出発点とすべき」であると、その推進の意義が述べられている[57]。さらに矢野は、ASEANはまだ「実」のある存在ではないが、「虚」から「実」へと育つことが日本の国益に合致するものであると述べる[58]。そのような主張の結果当該基金は、ASEAN域内の文化発展と相互理解の促進を目的としたものとなった。つまり「心と心のふれ合い」に直結するような、日本とASEANとの文化交流はこの基金では想定されていなかったのである[59]。一九七四年に東南アジア諸国を訪問した田中角栄は、タイやインドネシアで反日デモに逢着した。このような反日感情を再び噴出させないために福田が「心と心のふれ合い」をスローガンとして掲げ、その具体策としてASEAN文化交流基金を提案した、とするのが通説的理解であろう。しかしながら外務省文化事業部の本音はともかくとして、少なくとも文書に残っているかたちでは、本構想を推進する理由は、直接的に日本のイメージを改善させる目的ではなかったのである。

さらには、援助・貿易問題はアジア局が担い、文化交流基金は文化事業部が担当していたという事実も指摘できる。つまり二つの部局が同時に別々のプロセスでそれぞれの案を作成していたのであり、どちらが優先されるかという問題ではなかった。その点、経済協力を求めたASEANとそれを回避するためにあくまで文化交流を強調した日本、というイメージは再考する必要があるだろう。

以上が、ＡＳＥＡＮの対日要求に対する日本政府内部の検討過程である。ＡＳＥＡＮの要求になるべく応えようとする外務省、財政的問題からＳＴＡＢＥＸに反対する大蔵省と、農水産業を死守したい農林省が輸入割り当てに難色を示すというのが、日本政府内で生じた構図であった。その結果、ＡＳＥＡＮ工業化プロジェクトと文化交流基金には出資することが決定されたが、ＳＴＡＢＥＸは「ＡＳＥＡＮ側と検討を始める用意がある」ことだけが決まった。そして対日アクセスの改善や輸入割り当てに関しては、直接的な措置がとられることはなかったのである。

五　東南アジア訪問と福田ドクトリンの発表

ＡＳＥＡＮ首脳会議

第二回ＡＳＥＡＮ首脳会議は八月四日から五日にかけて、クアラルンプールで開催された。初日の会議では各国首脳が基調演説を行ったが、全員が二日後から開始される福田首相との会談に触れた。シンガポールのリー（Lee Kuan Yew）首相は「相互の関係にとっての重要な一里塚」と述べ、またタイのターニン（Thanin Kraivichien）首相は「歴史的な重要性」といった言葉で日本との関係を表現した。[60] さらにそこで採択された共同声明の対外関係項目は、日本外務省が分析したように、「ほとんど経済面に内容が集中して」おり、さらには日本に「重点がおかれて」いた。[61] つまりＡＳＥＡＮ諸国首脳が今回、日本からの経済協力をどれほど期待していたかがわかる。[62]

福田東南アジアへ

そして八月六日の午前九時、薄曇りの中、福田赳夫はクアラルンプールへ向けて飛び立った。福田が到着したその日の午後に、ＡＳＥＡＮ五カ国と日本・豪州・ニュージーランドとの八カ国首脳会議（名目は非公式予備会談）が開催された。ここでは実質的な討議はなく、各国首脳の挨拶やＡＳＥＡＮの一〇年の歩みなどが説明された。そして翌七日の午後から、ＡＳＥＡＮ五カ国首脳と福田との会談が始まった。日本の首相がＡＳＥＡＮ首脳と一堂に会するのは、歴史上初めてのことであった。

会議の冒頭、ホスト国マレーシアのフセイン首相が日本とＡＳＥＡＮの貿易・経済関係の強化に関心がある旨を表明、次の五項目の議題を提案する(63)。すなわちそれらは、（一）ＡＳＥＡＮと日本との間の長期的な経済関係、（二）関税及び非関税障壁の除去等、ＡＳＥＡＮ産品の日本へのアクセス、（三）ＳＴＡＢＥＸ、（四）ＡＳＥＡＮ産業プロジェクト、（五）第三世界に対する日本の協力方針、であった。もちろんこれらの議題は以前より伝えられていた項目とほぼ同じであった。福田はそれに対して、貿易、対外援助を含む経済協力、文化協力、インドシナ社会主義諸国との関係を含む政治的問題の四点を中心に語り、次のようなやりとりを行っている。

第一に、福田が表明した経済協力や文化協力、そして政治問題などはおおむねＡＳＥＡＮ諸国の要望にかなっており、彼らから好意的に受け入れられた。たとえば、ＡＳＥＡＮ工業化プロジェクトへの一〇億ドル支援は、満額日本から供与することが約束され、「ＰＲかと思っていたのに、一〇億ドルの援助をはっきりしていただいて感謝している(64)」というマルコス大統領の発言に繋がっている(65)。

ただし第二に、貿易問題に関しては、両者の隔たりは大きかった。対日アクセス問題に関して福田は、「日本は自由市場であって、売り込みの努力も強化して欲しい」とＡＳＥＡＮ側の努力不足を指摘し、特恵関税を設定する要望に関しては「ブロック化を招来しかねず、わが方としてはしん《ママ》重たらざるを得ない」と明確に否定した。その上で、ＧＡＴＴの多角的貿易交渉の枠内で東南アジアへの重点的な配慮をすること、ＡＳＥＡＮ貿易（物産）観光常設展示場を東京に設置して貿易を促進すること、非関税障壁問題に関しては専門家レベルで十分に検討させること、ＳＴＡ

BEXについても前向きに検討し、ASEANの関心品目に留意することを明言している。もちろんこれらは、日本政府内で検討され出された結論であった。

シンガポールのリー首相は、福田の自由貿易思想に共感を示しつつも、現実にはEC（欧州共同体）が生まれ、アフリカ等と特別な経済関係にある事実を挙げ、日本とASEAN間にも同様の関係を構築すること（「アジア版ロメ協定」の創設）を要望する。これに対して福田は、「ブロック化を防ぎとめるよう共に協力していきたい」と述べ、あくまで自身の自由貿易に対する信条を繰り返した。

第三に、インドシナ諸国への経済援助に関しても福田は説明する。タイのターニン首相が当該問題について質問すると福田は、「ASEANが第一のパートナーだが、インドシナともある程度の接触を保ち、野放しにしないことが必要」であると、「緊張のないかたちでの共存」を強調する。これは言うまでもなく、狭義の福田ドクトリンの三つ目の原則を踏まえたものである。

第四に、文化協力に関しては、「わが方から押し付けるつもりはないが」と述べつつ、「経済以外の問題でASEANとして交流強化の試みがあれば」「できるだけ資金協力をする用意がある」と述べ、五〇億円のASEAN文化交流基金の設立を提案する。これに対しても反対はなく、たとえばマルコス大統領は「心からかん《ママ》迎する」、フセイン首相は「この分野の発展に希望がもてる」と述べている。

以上のように、福田とASEAN首脳との初会談はほとんど想定通りの議題に始まり、その応答で終了した。その後に発表された共同声明では、（一）ASEANに対する関税障壁をGATTの多角的貿易交渉やGSPの枠内で軽減すること、（二）STABEXについては、ASEANがその設立を望んでいることを日本が理解し、共同研究すること、（三）ASEAN工業化プロジェクトに対して日本が一〇億ドルの出資をすること、またその援助がASEAN諸国との二国間協力に影響を受けないこと、（四）日本がODAを今後五年間で倍増し、ASEAN諸国に重点を置くこと、などが発表された[66]。

この共同声明の表現をめぐっては、日本とＡＳＥＡＮ諸国がかなりの労力を割くことを強いられた。事前に日本側試案とＡＳＥＡＮ側の対案が検討されていたが、一行がクアラルンプールに到着した後も、詰めの作業は続けられていたのである。特にＳＴＡＢＥＸについては、表現をめぐって徹夜作業になるほど、最後まで難航したと報じられている[67]。結局のところこの項目は、日本とＡＳＥＡＮ側が「共同研究する（conduct a joint examination）」との表現で落ち着いた。

各国個別訪問と経済援助

ＡＳＥＡＮ首脳との会談と共同声明の発表を終えた福田は、すぐに各国への個別訪問へと移る。先行研究ではあまり触れられていないが、この個別訪問は、福田の東南アジア訪問が成功した重要なポイントの一つとなる。なぜならこの福田の各国個別訪問によって、ＡＳＥＡＮ諸国とビルマは経済援助の約束を日本から取り付けることに成功したからである。

たとえばマレーシアでは、日本政府は第三次マレーシア経済計画に二一〇億円の円借款供与を約束する。ＡＳＥＡＮ加盟国ではないビルマでも、農機具・肥料など六億円の農業無償援助が供与されることが決定された[68]。次の表1は、福田の各国訪問の際に確定した新規の経済協力内容である。その総額は、約九〇〇億円にのぼっている。

そして経済援助と対照的に、ＡＳＥＡＮ諸国の首脳たちが強く求めながら日本政府が決して譲ろうとしなかったのが、言うまでもなく貿易問題であった。タイでは農産品といったいくつかの対象品目の日本への輸入促進、非関税障壁の撤廃が訴えられた。マニラでも同様に、砂糖の輸出安定や、バナナ関税の低減などがフィリピン政府から要望された。しかしながら、いずれも受け入れるのは「困難」であるとして福田によって退けられている[69]。

表１　ASEAN 諸国・ビルマへの新規経済協力約束額（１ドル＝267円で換算）

	金額(億円)	内容と個別の金額（億円）
マレーシア	210	（１）第３次経済計画協力（港湾、道路整備）への円借款
ビルマ	6	（１）農業（食料増産）援助のための贈与
インドネシア	98.4	（１）米輸入に円借款（65） （２）食料援助の贈与（約12） （３）食糧増産支援に贈与（13） （４）家畜衛生研究センター建設へ贈与（６） （５）国内（アンタラ）通信施設整備に贈与（2.4）
シンガポール	0	
タイ	294	（１）第５次円借款（275） （２）東北タイ職業訓練センター建設に贈与（10） （３）食糧増産支援に贈与（９）
フィリピン	294	（１）第６次円借款（275） （２）全国水理研究センター建設支援に贈与（６） （３）食糧増産支援に贈与（13）

出所：朝日新聞1977年８月18日夕刊、８月26日。毎日新聞1977年８月19日。外務省資料「福田総理のASEAN・ビルマ訪問に際する経済技術協力」管理番号2011-0725、外交史料館。

なぜ日本がアジア版ロメ協定に積極的ではないかを、福田は次のように説明する。「アジアの国だけが集って排他的なグループを作って外からの反ぱつ《ママ》を招くような事態は避けるべきであると考える[70]」。「ＡＳＥＡＮが制度的なブロック化にはしらない《ママ》ことを期待する。日本にとってもＡＳＥＡＮとの間に特恵制度の如きものを設けることには困難がある。日本としては現実的な協力措置のつみ重《ママ》ねにより協力の実をあげてゆきたい[71]」。戦前、世界が保護主義化したのちにいくつかのブロックに分かれ、悲劇的な大戦に突き進んだ素地をつくった事実を、若き大蔵官僚として福田は目の当たりにした[72]。特恵貿易協定はブロック化を招き、それが世界へ負の影響を与える、という信念を福田は強く持っていたのである。

さらには、国内事情も日本市場開放に消極的な理由の一つであることを福田は隠していない。タイのターニン首相が農産品の輸入を増やすために非関税障壁の撤廃などを要請した際に福田は、日本の景気が低迷している事実に触れ、「農産品については、わが国農業もくるしい立場であり、放置すれば一部農業は破めつ《ママ》しかねない程である」と返答している。[73] 国内の農業従事者に対する配慮が必要であり、輸入の拡大が容易ではないことを福田は訴えたのである。この農産品問題はもちろん、戦後常に日本の貿易自由化の障害になってきた理由であり、前節で論じた国内政治過程でも観察された事実であった。

福田ドクトリンの発表

そして福田赳夫は八月一八日、昼食会の場でマニラ・スピーチの発表を行った。各国それぞれで共同コミュニケを出すのは時間的な余裕がないために、その代わりに最終訪問地であるマニラで、日本の東南アジア政策を集大成した演説「わが国の東南アジア政策」を行うべきであるというアイディアは、南東アジア第二課長の谷野作太郎のものであった。[74] マニラの地で、「福田ドクトリンともいうべきスピーチを行なう」ことが谷野によって提案されていたのである。[75] 谷野がアイディアを出した七月五日の時点では、狭義の福田ドクトリンは三原則ではなく六原則であった。福田が日本を発った八月六日の段階ではそれが五原則となっており、最終的には三原則に落ち着くことになる。[76] 最初の六原則は、(一) 東南アジア諸国との協調、(二) ASEANとビルマへの支援、(三) それら諸国との間の特別な貿易・通商関係の設定、(四) 心と心のふれ合い増進、(五) 首脳レベルの対話継続、(六) ASEANとインドシナ諸国との善隣友好関係の確立、が標榜されていた。そして五原則になった後は、(一) 軍事大国にならない、(二) 自立的な地域機構としてのASEANの認知、(三) 東南アジア各国への経済・技術協力と貿易関係の強化、(四) 心と心のふれ合い、(五) インドシナ諸国との共存、であった。[77] つまり最終的に八月一八日に発表された狭義の福田ドクトリン三原則は、初期のものと比べて、「軍事大国にならない」が加わり、「自立的機構としてのASEANの認知」と「貿易関係の強化」項目が消去されたものであった。

なぜこのように、原則の数が変更されたのだろうか？ まず「軍事大国にならない」という原則は、初期の草稿を読んだ福田首相の意向で追加された。[78] 福田は佐藤栄作政権の外務大臣時代、一九七二年一月に同様の外交演説を行っており、常々そのような政治的信念を持っていたと言われている。[79] そして福田が出国する際の五原則から、三原則に変更されたのは、八月一〇日にサンケイ新聞が最終稿の要旨をスクープしたことが発端であった。[80] それに不快感を抱いた福田が五原則以外に変更するように、中江要介アジア局長に指示をした。[81] つまり原則数の変更は、意図的というよりは、「泣く泣くそうせざるを得なかった」[82] のである。その結果、五原則から三原則に改変する作業は、福田が出国した後、中江と小和田恆秘書官あるいは西山健彦がバンコク滞在中に行った。[83] その際に前述のように、「自立的機構としてのASEANの認知」と、「貿易関係の強化」が消去されたのである。三原則に貿易問題を入れることを避けた理由を、日本政府内で当該問題についてコンセンサスに至らなかったことに求めている先行研究があるが、[84] これはややうがった見方であろう。貿易政策に関してASEAN諸国の要求を退けるという日本政府の決定は、すでに福田出国前に確定済みであったが、それでもなお発表予定の五原則の中には、貿易関係の強化という項目が含まれていた。すなわち政府としては、貿易問題を扱いたくないために当初から意図的に原則からそれを外していた、ということはなかったのである。むしろ五原則から二つを除くのにどれが相応しいか外務省高官が悩んだ末に、あまり日本が積極的な政策表明をできなかった貿易問題に手を付けた、というのが実情に最も近いところであろう。すなわちサンケイ新聞のスクープがなければ、貿易問題への言及も狭義の福田ドクトリンに含まれていたはずであった。

ちなみに日本政府はその後、福田ドクトリンという名称を使わず、当該政策表明を「マニラ・スピーチ」で統一することになる。八月末になって、フィリピンのロムロ外相が御巫清尚駐フィリピン大使に、福田ドクトリンと名付けるのは上位のものから下位のものに押し付けるような感があるためによくない、と意見を述べたからである。それは公電で報告され、それ以来外務省は福田ドクトリンの呼称を避けるようになる。[85]

六　福田ドクトリンの評価とその後

福田ドクトリンへの評価

福田の東南アジア訪問、そして最終地でのマニラ・スピーチは大成功であった。たとえば日本外務省が「各国紙の反応を代弁する、一つの代表的論評」と位置付けたシンガポールの New Nation 紙（八月一九日）の社説では、「福田ドクトリンこそ、東南アジア国民が待望していたものである」と述べ、「日本はかつて試みさえしなかった規模で、アジアを支援する立場に立った。福田ドクトリンは日本のこのような役割への最初のアプローチである。ＡＳＥＡＮにとって日本の影響は大きい。平和の原則に自らの名を冠したからには、福田首相はそのための努力を重ねるものと期待される(86)」との論調を出した。他の国においても、「どのＡＳＥＡＮ諸国も経済協力面での日本の積極的なし勢《ママ》を高く評価して」いる（マレーシア(87)）。「従来そ外《ママ》されていた精しん《ママ》面の交流重視に加えて、日本の一層積極的な経済協力のし勢《ママ》、そしてフクダ《ママ》総理が説く運命共同体論は、ＡＳＥＡＮ各国及び地域の RESILIENCE 達成への大きなはげましとなるもので、高く評価したい」（インドネシア(88)）と、各国の報道機関が今回の日本の政策表明をそろって絶賛した。

以上のように援助政策や福田の姿勢は非常に好意的な評価を受けた反面、何の実質的な約束も行わなかった貿易政策に対しては不満が表明された。フィリピンのロムロ外相は「貿易赤字がなくなれば借款などいらない(89)」と、貿易問題の解決の方が援助よりも重要であることを明らかにして日本を批判した。タイの「ネーション・レビュー」誌は「異常なまでの両者間の貿易不均衡」に触れ、「これは主として日本がＡＳＥＡＮ諸国からさらに多くのものを買うという問題であるが、福田氏の態度は極めてあいまいであった[90]」と批判したのであった。

その後

以上のように福田はＡＳＥＡＮ諸国に工業化プロジェクトへの援助を約束したものの、それはあくまでその実現可能性が確定してからであり、すぐに資金供与するものではなかった。またＳＴＡＢＥＸも、これからＡＳＥＡＮ関係者との協議が始まるのであり、決して終わりではなかった。

では福田ドクトリンは実際に、どのようにＡＳＥＡＮあるいは広く東南アジアへ貢献したのだろうか？　第一に、ＡＳＥＡＮ工業化プロジェクトは、インドネシアとマレーシアの尿素プロジェクトのみが実施された。前者は一九八四年、後者は一九八五年から生産が開始され、それぞれ二億八七〇〇万ドル、二億八一一五万ドルが日本から出資（借款）された[91]。つまり福田が表明した額のおよそ半分が、それぞれ七年と八年後に実際に支出されたのである。その他三国のプロジェクトは、実現可能性が低かったために頓挫することになる。

第二に、ＡＳＥＡＮからの輸入を増進するために日本から逆提案した貿易投資観光促進センター（貿易観光常設展示場）は、一九八一年五月に設立された。第三に、ＡＳＥＡＮ文化交流基金は計画通り拠出された。日本とＡＳＥＡＮの数回の検討を経て、一九七八年一二月に二〇億円、翌年八月に残りの三〇億円がＡＳＥＡＮ側に贈与されている[92]。

第四に、ＳＴＡＢＥＸについての共同協議は、一九七八年九月と一九八〇年五月に二回開催されたのみでなんら進展もなく、自然消滅した。前述したように大蔵省は財政的な懸念から反対しており、通産省による分析もまた、ＡＳＥＡＮの提案であるＳＴＡＢＥＸは「有効に機能しえない」と結論付けた[93]。またＡＳＥＡＮ側も、徐々にその実現に向けた意気込みが失われつつあったと言われている[94]。その実現に対して誰も熱意を持って推進する関係者が存在しない以上、その結末は明らかであった。

「福田ドクトリンと経済援助」再考

最後に、「福田ドクトリンによってＡＳＥＡＮ諸国へのＯＤＡは増大した」という主張[95]を再検討してみよう。前述したようにＡＳＥＡＮ諸国における報道では、経済協力支援に対する高い評価が観察された。福田の東南アジア訪問が大成功としてＡＳＥＡＮ側から高く評価されている理由の一つは、このような経済援助増大の表明があったためである。さらには欧州においても、福田ドクトリンによって日本からＡＳＥＡＮへの経済援助が増大することで、西ドイツなどの先進国はＡＳＥＡＮへの援助増額の必要性が弱まると見ていた[96]。

しかしながら、一九七七年に日本が表明したＯＤＡの五年間倍増計画は、福田ドクトリンのためにあったものではない。当然ながら、ＡＳＥＡＮ以外の途上国への援助も視野に入っていたはずである。またＡＳＥＡＮ工業化プロジェクトも、実施されたのは二つのみであり、かつ日本からの出資は七、八年後のことであった。さらにはＡＳＥＡＮ文化交流基金も総額五〇億円であり、日本のＯＤＡ全体から見れば、それほど大きな額ではない。つまり福田ドクトリンによってＡＳＥＡＮ諸国への援助が増大したという事実を、実際に数字で示した根拠はないのである。

そこで本稿では、ＡＳＥＡＮへの日本からの二国間ＯＤＡが、一九七七年を境にして、どれくらい増加したかを統計的に検証した。これは一九七七年より前とそれより後の日本からＡＳＥＡＮ諸国へのＯＤＡ量を比較すると同時に、ＡＳＥＡＮと他の途上国との比較を行う必要がある。ＡＳＥＡＮ諸国への二国間ＯＤＡは確かに増えたかもしれないが、他の国への援助額がそれ以上増えていれば、ＡＳＥＡＮに対してのＯＤＡは相対的に減少したことになる[97]。その場合は、福田ドクトリンによってＡＳＥＡＮへのＯＤＡは増えた、という主張は意味をなさなくなるだろう。それを検証するような二重の比較分析は、「差分の差分（difference in differences）」と呼ばれる[98]。

表2　日本のASEANに対する二国間ODA額の「差分の差分」分析結果（福田ドクトリン前後）[100]

	モデル1	モデル2	モデル3
ASEAN1977年後	−0.767**	−0.765**	−0.855***
	(0.321)	(0.335)	(0.310)
1977年後	1.252***	1.390***	1.563***
	(0.157)	(0.157)	(0.163)
ASEAN	1.887***	2.077***	2.302***
	(0.396)	(0.371)	(0.362)
対数輸出	0.397***	0.336***	0.333***
	(0.110)	(0.096)	(0.084)
対数輸入	0.119*	0.136**	0.109**
	(0.061)	(0.058)	(0.055)
対数被援助国GDP	−0.757***	−0.778***	−0.796***
	(0.152)	(0.141)	(0.124)
対数被援助国人口	1.190***	1.187***	1.179***
	(0.105)	(0.090)	(0.085)
対数日本との距離	−0.587	−0.532*	−0.410
	(0.358)	(0.312)	(0.284)
切片	−5.033	−4.163	−4.154
	(3.759)	(3.379)	(3.155)
観察数	713	993	1512
調整済みR-sq	0.593	0.601	0.588

括弧の中はクラスター化された標準誤差
* $p<0.1$、** $p<0.05$、*** $p<0.01$

次の表2は、日本からの二国間ODA（の対数）を従属変数に、日本からの輸出（の対数）や被援助国と日本との距離（の対数）などを制御変数として、「差分の差分」推定を行った結果である。[99] モデル1は一九七一年から一九七六年の六年間と、一九七八年から一九八〇年までの三年間を比較したもの、モデル2は一九七一年から一九七六年と、一九七八年から一九八三年まで（六年間）、モデル3は一九七一年から一九七六年と、一九七八年から一九八八年まで（一一年間）を、それぞれ比較したものとなっている。

変数「1977年後」は、一九七七年より後を一、それ以外を〇とした時間ダミーである。いずれのモデルにおいても、この変数は正に有意となっている。すなわち、一九七七年を境にして、世界に対する日本の二国間ＯＤＡは、それ以前と比較して増大したことが確かめられた。変数「ＡＳＥＡＮ」は、ＡＳＥＡＮ加盟五カ国であれば一、それ以外を〇としたダミー変数である。これも正に有意となっていることから、ＡＳＥＡＮ諸国はそれ以外の被援助国よりも多くのＯＤＡを日本から供与されていることがわかる。

そして問題は、「ＡＳＥＡＮ１９７７年後」である。この変数は一九七七年より後にＡＳＥＡＮ加盟国が、非加盟国に比べて、どれほど日本からのＯＤＡが増額したかを意味している。驚くべきことにこの変数は、負に有意となっている。(101) この結果が意味していることはすなわち、福田ドクトリンが発表された一九七七年（あるいは一九七八年）以降、ＡＳＥＡＮに対する日本のＯＤＡは、相対的に減少した、という事実である。

おわりに

外交政策の「ドクトリン」とは、ある国（特に大国）が一方的に行う政策原則である。たとえばモンロー・ドクトリン（一八二三年）は、アメリカ大陸と欧州との政治的相互不干渉を表明したものであったし、ブレジネフ・ドクトリン（一九六八年）は共産主義ブロック全体の利益のためには一国の主権を制限しても構わないという主張であった。福田ドクトリンもその例に違わず、（経済）大国の一方的な政策表明であった。つまり東南アジア諸国に向けて表明した外交政策原則ではあるが、それは東南アジア側の求めていた政策を行うことを約束したことを意味しなかった。

したがって、ＡＳＥＡＮの要求がもっぱら経済にあり、政治的な貢献を求めていなかったにもかかわらず、日本政府の政治的なイニシャティブを重視する研究者は、福田ドクトリンに高い評価を与える。それに対して、ＡＳＥＡＮの要求実現をはじめとする実質的な日本の貢献を重く見れば、福田ドクトリンに対する評価は一変する。ＡＳＥＡＮ

の求めていたものは四点、（一）ＳＴＡＢＥＸ、（二）対日輸出拡大と特恵関税、（三）日本の非関税障壁の軽減と輸入割り当て枠の拡大、（四）ＡＳＥＡＮ工業化プロジェクトに対する日本の資金および技術援助、であった。その中で日本が応えたものは、（四）の経済援助のみであった。その点、ＡＳＥＡＮに対する日本のＯＤＡが福田ドクトリンによって増額されたという見解は、多くの実務家・報道関係者・研究者で共有されたものだろう[102]。実際に日本政府は、一〇億ドル支援を満額回答し、そして東南アジア諸国への個別訪問時に経済援助を約束した。しかしながらこの約束は、福田ドクトリンの恩恵というよりも、日本がＯＤＡ政策の転換期にあったから実現したものである。そして日本の責任外のところで、ＡＳＥＡＮ工業化プロジェクトは半分以上が頓挫するのである。すなわち、福田ドクトリンが果たしたＡＳＥＡＮ諸国への経済的貢献は、七、八年後のＡＳＥＡＮ工業化プロジェクト二つに対する援助（約五億七〇〇〇ドル）と、文化交流基金の五〇億円のみであった。その事実から導き出される結果として、日本からＡＳＥＡＮ諸国への二国間ＯＤＡは、実際には相対的に減少していたことが、統計分析で確かめられた。

　福田ドクトリンの作成に関わった枝村純郎は、それがなお高い評価を受けているのは、時の試練に耐える明確な「理念」が存在していたからだと主張する[103]。しかしながら理念だけで外交が成功するのであれば、交渉など必要ない。福田の東南アジア訪問が当時の東南アジア諸国から高い評価を受けたのは、ＡＳＥＡＮの要求の一つである経済協力という、明確で実質的な約束があったからである。そこから、「心と心のふれ合い」や「対等な協力者」という言葉が独り歩きし、人々の心に残っていったのである[104]。つまり、キャッチフレーズとしては非常な成功を収めた、と言ってもよいだろう。経済協力を約束したものの、結局はそれほど財政的な痛みを伴わずに高く評価された福田ドクトリンは、非常にコスト・パフォーマンスに優れた外交事例であった。

＊本稿は、科学研究費若手研究（Ｂ）「東アジア地域経済統合の総合的研究」（平成二五～二八年度、課題番号二五七

八〇一一一）の研究助成成果の一部である。本稿執筆の過程で、二名の匿名査読者と次の方々からは貴重なご助言をいただいた。記して感謝したい。黒田友哉（帝京大学）、庄司智孝（防衛研究所）、田中明彦（政策研究大学院大学）、若月秀和（北海学園大学）。

注

（1）外務省『わが外交の近況』大蔵省印刷局、一九七八年、四四頁。

（2）全文は、同前、三二九―三三〇頁。ＡＳＥＡＮ工業化（産業）プロジェクトについては第三節で述べる。

（3）Sudo Sueo, *The Fukuda Doctrine and ASEAN: new dimensions in Japanese foreign policy*, Singapore: Institute of Southeast Asian Studies, 1992、小林真樹「『福田ドクトリン』：対東南アジア政策の転換とＯＤＡ」神戸大学国際協力研究科『国際協力論集』五（二）、一九九七年、田中康友「ポスト・ベトナムの東南アジア安定化政策としての福田ドクトリン：外務省アジア局の政策プロセスに着目して」『アジア研究』四五（一）、一九九九年、若月秀和「福田ドクトリン：ポスト冷戦外交の『予行演習』」『国際政治』一二五、二〇〇〇年、枝村純郎「物語『福田ドクトリン』から三〇年」『外交フォーラム』二〇〇八―二〇〇九年、Lam Peng Er ed., *Japan's Relations with Southeast Asia: The Fukuda Doctrine and beyond*, Abingdon, Oxon: Routledge, 2013.

（4）田中明彦『アジアのなかの日本』ＮＴＴ出版、二〇〇七年、一五頁。

（5）山影進『ＡＳＥＡＮ　シンボルからシステムへ』東京大学出版会、一九九一年、一七九頁、曺良鉉「一九七七年福田赳夫首相東南アジア歴訪と日本の東南アジア政策形成：『福田ドクトリン』をめぐる通説の批判的検討」『国際関係論研究』二二、二〇〇四年。八月七日に発表された日本ＡＳＥＡＮ共同声明と、八月一八日のマニラ・スピーチ（福田ドクトリン）とを区別する必要があり、後者にＯＤＡ倍増計画やＡＳＥＡＮへの経済協力を含めるべきではない、と曺は主張している。しかしながら三原則だけでなく、マニラ・スピーチ全体を福田ドクトリンと捉えるならば、本文で述べたように経済協力はそこに言及されている。本稿では、マニラ・スピーチ本文すべてを含めて「福田ドクトリン」とし、三原則に限定する際は「狭義の」を付す。

(6) 枝村、前掲、二〇〇八年-四、七四―七五頁。

(7) 枝村純郎・江森盛久・斎藤志郎・矢野暢「パネル・ディスカッションＡＳＥＡＮと日本の新しい関係を求めて」『アジア』一九七七年一〇月、一三二頁。

(8) アジア局地域政策課「日本・ＡＳＥＡＮ関係」一九七六年一二月二三日、『福田総理東南アジア諸国訪問（資料）』外務省外交記録管理番号二〇一〇-〇〇三二、外交史料館。

(9) 中野亜里「ベトナムの東南アジア政策」三尾忠志編『インドシナをめぐる国際関係：対決と対話』日本国際問題研究所、一九八八年、三七九頁。

(10) アジア局「対東南アジア政策（案）」一九七六年一一月、情報公開開示文書二〇〇四-〇〇〇〇六。以下の記述も当該文書からの情報である。

(11) 通産省『経済協力の現状と問題点』通商産業調査会、一九七八年、五五、五七、七八頁。

(12) 「朝日新聞（朝日）」一九七七年一月五日、七月一七日、「日本経済新聞（日経）」一九七六年七月二四日、八月二三日、「毎日新聞（毎日）」一九七七年一月五日、七月三日。

(13) 海外経済協力基金『海外経済協力基金二〇年史』大日本印刷、一九八二年、一五〇頁。

(14) Migani, Guia, “Lomé and the North-South Relations (1975–1984): from the” New International Economic Order “to a New Condtionality” in Claudia Hiepel ed., *Europe in a Globalising World*, Baden-Baden: Nomo, 2014.

(15) 中村慶一郎『三木政権七四七日：戦後保守政治の曲がり角』行政問題研究所出版局、一九八一年、一三一―一二頁、「朝日」一九七五年一一月一日、一一日。

(16) 「朝日」一九七六年一月二三日、「毎日」一九七六年一月二五日。

(17) 「毎日」一九七六年一月二七日。

(18) 「読売新聞（読売）」一九七六年二月一一日。

(19) さらには、ＡＳＥＡＮ首脳会議が開かれた二月末という時期は、衆院での予算審議が最終段階を迎えるため、三木が海外に行くことは実際には難しかった。また、外務省も「ＡＳＥＡＮ初の首脳会議に日本などがおしかけていく印象を与えるのは好ましくない」と感じていたらしい。「朝日」一九七六年二月一二日。

(20) アジア局地域政策課「昭和五一年度ＡＳＥＡＮ地域大使会議議事要録」一九七七年二月、情報公開開示文書二〇〇四-〇〇〇〇六。

(21)「朝日」一九七六年一〇月一日、「毎日」一九七七年一月一五日、一月二一日。

(22)「毎日」一九七七年五月一日、「読売」一九七七年五月三日。

(23) 外務省アジア局「在京リム・マレイシア大使の福田総理訪問用資料（その一）」一九七七年六月、管理番号二〇一一-〇七二六、外交史料館。

(24) 保城広至『アジア地域主義外交の行方：一九五二―一九六六』木鐸社、二〇〇八年、二九八―二九九頁。

(25) 山影、前掲書、一九九頁、「朝日」一九七七年一月二三日。

(26) Suriyamongkol, Marjorie L., *Politics of ASEAN Economic Co-operation*, Singapore, Oxford UP, 1988, chap. 3.

(27) 外務省アジア局「在京リム・マレイシア大使の福田総理訪問用資料（その二　総理御発言要領）」一九七七年六月、管理番号二〇一一-〇七二六、外交史料館。

(28) シンガポール発本省着「日本・ＡＳＥＡＮフオラ《ママ》ム（貿易非公式会合）」一九七七年六月二六日、管理番号二〇一〇-六二四三、外交史料館。

(29)「朝日」「毎日」一九七七年七月一七日。

(30) インドネシア発本省着「ＡＳＥＡＮ経済閣僚会議」一九七七年六月三〇日、管理番号二〇一〇-六二四二、外交史料館。

(31)「朝日」一九七七年七月一七日。

(32) この勉強会は、福田が出国する八月六日までの間に合計四回（七月一四日、二二日、二九日、八月四日）開かれている。

(33)「サンケイ新聞（サンケイ）」一九七七年三月一八日。

(34) 経協局「ASEAN工業プロジェクト」一九七七年七月一二日、管理番号二〇一一-〇三四四、外交史料館。
(35) 若月秀和『「全方位外交」の時代：冷戦変容期の日本とアジア一九七一―八〇年』日本経済評論社、二〇〇六年、一五八―一六〇頁。
(36)「福田赳夫内閣総理大臣とジミー・カーター米大統領との間の共同声明」一九七七年三月二二日。データベース「世界と日本」
http://worldjpn.grips.ac.jp/documents/texts/JPUS/19770322.D1J.html（二〇一八年四月八日閲覧）
(37) 西山健彦「今日の東南アジア」『欧州政治軍事情報』一〇月号、一九七八年、六頁。
(38) 経総（経済局総務の略か ―引用者）「対ASEAN輸出所得安定化スキーム（対処方針案）」一九七七年五月三一日、管理番号二〇一一-〇三四四、外交史料館。
(39) 外務省「貿易・投資面における協力　総理御発言要領（案）」一九七七年七月二二日、一九七七年七月二八日、管理番号二〇一一-〇三四四、外交史料館。
(40)「朝日」一九七七年七月一七日。
(41) 外務省アジア局地域政策課「昭和五二年度東南アジア・太平洋地域大使会議議事要録」一九七八年一月、管理番号二〇一〇-三四五三、外交史料館。
(42) 外務大臣あて在米東郷大使発「ASEANの対日一次産品輸出所得補償要請等」一九七七年八月一日、管理番号二〇一一-〇七二四、外交史料館。
(43) ちなみに、この米国の警告が日本の政策決定に影響を及ぼしたという証拠は現在のところ確認されていない。福田の東南アジア訪問後にも、STABEXの実現に向けた会議が開かれていることからも、米国の影響は限定的だったと言うべきだろう。
(44) 経総「ASEAN対策」一九七七年六月七日、管理番号二〇一一-〇三四四、外交史料館。
(45) 経国一（経済局国際経済第一課の略か ―引用者）「対ASEAN貿易拡大措置」一九七七年六月八日、管理番号二〇一一-〇三四四、外交史料館。当時は、GATT東京ラウンド（一九七三～七九年）の最中であった。

(46) 外務省「貿易・投資面における協力　総理御発言要領（案）」一九七七年七月二八日、管理番号二〇一一-〇三四四、外交史料館。
(47) 外務省「貿易・投資面でのＡＳＥＡＮ側の要望と対応ぶり（外務省案）」一九七七年七月一二日、管理番号二〇一一-〇三四四、外交史料館。
(48) 外務省「貿易・投資面における協力　総理御発言要領（案）」一九七七年七月二三日、管理番号二〇一一-〇三四四、外交史料館。
(49) 外務省「総理東南アジア訪問関係勉強会」一九七七年七月二八日、管理番号二〇一一-〇三四四、外交史料館。
(50) 外務省「貿易・投資面における協力　総理御発言要領（案）」一九七七年七月二三日、管理番号二〇一一-〇三四四、外交史料館。
(51) 外務省「貿易・投資面における協力　総理御発言要領（案）」一九七七年七月二八日、管理番号二〇一一-〇三四四、外交史料館。
(52)「朝日」一九七七年七月三一日。
(53) 文化事業部「対ＡＳＥＡＮ諸国文化交流強化策について」一九七七年三月二五日、管理番号二〇一〇-三四五二、外交史料館。
(54) 文化第一課「ＡＳＥＡＮ交流基金構想の概要（案）」一九七七年五月二〇日、管理番号二〇一〇-三四五二、外交史料館。
(55)「日経」一九七七年七月二六日。
(56) 文化事業部「ＡＳＥＡＮ文化交流基金構想の概要（案）」一九七七年七月二五日、管理番号二〇一〇-三四五二、外交史料館。
(57) 文化事業部「対ＡＳＥＡＮ諸国文化交流強化策について」一九七七年三月二五日、管理番号二〇一〇-三四五二、外交史料館。
(58) 同前。

(59) 文化事業部「対ＡＳＥＡＮ文化協力（総理説明用資料）」一九七七年七月一四日、管理番号二〇一〇―三四五四、外交史料館。

(60)「朝日」一九七七年八月五日。

(61) ア地政（アジア局地域政策課の略か　―引用者）「第二回ＡＳＥＡＮ首脳会議最終コミュニケ案」一九七七年八月四日、管理番号二〇一一―〇七二五、外交史料館。

(62) 共同声明の全文は、"Joint Communique, The Second ASEAN Heads of Government Meeting", August 5, 1977, Kuala Lumpur, データベース「世界と日本」http://worldjpn.grips.ac.jp/documents/texts/asean/19770805.D1E.html（二〇一八年四月八日閲覧）

(63) マレイシア《ママ》発本省着「日本・ＡＳＥＡＮ首のう《ママ》会議」一九七七年八月八日、管理番号二〇一一―〇七二四、外交史料館。以下、断りのない限り当該文書からの引用。

(64)「朝日」一九七七年八月八日夕刊。

(65) ただし日本政府は、一〇億ドルをすべてＯＤＡから出資するのではなく、この中には輸出金融や民間の出資・貸付も含まれているという認識であった。菊池清明『福田総理東南ア歴訪の成果』世界経済研究協会（世界経済リポート№一一七）一九七七年、一八―一九頁。

(66) 外務省、前掲書、三六四―三六五頁。

(67)「朝日」一九七七年八月八日夕刊、八月九日。

(68) この中には、ＡＳＥＡＮ共同プロジェクトへの資金援助（一〇億ドル＝二六七〇億円）が含まれていない。それは正式の契約ではなく、「プロジェクトがフィージブルな場合は協力する」に過ぎないからである。ちなみに福田自身は、自民党本部で元衆院議長の船田中ら党長老を招き今回東南アジア訪問の説明を行った際に、援助の「確定は一三一五億円だけ」（新規援助が八二五億円、交換公文で約束したものが四九〇億円）と述べている（「朝日」一九七七年八月二五日）。この額は表1の総計よりも多いが、それは福田訪問よりも前にすでに決定されていた、インドネシア債権国会議の経済協力枠内での円借款四九〇億円が含まれた額だと考えられる。ちなみに「一三一五億円」という金額は、三月中句に開催された外務・大蔵・通産の三省会議で決定された、「ＡＳＥＡＮへの経済援助一三一〇億円」とほぼ同額である（第四節参照。ビルマ分を引けばむしろマイナスとなる）。ＡＳＥＡＮへの援助増額は大風呂敷を広げたわけでは決してなく、計画的な支出であったことがうかがえる。

(69) タイ発本省着「日・タイ首のう《ママ》会談」一九七七年八月一七日、管理番号二〇一一-〇七二二、作成者不明「総理の東南アジア諸国歴訪関係案件（フィリピン）」管理番号二〇一一-〇〇三三、外交史料館。

(70) インドネシア発本省着「総理・スハルト大統領会談（テータ・テト部分）」一九七七年八月一五日、管理番号二〇一〇-〇〇三一、外交史料館。

(71) タイ発本省着「日本・シンガポール閣僚会談（ＡＳＥＡＮ・ヴィエトナム等）」一九七七年八月一六日、管理番号二〇一一-〇七二三、外交史料館。

(72) 福田赳夫『回顧九〇年』岩波書店、一九九五年、二八八―二八九頁。

(73) タイ発本省着「日・タイ首のう《ママ》会談」一九七七年八月一七日、管理番号二〇一一-〇七二二、外交史料館。

(74) 枝村、前掲論文、二〇〇八年一〇、六六頁、谷野作太郎『外交証言録　アジア外交　回顧と考察』岩波書店、二〇一五年、四一―四二頁。

(75) アジア局「総理の東南アジア歴訪――わが国の東南アジア政策の表明について――」一九七七年七月五日、管理番号二〇一〇-六二四二、外交史料館。ちなみに「福田ドクトリン」という名称の由来は諸説存在し、たとえば曺は緻密な新聞報道分析と関係者のインタビューから、「ドクトリン」は七月二六日にマスコミが名付けたことが発端だと推測している。曺、前掲論文。しかしながら七月五日に谷野が作成したこの文書には、「福田ドクトリン」という名称がすでに使用されていることから、その由来は外務省アジア局だった事実がわかる。さらに「心と心のふれ合い」というフレーズは、六月一〇日に記者会見を行った福田が使用したものである。「朝日」一九七七年六月一一日。谷野はそのフレーズをマニラ・スピーチに入れるように、福田から要請されていた。谷野、前掲書、四五頁。

(76) 越智隆雄『デタント期の日本外交：福田政権の外交枠組み』東京大学大学院法学政治学研究科提出修士論文、二〇〇五年、第二章。論文の閲覧・引用を許可してくださった越智隆雄氏には、記して感謝申し上げます。

(77) アジア局「福田総理のマニラにおけるスピーチ案」七月二二日、管理番号二〇一一-〇三四四、外交史料館。

(78) 枝村、前掲論文、二〇〇八年―一一、八二頁。

(79) 越智、前掲論文、一〇頁。

(80) 「サンケイ」一九七七年八月一〇日。

(81) 枝村、前掲論文、二〇〇八年―一一、八四―八六頁。この五原則をリークした犯人については、園田直官房長官であった可能性を枝村は示唆している（明示はしていない）。枝村は園田のスタンドプレーを苦々しく見ていたようで、たとえば福田が訪問した各国での共同声明は省略するという日本政府の方針を、インドネシアで反故にしたのが園田であった事実を、否定的に論じている。枝村、前掲論文、二〇〇九年―一、九六頁。

(82) 枝村、同前、二〇〇九年―二、八五頁。

(83) 枝村、同前、二〇〇八年―一一、八五頁、谷野、前掲書、四四頁。この作業を行ったのは誰かについて、枝村と谷野の記憶は異なっている。前者は中江と小和田と述べ、後者は西山であると述懐している。

(84) Sudo, *op. cit.*, p. 180.

(85) 枝村、前掲論文、二〇〇九年―一、九九頁。

(86) 報道課「福田総理東南アジア歴訪の成果とマニラ声明――ASEAN各国紙の報道と論評」一九七七年八月二七日、管理番号二〇一〇-〇〇三二、外交史料館。

(87) シンガポール発本省着「総理の東南アジア諸国訪問（評価）」一九七七年八月一九日、管理番号二〇一一-〇七二五、外交史料館。

(88) タイ発本省着「KL首のう《ママ》会議とフクダ《ママ》総理のASEAN歴訪（評価）」一九七七年八月一九日、管理番号二〇一一-〇七二五、外交史料館。

(89) 「毎日」一九七七年八月一七日。

(90) 「毎日」一九七七年八月二〇日。

(91) 清水一史『ASEAN域内経済協力の政治経済学』ミネルヴァ書房、一九九八年、五二頁。

(92)「朝日」一九七八年一二月二二日、一九七九年八月二日。

(93)三上義一「『福田ドクトリン』と経済援助：なぜアセアン・スタベックスは実施されなかったか」『経済評論』一九八四年八月、六二頁。

(94)*Far Eastern Economic Review*, 23 June 1978, pp. 90–91, 22 June 1979, pp. 65–66.

(95)小林、前掲論文、田中康友、前掲論文、四六頁、Lam, *op. cit.*, p 14.

(96)Kuroda, Tomoya, "EC-ASEAN Relations and the Establishment of the Ministerial Conference, 1975–1979," in Claudia Hiepel ed., *ibid*, pp. 245–246.

(97)「福田ドクトリンによって日本は軍事大国にならなかった」と主張する人はいないだろう。それと同様に、ＡＳＥＡＮ諸国へのＯＤＡが増大していなかったならば、それが依然として高水準にあったとしても、日本の従来の政策を踏襲しているに過ぎず、福田ドクトリンの恩恵というわけではない。

(98)詳しくは、Wooldridge, Jeffrey M. *Econometric Analysis of Cross Section and Panel Data*, MIT Press 2010, pp. 147–151.

(99)援助データはＯＥＣＤ、貿易はＩＭＦ、ＧＤＰと人口はWorld Bankの各データベース、距離データに関してはＣＥＰＩＩ（centre d'etudes prospectives et d'informations internationales）のウェブサイトから入手した。

(100)統計分析になじみのない読者のために、表の読み方について若干の解説をしておく。第一に、「対数（logarithm）」とは指数（累乗）と対をなすものである。たとえば一〇の二乗は一〇〇である（指数）のに対して、一〇を底として一〇〇を対数変換すると、二になる（$2=\log_{10}100$）。本分析ではネイピア数（二・七一八二八）を底として、各変数の対数変換を行っている（これを自然対数と呼ぶ）。このような変換を施すのは、人口などが極めて少ない国と多い国の格差を調整するためである。第二に、「切片」とは独立変数がすべて〇のときに、従属変数（本表の場合は対数変換された日本からの二国間ＯＤＡ）がとる値のことである。第三に、「調整済みR-sq」とは、独立変数群が従属変数をどれくらい説明できるかを示す値であり、これが一に近ければ、モデルの説明力が高いことを意味する。そして第四に「p値」とは、ある説明変数の効果がないと仮定したときに、実際に観測された値から、その「効果がないという仮定」が正しいと導き出される確率のことである。つまりこの値が低ければ低いほど、「効果がないという仮定」が正しくない、逆に言えば当該説明変数の効果がある、と主張する強い理由になる。

(101) ちなみに新しい援助政策が施行されるのは翌年ということを勘案して、一九七八年を境として同様の分析を行ったが、結果にほとんど違いはなかった。

(102) 第六節および注(95)、(96)参照。

(103) 枝村、前掲論文、二〇〇九年—二、八二—八四頁。

(104) ちなみに「心と心のふれ合い」というフレーズは、一九六三年に池田勇人首相がインドネシアを訪問した際に使用しており、決して目新しいものではない。「読売」一九六三年九月二七日。

総力戦体制と戦争記録映画

――亀井文夫の日中戦争三部作をめぐって――

大月　功雄

はじめに

日中戦争（抗日戦争）は、近代日本がはじめて経験した総力戦であり、そのもとで新たな芸術を生み出した。そのうちのひとつに、当時「文化映画」と呼ばれた今日の記録映画（ドキュメンタリー映画）がある。[1] 総力戦体制は、戦場と銃後をつなぐ役割を不可欠としており、その役割ははじめ新聞やラジオ、ニュース映画などの報道メディアによって担われていたものの、次第にその領域を文学や映画などの大衆文化にまで広げた。こうして少なくない作家たちが報道では伝わらない〝戦場の現実〟を求めて大陸へと渡っていき、文学では火野葦平の『麦と兵隊』（一九三八年）や林芙美子の『戦線』（三八年）に代表される従軍記文学が生まれ、映画では『上海』（亀井文夫監督、三八年封切）や『南京』（秋元憲監督、三八年）を嚆矢とする戦争記録映画が生まれた。戦争記録映画は、その記録的技法が日中戦争期を代表する戦争映画『土と兵隊』（田坂具隆監督、三九年）や『上海陸戦隊』（熊谷久虎監督、三九年）などにも影響を与えただけでなく、日本の映画界に記録映画という芸術領域そのものを本格的に確立させる契機ともなった。つまり、現在にいたる日本の記録映画は、このとき総力戦を梃子として、本格的に芸術として確立されたのである。(2)

こうした戦争記録映画の製作を先導したのが、東宝映画株式会社の文化映画部、なかでも映画監督・亀井文夫(一九〇八―八七)であった。亀井がその長編初監督作品となる『怒濤を蹴って』(三七年九月)の編集を終えた頃、ときを同じくして三七年七月七日には盧溝橋事件が起き、日本は日中全面戦争へと突入していった。ソヴィエト連邦への映画留学を経て、当時東宝文化映画部に所属していた亀井は、戦争記録映画として日中戦争三部作、すなわち第二次上海事変を記録した『上海』(三八年二月)、日本占領下の北京を撮影した『北京』(三八年九月)、そして武漢攻略作戦の従軍記録映画『戦ふ兵隊』(三九年三月完成)を次々と製作していき、日本映画界でのプレゼンスを確たるものとした。だが、最後の作品『戦ふ兵隊』は陸軍報道部の指示で公開禁止となり、その後、亀井はアジア・太平洋戦争の開戦直前に治安維持法違反容疑で検挙され、みずからの監督免許を剥奪されるにいたった。このような戦時期の経歴から、これまで亀井は「日本の映画界において、徹底的に反戦的であった……唯一の存在」として、敗戦直後から戦後映画界のなかで位置づけられてきた。(3)

本稿は、この戦争記録映画の先駆的な映画監督であった亀井文夫の日中戦争三部作の検討を通じて、総力戦体制が生み出す芸術の可能性と限界について考察するものである。もちろん、亀井とその戦時期の作品はこれまで何度も論じられてきた。とりわけ近年では、『上海』に加えて『戦ふ兵隊』や『北京』のフィルムが新たに発掘されたことによって、従来のシナリオや回想史料だけでなく、実際の映像史料にもとづいた亀井作品の検討が可能となってきた。(4)だが近年の映画研究では、亀井をこれまで通りアプリオリに「反戦作家」として措定したうえで、その映像分析を通じて、『戦ふ兵隊』のみならず『上海』や『北京』などの過去の作品のなかにまで、亀井による何らかの「抵抗」の痕跡を見出そうとするものが少なくない(5)。また他方で、亀井が「反戦作家」ではなくむしろ「戦争協力」の担い手であったと示唆する研究も一部には現れてきているもの(6)の、その場合にはなぜ亀井の『戦ふ兵隊』が公開禁止となったのかがあわせて問われることがなかった。しかし、これまで多くの転向研究や戦時期文化研究が明らかにしてきたように、戦時期の思想・文化活動は「抵抗」と「従属」のどちらか一方には容易に帰着しえない、より複雑な様相を帯びている。亀井の矛盾に満ちた歴史的経験、すなわち『上海』で戦争記録映画の旗手となった亀井が、なぜ公開禁止となるような『戦ふ兵隊』をも生み出すこととなったのか、そこにある「断絶」の意味こそが同時代の文脈に即して慎重に問われなくてはならないのである。そのため本稿は、亀井の日中戦争三部作をふたたび同時代の歴史的文脈のなかに差し戻しながら、亀井に訪れたその「断絶」の意味を明らかにするものである。

一　〝戦場の現実〟——戦争記録映画の胎動

亀井文夫の日中戦争三部作を検討する前に、まずは総力戦体制のもとでなぜ戦争記録映画という新たな映画ジャンルが生まれたのかを考えておきたい。日本の戦争記録映画の記念碑的作品となった亀井文夫の『上海』(三八年二月)は、当時、「劇映画に「五人の斥候兵」を産み、文化映画に「上海」を生んだことを考へると、我が映画界は、事変に感謝してもいいとさへ言へるのである。特に、「上海」を作らせて、一般観客に文化映画の魅力を知らせたことは、大げさに言へば、わが映画界に一新紀元を画したものである」とまで評された(7)。亀井の『上海』という作品は、日本に戦争記録映画という新たな映画ジャンルを切り開いただけでなく、日本の記録映画を芸術として確立させる嚆矢ともなったのである。では、当時『上海』は何がそれほどまで画期的とされたのだろうか。ここでは『上海』という作品を通じて、日本に戦争記録映画という映画ジャンルが成立したその背景をみておきたい。

一九三七年七月の日中戦争の勃発は、日本の民衆に新たな映画体験をもたらした。それまで映画すら観たこともなかった人びとが、当時開館されたばかりのニュース映画館へと詰めかけたのである。盧溝橋事件の翌週には、ニュース映画館は「事変ものが逸早く見られるので好調」（第一地下劇場）、「時局の反映をその客足に物語つて居る」（京都ニュース映画館）など予想外の活況を呈し、その後も「日支事変の拡大につれて、益々人気たかく、連日満員」（朝日ニュース会館）の状況が続いた。(8) 各地でニュース映画館の新設や劇映画館からの「転向」が相次ぎ、三七年の年間映画観覧者数は前年の約二億五千万人から約三億人へと急増するなど、その状況は「今迄映画館の興行は娯楽本位の映画でなければ成立たないと考へられて来た我が映画界に取つて一つの大きな革新」とまで言われた。(9) 映画評論家の飯田心美は、ニュース映画を観た知人たちが口を揃えて「下手な劇映画よりも、遥るかに惹きつけられる」と語るその理由を、「我々は戦争ニュース映画を見てゐるとき、その各シーンに出て来る将兵達を別の世界の人間だと思ふことが出来ない」「みな、いづれも自分の身に関係ある現実の問題としてみつめてゐる」と論じた。(10) 実際、少なくとも日中戦争の勃発直後には、「この事変で東京から出征する軍人も多い」(11) ことや「北支事変に関する知識を得んがため」に、人びとは娯楽映画よりもニュース映画を必要としていたのだった。そのなかには、出征した親族の姿やその情報を求めて、わざわざ農村から東京のニュース映画館へと出向く者までいたという。(12) だがその後、開戦直後の動揺や緊張感も徐々におさまり、三七年一二月の南京陥落を境として、次第にニュース映画もその勢いを失うこととなった。(13)

しかしこのとき、わずか半年ほどではあったものの、かつてないほどに日本の民衆が〝戦場の現実〟を求めてニュース映画を必要としたという事実は、日本の映画界に「映画は〝戦場の現実〟をいかに表現すべきか」という新たな問いを突きつけることとなった。『上海』という作品は、まさにそうした映画界の問いの渦中に生まれた作品であった。

まず『上海』は、これらニュース映画の現地撮影の方法に着想を得ることで、従来の戦争映画から戦争記録映画という新たな映画ジャンルを確立させるものであった。それまで映画が〝戦場の現実〟を描く場合には、戦争映画すなわち劇映画として製作されるのが一般的であった。だが日中戦争の勃発以降、映画界に巻き起こったのは、そうした戦争映画に対する批判だった。もとより内務省は、満州事変の際に「肉弾三勇士」などの粗悪な戦争映画、いわゆる「際物映画」が量産された教訓から、開戦直後にいち早く検閲強化を行うなど、映画会社が「際物映画」を製作することを警戒していた。(14) 三七年九月には、内務省と軍部、映画会社などの関係者による「戦争と映画の大座談会」(『日本映画』三七年一一月)が開催され、座談会では、戦争映画をめぐって内務省と軍部から映画会社へと非難が集中することとなった。内務省事務官の館林三喜男は、「今迄の所、製作されましたのを拝見しますと、際物映画の域を一歩も出て居ない気がします。まるで、事変を侮辱をして居る」とその批判の口火を切り、軍部からも「支那兵を弱い者に扱つて喜劇化することは、国民に益々誤解を与える恐れがある」などとして、「際物映画」がもたらす国民教化上の弊害が相次いで指摘された。さらに他の出席者からも、現在の戦争映画には「軍隊の生活をして居られる方であれば容易に判る様な間違」が多くあり、映画人は〝戦場の現実〟を理解するために一度従軍する必要があることや、今後は新聞社のニュース映画に頼らずに直接「映画会社の人が戦場に撮りに往かれたらい〻」ことなどが提案された。これら内務省や軍部の提案に対して、松竹の城戸四郎が「どんな軍事映画を拵えても、ニュースには絶対敵わない」とあくまで戦争映画の製作自体に消極的な態度を示したのに対し、「従軍することは非常に結構だと思ひますね」などと積極的な態度をとったのが東宝の森岩雄であった。そして実際、東宝はこの懇談会の直後に、大手映画会社としてはいち早く撮影スタッフを中国大陸へと向かわせ、その最初の作品として亀井文夫の『上海』を製作したのだった。当時まだ新興企業であった東宝の社長・植村泰二は、「我々はチャチなスケールに於ける軍事映画は到底ニュース映画に及ばないことを知つたので、劇映画よりも文化映画に専ら力を注いだ」と、その製作方針の転換を直截に語っている。(15) このように、東宝が戦争映画の描く〝戦場の現実〟の凋落をいち早く察知し、他の劇映画会社に先駆けて「文化映画」の製作へと舵を切ったことが、結果的に『上海』という作品を生み出し、東宝をして戦争記録映画の先駆けたらしめることとなったのであった。

だが『上海』は、こうしたニュース映画の記録性を模倣するのみならず、ニュース映画の報道メディアとしての限界をも見極めて、そこから記録映画の芸術化をはかる作品でもあった。なぜなら、すでに早いところでは三七年九月頃から、ニュース映画のマンネリズムが映画評論家や観客たちから相次いで指摘されていたためであった[16]。第一に、当時のニュース映画はその解説（ナレーション）の過剰さが問題とされた。当時ニュース映画は、速報性をもっとも重視しており、そのため解説原稿は十分推敲されていないだけでなく、戦地からネガフィルムが届く前に解説部分だけを先に録音しておくことさえしばしばであった[17]。そのため、ニュース映画は「具体的なる画面に対し、概説的な戦況報告のみに終始」するなど映像と解説に乖離が生まれ、しかも解説者にはラジオ放送のアナウンサーを起用していたために、映像固有の情報を踏まえないその解説の過剰さが難点とされた[18]。それに対して『上海』は、そもそも映像に即した解説を生業としていた松井翠聲という元活動弁士を解説者に起用するものであった。したがって『上海』は、「饒舌な説明が殆んどない。静かな落ち着いた調子でゆるやかな場面の動きと共に語られてゆく」「日本の記録映画としては、珍しくアナウンスの少ない」ことなどが、当時の観客や映画評論家たちから評価されたのであった[19]。また第二に、ニュース映画はそのアフレコ音声が問題とされた。当時ニュース映画は、「同時録音だつたら却つてい、写真は撮れません」「今はサウンドが発達したから必要はないのです」と、撮影隊が前線まで大がかりな録音機材を持ち込むことはせず、戦場の銃砲や戦車、日本軍の「万歳」などの音声はすべてアフレコで録音していた[20]。だが、こうした戦場のアフレコ音声は、その事実が一度明らかになると、「ニュウス映画の生命であるリアリティを害する危険が大いにある」などとして、繰り返し非難されることとなった[21]。これに対して『上海』は、当時ニュース映画が行っていなかった現地同時録音の技術をいち早く導入することで、〝戦場の現実〟を音声レベルでも再現する先駆けとして、みずからを「現地同時録音の壮挙になる記録映画の立体篇」と主張する作品であった[22]。そして第三は、ニュース映画の断片的性格という問題であった。すなわち、ニュース映画は個別の「戦況」を超えて「戦争」全体を意味づけることができないという、ニュース映画にとって技巧的問題を超えたより本質的な問題であった。このニュース映画の断片的性格に対して、映画評論家たちからは「〔個々の〕その戦闘が戦局全体に対して、どんな意義があるかを、はっきりさせたい」「説明があまりにもその場限りで事変全体からの関係が薄弱である」などの声が続出したが、(23)しかしそれは同時にニュース映画の「短編」という形式そのものの限界でもあった。そしてここにこそ、『上海』という作品が「長編」の戦争記録映画として生まれてくる理由があった。すなわち、かつて戦争映画が試みたように、個別の「戦況」だけでなく「戦争」全体を意味づけるひとつの「物語」として、このときニュース映画を戦争記録映画という形式へと飛躍させる必要があったのである。当時『上海』が、映画評論家たちから「ニュース映画と違つて芸術家の眼がある」「単なる報道映画の形態を離れた一つのまとまつた記録映画の形式を具へた長編の成功」などと評されたのは、(24)戦争の長期化にともなって断片的な「報道」だけではなく総合的な「芸術」としての性格をもった新たな映画形式がこの局面で要請されたためであった。

こうして『上海』に始まる日本の戦争記録映画は、戦争映画とニュース映画の双方の陥穽を克服することで、新たな映画ジャンルとして確立されることとなった。すなわち戦争記録映画は、ニュース映画以上にその記録性を追求すると同時に、戦争映画と同様に戦争全体に何らかの意味を与える物語性を担うものとして、このとき生起することとなったのである。その道程は、日中戦争勃発直後の日本民衆の記録映画体験を起点に置きながらも、そこから国家は国民教化のために、映画会社は新たな市場のために、また映画評論家たちは映画芸術の発展のために、各々の利害関心にもとづきながら、さらなる〝戦場の現実〟を映画表現のなかに追求していった結果でもあった。では実際、『上海』という作品は、どのような〝戦場の現実〟を記録し、いかなる物語として日中戦争を意味づけていったのだろうか。そして亀井文夫は、こうして確立された戦争記録映画という枠組みのなかで、日中戦争の現実にどのように対峙していったのだろうか。亀井の日中戦争三部作の展開に即して次にみていきたい。

二　『上海』——帝国の「挟雑物」

亀井文夫の日中戦争三部作の第一作目である『上海』（三八年二月）は、日中戦争の華中拡大を告げた第二次上海事変（三七年八——一〇月）の記録映画であった。『上海』は、「劇映画の領域に堂々対立する境地を拓いた」「今次事変に主材した記録映画では蓋し最高の作品」などと高く評価され、記録映画としては珍しく三八年度のキネマ旬報ベストテン第四位に選出されるなど、亀井文夫の名を映画界に一躍知らしめる作品となった(25)。本作は、元活動弁士の松井翠聲の解説を案内役としながら、すでに廃墟と化した閘北市街戦や呉淞上陸作戦などの戦跡各地をたどることで、第二次上海事変の全容を事後的に伝える作品であった。当時のニュース映画が、実際の交戦シーンとアフレコ音声を用いてその戦況を勇ましく報じていたのに対し、『上海』はそうした戦場のスペクタクルをあくまで戦跡に残された「痕跡」として、すなわち廃墟に残る砲弾の跡や、戦死した日本兵の遺品や墓標、また現地日本兵による回想インタビューなどによって、松井の解説とともに伝える作品であった。したがって、『上海』から直接砲声などが聴こえてくることはなく、その寂然とした印象から「生々しい戦場の跡といふものを寂しい「詩」として描いてゐる」と当時評されたほどであった(26)。

だが『上海』は、そうした寂然とした印象にもかかわらず、少なくとも作品全体をつらぬく次の二つの論理によって、日本帝国の物語へと着実に理路づけられた作品でもあった。そのひとつが、松井翠聲の解説による〈暴支膺懲〉の論理である。当時、松井の解説がニュース映画と比較して好評を博していたことはすでにみてきた通りである。だが注意すべきは、そのような松井の解説こそが、本作のなかでは解説という立場から作品全体を何らかの物語として方向づける役割をも果たしているという点である。実際、『上海』の松井の解説は、上海での抗日運動の「漢奸狩り」の残虐性に触れては、「かくて暴支膺懲の鉄槌を下す日が、我々の時代に課せられたのであります」と宣言し、また中国に便宜をはかったとする租界各国に対しては、「抗日分子や便衣隊を擁護する第三国に何を期待することができましょうか。日本は各国の権益までを守って、いまや大上海に進出しました」と説くなど、中国や「援蔣」勢力への敵愾心を煽ることで、日本帝国の「大義」を講ずるといった場面が少なくない。そのうえ本作では、こうした松井の解説が、作品のなかにたびたび現れる日本兵戦死者の存在、すなわちかれらの遺品や墓標、戦死者をめぐる回想インタビューなどによって、それらが暗示する「犠牲」の大きさと引き換えにして、その〈暴支膺懲〉の論理にさらなる迫真性が付与される構図ともなっているのである。

また『上海』にみられるもうひとつの論理は、日本軍による中国民衆への〈恩恵〉の論理である。東宝がニュース映画に先駆けて導入した先にみた同時録音の技術は、ここにおいて中国民衆の「肉声」を銃後へと直接伝えるための決定的な役割を果たしている。すなわち、日本軍の占領に対する中国民衆からの「感謝」の言葉が、この同時録音の技術によって、あたかも〝戦場の現実〟の声として直接引き出されているのである。とりわけそれは、日本兵が中国民衆と交流するシーンに多用されている。たとえば本作では、日本軍将校が中国人捕虜に対して「身体の具合は別に何事ないか」「食事も十分食べてるか」と声をかけ、中国人捕虜が「別に不自由を感じておりません」と通訳を介して返事をする場面や、「日本の兵隊さんは好きか」と日本兵に訊ねられて「おかしやキャラメルをくれるから大好きです」と返事をする中国人孤児との会話などが、この同時録音の技術によって記録されているのである。またこうした〈恩恵〉の論理は、直接言葉を交わさないまでも、日本軍からの配給米を心待ちにする中国民衆の笑顔や、日本兵と戯れたり物をもらったりして歓喜する中国の子どもたちの姿としても、本作のなかでは体現されている。このように『上海』では、日本兵と中国民衆との交流の場面を描くことで、日本軍による上海の占領統治が現地の民衆に「恩恵」をもたらし、また実際に「感謝」もされているという物語が演出されているのである。

では、こうした日本の帝国主義を正当化する物語は、亀井文夫その人の演出によるものだったのだろうか。そもそも『上海』という作品は、東宝が松井翠聲の上海見聞録をもとに、松井本人に「戦争のニュースは沢山来て居るから、さうでない姿の上海を作つて見たらどうか」と持ちかけ、その後、陸海軍に後援を「逆に頼みに行つた」作品でもあった。(27) したがって本作は、現地撮影にも同行した松井の「プラン」なるものに沿って、撮影者・三木茂が事変終結直後の三七年一一月から一二月にかけて撮影したものであって、亀井自身は撮影には同行せず、ただ日本に届けられたフィルムの編集を担当したのみであった。そのため、松井のこれらの「プラン」が最初から亀井の意図にはそぐわないもので、むしろそれらに対して亀井が編集の段階で何らかの「抵抗」を示していることも十分に考えられる。そして、そのとき焦点となる場面が『上海』にはひとつある。それが『上海』でもっとも有名とされる、日本軍の共同租界行進シーンである。

『上海』には、上海事変を制した日本軍が三七年一二月三日に上海の共同租界やフランス租界で行進を敢行する様子が収められている。松井の解説が「この行進こそはあらゆる意味において上海の黎明を意味する画期的なものでありました」と謳い上げるこのシーンでは、日本軍のファンファーレ行進がはじまり、それを取り囲むようにして日章旗を掲げながら「万歳」の歓声を上げる日本人居留民たちの姿がまず映し出される。だがしばらくすると、それら歓喜する日本人群衆の先に無表情でたたずむ西洋人たちの姿がわずかに映り込みはじめ、その後映像は日本軍の行進をいぶかしい顔つきでながめ続ける中国民衆たちの姿へと完全に切り変わっていく。そしてそれら中国民衆の冷酷なまなざしは、日本人居留民たちの歓喜の姿に対して、実に倍近くの尺が亀井の「編集」によって与えられているのである。

たしかにこのシーンは、日本軍による占領が中国民衆に〈恩恵〉を与えているとした、先にみたような作品全体に施された演出からは異質なものだと言えよう。しかも当時、「時局ニュース映画を見て、胸打たれる情景の一つは、日の丸の旗を振りながら、日本軍を歓迎する支那の民衆の図である」という声もあっただけに、[28]それは相当浮き上がってみえたに違いない。このシーンに関して野田眞吉は、『上海』は松井の「軍国主義のうわずった言葉」による解説とは対照的に、この日本軍の共同租界行進をみつめる中国民衆の「冷めたい、だが深い憎しみと怒りを込めた顔」にみられる通り、「映像は解説の言葉を裏切りつづける」演出となっているのだとして、「戦前の我国において反戦映画といえるものがあるとするならば、私はあえて『上海』をただ一つ推したい」とまで語った。[29]だが、このシーンの演出意図について、当時の亀井自身が「記録映画と構成」(『映画評論』三八年六月)のなかで次のように論じていたことは、そこに「抵抗」の契機を見出そうとしていた私たちを当惑させる。

映画『上海』の中に、租界行進の場面がある。僕等はこの場面で、内地の日本人達に、胸のすく様な歓喜を感じさせようと試みた。/その為に、最初に、英国が上海に於て如何に強大な支配的位置にあるかを説明し、更にその英国が、日本軍の作戦を少なからず妨害してきた事情を説明した。……そして、英国に対する反感を充分にあほつて置いて、はじめて、その英国の巣である共同租界を、実力を以つて行進してゆく日本軍の歩武を示した。……この構成意企は誤つてゐないと思ふ。だが、その間に不必要な挾雑物が入り過ぎたために、この試みは成功しなかつた。(六〇―六一頁)

ここで亀井が演出上の都合から「不必要な挾雑物」と語っている存在こそが、このシーンに写り込んだあの中国民衆の姿にほかならない。このように偶然にもキャメラが写し取ってしまった現実の中国民衆の姿が、あらかじめ用意された演出上の都合によって「不必要な挾雑物」と語られるとき、現実を映し出すはずの記録映画なるものは明らかにひとつの倒錯を起こしていると言えよう。とはいえ、これらの亀井の発言はあくまで戦時下の映画雑誌上で発せられた言辞であり、それらを亀井の本心として字義通りに受けとるべきではないのかもしれない。むしろ、ここまで明瞭にその意図の「失敗」について述べていることからも、亀井の本心はここで語られた意図の「失敗」の側にこそあったという逆説的な解釈さえ不可能ではないだろう。だが、次作『北京』をみるならば、むしろ亀井はその記録映画の倒錯をより徹底する方向へと向かっているようにみえるのである。

三　『北京』――「空想」の植民地

亀井文夫の『北京』（三八年九月）は、日中戦争にともなって新たに日本軍占領地となった北京（北平）を舞台とした記録映画である。『北京』は、『上海』が「生々しい戦跡」を記録した作品であったのに対して、北京という都市を「〔日本軍占領という〕次代の建設部面」に主眼を置きながら、松井翠聲の解説によって「〔名所案内〕風」に描いた作品だと評された(30)。亀井は本作でも現地の撮影には同行せずに同じく編集を担当しただけであったが、重要なことは、本作では亀井自身が事前に撮影すべき素材をシナリオにまとめ、現地へと向かう撮影者・川口政一にそれにもとづいた撮影（三八年三―五月）を依頼しているという点である。したがって、『北京』は『上海』よりも亀井の意図がより直接的に反映された作品だと言えよう。亀井は本作の「製作の意図」を、「北京雑記」（『映画情報』三八年九月）のなかで次のように述べている。

> 最も美しいものと、最も悲惨なものとが、同時に存在している支那。／そして、その最も悲惨な生活こそ、最も美しいものを造る為に犠牲となつて生れ出た遺産なのであらうと考へた時、この古都北京を描く事に非常な興味を覚えた。こゝに、支那の救ひのない所以が、秘められている様な気がした。／過去の美しい夢の中に、古い子守歌をきゝながら、退嬰の眠りをさぼ《ママ》つてゐる北京の姿を、その壚に描かうとしたのが、僕等の映画「北京」なのである。（六八頁）

亀井がここで語る「最も美しいもの」とは、作品の序盤部分で案内される北京の紫禁城などの過去の故宮文化を指しており、また「最も悲惨なもの」とは、こうした故宮文化の「犠牲」となってきたとされる現在の北京の民衆生活を指している。この北京の民衆生活の描写は作品の中盤部分を占めており、そこでは実際の北京で撮影された露店や商店、盛り場などにおける人びとの活気のある姿が描かれている（「梨やーい」「天津饅頭！」「赤大根に白菜！」）。だが注意すべきは、『北京』という記録映画は亀井が述べているような「北京の姿を、その墟に描かうとした」ものでは決してないということだ。むしろそれは、亀井自身が別所で『北京』を記録映画のなかの「恋愛もの」として位置づけ、性的ファンタスムを纏わせながら「北京を空想し、そのふところに飛び込んで、心ゆくまで陶酔してみたい」とその企図を記していたことからも明らかである(31)。

亀井がそれにもとづく撮影を依頼した「記録映画しなりお・北京」（『映画評論』三八年六月）を繙けば、そこには華北を「第二の満州国」とすることをめざした日本の植民地主義の思想が看取できる。そのシナリオには、撮影すべき項目がいくつも列挙されているのだが、たとえば「北京人気質」という項目では、「頑強に因習を護る彼等の生活を研究して、キャッチされたし。／しかも、この因習を打破せずしては、新しい支那の建設は不可能なのである」と、撮影すべき北京の民衆の「気質」なるものが、「新しい支那の建設」のためにあらかじめ「打破」されるべきものとして指定されている。またほかの項目では、「首席、王克敏氏に、陋習打破と、新しい民衆生活建設に就て話して貰はう」と、三七年一二月に日本が成立させた傀儡政府・中華民国臨時政府への取材が指示され、また「支那小学生が日本語を習つてゐるだらう」その姿を「支那人小学校」で撮影してくるようにも指示している。ただし、このシナリオの執筆者には、亀井のほかにも二人の名前（稲垣一穂・秋山憲）が含まれているため、これらの指示が直接亀井個人によるものかまでは特定できない。だが亀井自身が「今度の事変を契機として、大和民族がどういふ風に進出して、どういふ次の支那が現われるか。それを記録映画として出したかつた。それで不完全ながら脚本を書いた」と語っていることからも(32)、少なくとも亀井がこれらの項目を共同で指示したということは事実だと言えよう。

これらの撮影指示は、実際の完成した作品のなかでは〈日華融和〉の論理として現れている。それはとりわけ作品の終盤部分に集中しており、前北京特別市長・江朝宗による「現今の時勢に於いては／日華は融和を計り／両国の安泰の為に／東洋平和建設に努力せねばなりません」といった挨拶や、臨時政府とともに創設された民衆教化団体・中華民国新民会の「新民の歌」の合唱、さらには北京の電話交換局で中国人労働者たちと日本人女性たちとが隣り合わせで働く様子などの演出として現れている。また『上海』と同様に『北京』でも〈暴支膺懲〉と〈恩恵〉の論理はそれぞれ引き継がれており、たとえばそれらは、「昨夜来敗退する蔣介石軍は開封以西の黄河を缺潰させました／蔣軍断末魔の窮策です」「数百万の良民を死地に陥れ／家・畠・人畜が一瞬に全て濁流に呑まれてゆく有様は凄惨の極みです」と蔣介石の黄河南岸堤防爆破のラジオニュースを不安そうに聞く中国民衆の姿や、また「稼ぎがあつたかい？」「日本人の客が増えたので忙しくなつた」「そりやよかつたね／お前兄さんになにか買つて貰ひな」「兄ちゃん／明日おもちやを買つてね」「買つてやろう」といった、ある中国人家族たちの日本人にまつわる会話などの演出として施されている。

これらを鑑みれば、亀井の『北京』という作品が「北京の姿を、その墟に描かうとした」ものでは決してなく、むしろ日本の植民地支配の「理想／空想」を投影させた物語だったことは明らかだろう。もちろん日中戦争の勃発直後から、内務省や軍部が「文化映画」に対しても「国民ニ対シ我国策ノ周知徹底ニ努メ国論ノ統一ニ資スルコト」とその国民教化の役割をいち早く要請していたことからも(33)、当時そうしたいわゆる「国策映画」を「建前」としては誰もが製作せざるをえなかったわけで、それは特段亀井に限られた事情でもなかったと言えよう。ただ、こうした「国策映画」としての演出を亀井個人が積極的に手がけていたかといえば、それは微妙なところである。当時亀井は「今のやうな情勢で、客観的な眼でいつもやつたら大問題を惹起すと思ふ。その点で何か態度が決らない」「階級的なものだと誤解されちやふでせう。それが怖いんです」と、この時代に演出に携わることへの恐れや葛藤を吐露していた(34)。

実際に『北京』の撮影直前の三八年二月には、石川達三の「生きてゐる兵隊」を掲載した『中央公論』が発禁処分となっており、また映画界でも日中戦争にともなって「我国最初の文化立法」とされる映画法（三九年四月公布、一〇月施行）の制定に向けて急速に議論が高まり、「とにかく映画は、其の持つ威力の絶大なる故に、国民の思想的団結の強化のために、思想政策の一翼として、最前線に積極的に動員されなければならない」と声高に喧伝される状況にあった。(35) そのようななか、亀井は『北京』で何らかの「抵抗」の痕跡を刻んでいたというよりは、たとえ消極的であったとしても時代の要請する「国策映画」を粛々とつくり続けていたというのが実際なのではないだろうか。事実、亀井の『北京』は『上海』とともに検閲当局の内務省警保局からも、「国民に深き感銘を与え、精神作興上裨益するところ少からざるものがあるのみならず、又一面に於て文化映画のひとつの方向を指示するものとして充分賞賛するに値するもの」だとして、特記して推薦された「優秀なる文化映画」でもあった。(36) このことは、たとえ亀井自身が作品に何らかの「抵抗」の痕跡を刻んでいたとしても、それらが少なくとも完成した作品の質を転覆させるほどの強度を現実には持ちえていなかったことを剔抉している。

だが、こうした亀井の映画への関与の仕方は、それが消極的であるがゆえにあるひとつの問題をも引き起こした。亀井と映画評論家たちの座談会「『北京』をめぐって」（『キネマ旬報』三八年八月一一日）では、亀井が『北京』で現地撮影に同行していなかったことが明らかとなり、そのことで亀井は映画評論家たちから集中非難を浴びることとなったのだ。そこでは、亀井の『北京』について、「空想的記録映画」（清水千代太）、「観念的な割り方」（内田岐三雄）、「この映画の場合は本当の北京ぢやないと思いますよ」「矢張り日本人として行つて見た眼が必要だと思う」（筈見恒夫）、「現地を知らんといふことは一つの記録映画製作者の立場としていけないでせうね」（飯田心美）などの非難が相次ぎ、亀井も当初は「〔現地へ行くなど〕そういうことをやることは馬鹿々々しいことなんですよ」「北京もそうですし、上海も行かないのです」とその態度を頑なに固持していたものの、座談会の終盤には渋々ながら次作から現地へと同行することを約束するにいたった。その結果、亀井は次作『戦ふ兵隊』において、先にみた日中戦争への「空想」にもとづく関与から、遂に現実の戦場へとみずからを投企することを余儀なくされたのであった。

四 『戦ふ兵隊』――沈黙という抵抗

亀井文夫の日中戦争三部作の最後の作品『戦ふ兵隊』(三九年三月完成、公開禁止)は、日中戦争で最大規模の戦闘となった武漢攻略作戦(三八年八―一〇月)の記録映画であった。当時、蔣介石国民政府は南京から重慶への遷都にともない、暫定的にその首都機能を武漢(武昌・漢口・漢陽の三鎮)に置いていた。日本は日中戦争の早期決着を果たすべく、この武漢三鎮の攻略を急いだ。その武漢攻略作戦に、軍報道部の協力のもと従軍して撮影したのが『戦ふ兵隊』であった。亀井は先の『北京』座談会での批判を受けて、撮影者・三木茂らとともに四ヶ月間(三八年八―一二月)、中国大陸に渡ってはじめて撮影に同行した。だが完成した『戦ふ兵隊』は、映画雑誌上で半年前から大々的な広報を重ねていたにもかかわらず、試写会後に陸軍からの反感を買った結果、公開禁止を余儀なくされた。(37)

亀井は公開禁止の直前、『戦ふ兵隊』の製作意図を「『戦ふ兵隊』からの経験」(『キネマ旬報』三九年四月一日)のなかで次のように記していた。そもそも亀井は、戦地へと出発する前には「壮大な戦争の大スペクタクル」の撮影を予定していたものの、実際に戦地に到着してみると「自分等は手も足も出ない状態」であり、「そんなプランを机上で空想した自分等が莫迦々々しくも、おかしかつた」と、当初想定していた企画の変更を余儀なくされたという。そしてその結果、亀井は『戦ふ兵隊』では「人間が創造し得る最大の嵐である戦争、この能動的な力を描くのではなくて、この力の許にある人間を描かう」とその主題の変更を行い、「人間」すなわち「美しい生活者」としての「兵隊達」の撮影を企図したのだと語る。だがこの主題の変更こそが、結果的に『戦ふ兵隊』という作品を公開禁止へと導くこととなった。その理由は、主題の変更に関わって大きく二つあげられる。

まずひとつは、この主題の変更が『戦ふ兵隊』のなかに「疲れた兵隊」としての日本兵の姿を映り込ませたためであった。『戦ふ兵隊』という作品は、たしかに作品の中盤では、表題通り「戦ふ兵隊」として交戦と行進を繰り返す日本兵たちの姿が収められているものの、たとえば序盤部分にみられるように、野営で食事の用意をしたり、武器の手入れをするなどの「美しい生活者」としての日本兵たちの姿もまた描かれている。だが本作で、こうした「生活する兵隊」の姿が問題となるのは、亀井が作品の終盤でみせた、漢口入城行進を果たした直後の日本兵たちの姿である。そこでは、「兵隊は／武勲を語らない／名誉を思はない／ただ／大いなる事業を／果した後の／快い疲れを休めて／静かに楽しんでゐる」というテロップのあと、次々と疲れ果てた表情で地べたへと座り込む日本兵たちの姿が映し出され、さらにその直後の「兵隊は／荒涼たる戦場を／超えて来たのだ」というテロップのあとには、そうして座り込んだ日本兵たちの蝿が群がる破れた軍服姿などがゆっくりと映し出されていく。そして本作においては、これら一連の「疲れた兵隊」の姿こそが、亀井が日本兵に与えた最後の登場シーンともなっているのである。[38] こうした日本兵を「疲れた兵隊」として終わらせていく亀井の演出は、当時内務省と軍部が映画関係者に公示していた「事変に取材せる映画の製作に関する事項」(『日本映画』三七年一一月)のうち、「描写陰惨、惨酷に過ぎ却て戦争を恐怖嫌悪するの念を惹起せしめ或は兵役義務心を消磨せしむるが如きことなきよう留意すること」や、「皇軍の名誉威信を損し又は軍紀の厳正を疑わしむるが如きことなきよう留意すること」に、抵触したことは想像に難くない。また、『戦ふ兵隊』が製作された同年、戦争映画としては唯一内務省推奨作品に選ばれた『土と兵隊』(田坂具隆監督、三九年)のラスト・シーンと比較してみても、『土と兵隊』のそれが戦勝に祝杯をあげる軍歌まじりの酒宴と、ふたたびそこから勇ましく行進していく日本兵の姿で物語を終えていることを鑑みれば、亀井のとった「疲れた兵隊」で終わらせるこの演出がいかに異色だったかが窺い知れるだろう。

他方、先の亀井の「この力〔戦争〕の許にある人間を描かう」という企画の変更は、日本兵だけでなくもうひとつの存在をも主題に据えさせた。そのもうひとつの主題こそ、ほかならぬ中国民衆の存在であった。亀井は『戦ふ兵隊』で、作品全体の要とも言えるファースト・シーンとラスト・シーンをともにその主題に捧げていることからも、亀井の関心としてはむしろその中国の民衆を描くことの方が大きかったとさえみえなくもない。たとえば『戦ふ兵隊』の冒頭は、「いま大陸は／新しい秩序を／生み出すために／烈しい陣痛を／体験してゐる」という両義的なテロップのあと、悲壮感ただよう音楽とともに、燃え立つ民家のそばで途方に暮れ、家財を抱えながら移動を余儀なくされた中国の民衆たちの姿で始まっている。また続く作品序盤では、「また／部隊が去つた／その日から／農民は／働きはじめる」「しかも／こゝには最早や／戦火のうれひが／なくなつたのだ」というテロップとともに、日本軍が前進して立ち去った土地に中国の民衆が戻ってきて、その荒らされた大地を耕しなおし、壊された家屋を修繕していく姿などが映し出される。さらに決定的なのは、先ほどの漢口入城を果たした「疲れた兵隊」の直後に訪れる本作全体のラスト・シーンである。そこでは直前の「疲れた兵隊」の姿と対比させるように、「この日／早や裏町には／文字通り焦土の中に／うごめく／生活の意欲をみた」と、瓦礫のなかから生活財を懸命にひろい集める中国民衆の姿が映し出され、路地裏で遊ぶ子どもたちや歓談する女性たち、街中を歩きまわる人びとの姿などが生彩に描かれていく。これら中国民衆の姿が、路地に座り込んだまま動けず、会話を交わすことすらままならない先の「疲れた兵隊」たちの姿とは、鋭いコントラストをなしていることは明らかだろう。しかも撮影者の三木茂が、「其後〔漢口陥落後〕私たちは漢口に二ヶ月あまり滞在した。それは破壊された跡から、燃えきつた土の下から……辛抱強い忍従さで立上る支那人の生活にカメラを向けたからであつた」と記しているように(39)、亀井らはこのラスト・シーンの撮影のために、実に滞在期間の半分に当たる二ヶ月あまりを費やしていたのだった。

だが、亀井は先の「『戦ふ兵隊』からの経験」のなかで意味深長なことも語っている。

あらゆる芸術が、今の様な国家の境遇にあつては、積極的に国家の公式的なプランに参加すべきは当然である。だが、芸術には一面、つねに人間性の美しさを追及する処の、時代と国境を超えた本能のある事は否定出来ない。／しかし、映画は、他の芸術と違う。映画とラヂオは、時代性乃至宣伝性が生命だ、といふむきもある。この言葉は、一応映画やラヂオの特性を説明はしてゐるが、正しくはない。映画も亦、芸術の本能を失ふべきではない。「戦ふ兵隊」は、必ずしも国家の公式的なプランに陽性的なテーマを示してゐない。だが、この時代に、国家のプランに積極的に参加した人々への、愛情を、作者は常に忘れえなかつたのだ。（一〇五頁）

ここでは、亀井のなかで二つの矛盾した主張が拮抗していることがわかるだろう。すなわち亀井は、一方では「つねに人間性の美しさを追及する処の、時代と国境を超えた本能」として、映画を国家の要請から解放させようと志向しているものの、他方で「この時代に、国家のプランに積極的に参加した人々」への賛辞を通じて、ふたたび映画をナショナルな枠組みのなかに閉ざそうともしているのだ。このような国家の論理への揺り戻しは、実際に『戦ふ兵隊』の作品解釈をめぐっても同じく現前してくることとなる。

なぜなら、先にみた『戦ふ兵隊』での亀井の演出は、すべて日本の「国家のプラン」の側へと理路づけることもまた不可能ではないからだ。たとえば、亀井自身がこれまで『上海』や『北京』で用いてきた〈暴支膺懲〉と〈恩恵〉の論理をそれらの映像に充てがうならば、あの中国民衆の戦禍とはほかならぬ蔣介石国民政府の抵抗がもたらした「犠牲」であり、また、あの中国民衆が生活を再建する姿とは日本軍の占領によってようやくもたらされた「恩恵」だという解釈も十分に可能だからである。実際、こうした〈暴支膺懲〉と〈恩恵〉の論理は、同じく武漢攻略作戦に従軍していたペン部隊たちの従軍記のなかにも散見できる。たとえば、ペン部隊の「漢口一番乗り」で話題となった林芙美子は、その従軍記『戦線』（三八年）のなかで、「支那兵の死体がるいるい」とする戦場を前に「蔣介石はこんなに沢山の犠牲を払つても、なほかつ、超然としてゐられるのかしら？」と国民政府に対して憤りを覚えたし、また来るべき日本占領後の漢口を想って「漢口の女よ／やがてまた春が来て／よびかへされた鶯となりて／新なる至上のものに／明日在る生活をたがやし給へ」とも詠んでいた(40)。また同様に、石川達三はその従軍記『武漢作戦』（四〇年）のなかで、中国の燃え立つ民家のことを「敵が退去するときに放火して行つた火事」だったとも記していた(41)。こうした同時代にありふれていた論理を映像に充てがうならば、当時亀井が『戦ふ兵隊』でみせた演出を「国家のプラン」の側へと理路づけることは、むしろ容易だったとさえ言えるのである。

ではなおのこと、なぜ『戦ふ兵隊』は公開禁止となったのだろうか。そこには亀井が『戦ふ兵隊』で採用したある演出上の方法がひとつ介在している。『戦ふ兵隊』には、同じ東宝文化映画部のなかで製作され、横並びで宣伝もされていたが、公開禁止によって袂を分かつこととなったある作品がある。それが武漢攻略作戦のもうひとつの従軍記録映画『揚子江艦隊』（木村荘十二監督、三九年二月公開）である。この『揚子江艦隊』は、公開禁止をもたらした亀井の演出を知るための重要な手がかりを示している。『揚子江艦隊』のラスト・シーンは、例によって漢口入城を果たす日本軍行進の勇姿で終わっているのだが、『戦ふ兵隊』と決定的に異なるのはこの日本軍行進の勇ましさばかりではない。むしろ注目すべきは、その映像に意味を与える「解説」という存在である。『揚子江艦隊』のラストの解説を一瞥しておこう。

かつての日、栄華を誇った漢口日本租界のわが権益も、悪逆無道の蔣介石軍の手によって、見るも無残、廃墟と化してしまったのであります。……しかし、この廃墟の中からも生まれ出んとする新東亜の姿は、すでに芽生えております。鼓舞堂々の行進を続ける我が皇軍将兵の高らかな力強い靴の響きに、皆さまはそれをお感じにはなりませんか。破壊より建設へ、新東亜再建の第一歩の重し使命を遂行した我が揚子江遡行作戦部隊の働きこそ、同胞一億の決して忘れることのできない不滅の功績であります。

ここでは映像を意味づけるために、国家の論理が横溢せんとばかりに動員されていることがわかるだろう。もちろん、かつての亀井もまたこれと同様の役割を松井翠聲に担わせてきたことは、すでにみてきた通りである。だが奇妙なことに、『戦ふ兵隊』では、記録映画に不可欠とも言えるこの種の解説が一切行われなくなっているのである。作品全体から解説自体を廃するこの演出は、当時のニュース映画や記録映画のなかできわめて異例の演出だったと言えよう。しかもこの演出方法は、亀井自身が当時「説明的ではなく、観客の想像性の中に構成してゆく」ために「今度はアナウンスを全然使わない」のだと論じていたことからも、きわめて自覚的に採用されていたことがわかる（「『戦ふ兵隊』からの経験」）。こうした解説の不在は、『戦ふ兵隊』で映し出されたそれぞれの映像に対して、その意味を宙吊りにさせる効果をもたらす。つまり、それらの映像の意味の空白を埋めるのは、製作者ではなく解釈者の側に開かれているのである。あるいはこう言い換えることもできる。製作者は、その意味づけにみずからが加担することを拒むために、あえて沈黙しているのだとも。

たとえば、『戦ふ兵隊』の冒頭部分の中国民衆の戦禍は誰がもたらしたものなのか。これについて映像は黙秘を決め込んでいる。そこではただ、民家を燃やされ途方に暮れている人びとや、移動を余儀なくされた人びとの姿が、一方的に映し出されているだけなのである。だが、撮影者の三木が記した撮影日録「戦ふ兵隊」（『東宝映画』三九年二月）をみるならば、事実は次のようなものであったことがわかる。

〈十月九日〉ちかごろ九江——星子間の連絡路が敵の後方撹乱にあつて屡々危険に襲はれる様になった。／〇〇を通過する平沼自動車隊は、輸送の安全道路守備の必要上から軍特務部と協力して残敵討伐の行動を起した。この附近の残敵は巧みに土民の中に交りこんで良民との区別がつかない様に隠れたのである。日本軍の人道的態度は、彼等にとつてよき隠れ場所であった。／私はカメラを持つてこの日の討伐隊に加わった。／〈十月一二日〉隘口街が陥ちた。／この附近の土民が四百名位夕日を浴びて避難してゆく悲壮な有様をうつす。／長期抗戦を叫ぶ蒋介石政権の犠牲となつた哀れな農民の姿は涙なくして見ることができない。（九頁）

民家が燃やされて嘆く人びとの姿は、このとき日本軍の「残敵討伐」の際に撮影されたものであろう。したがってその戦禍とは、直接には日本軍がもたらしたものだったと言えよう。だが、それを撮影していた三木ですらここで、「長期抗戦を叫ぶ蔣介石政権の犠牲」として、それら中国民衆の戦禍を理解していたことは注目に値する。亀井もまたこの三木と同じく、これらの映像にこれまで通りの〈暴支膺懲〉の論理を付与することは十分に可能だったはずである。それにもかかわらず、『戦ふ兵隊』では、亀井はこのような確定的な意味づけの一切を拒絶した。実際、亀井は『戦ふ兵隊』の公開禁止の直後に記した「記録映画と真実と」(『映画評論』三九年五月)のなかで、「真実を語ってはいけないどころか、時に嘘だつて、本当らしく、積極的に宣伝しなければいけないこともある。真実も、くそも、あつたものではない。要は、国家の当面の利益だからである」と、国家のために「真実」を歪曲してまで「時に嘘だつて、本当らしく、積極的に宣伝しなければいけないこと」に対して、激しい嫌悪感をあらわにしていたのだった。

こうした亀井の意味づけの拒絶は、『戦ふ兵隊』での〈恩恵〉の論理の不在にもよく現れている。これまで〈恩恵〉の論理は、日本兵との交流や中国民衆からの「感謝」の言葉として成立していたが、『戦ふ兵隊』にはそのようなシーンがどこにも見当たらないのである。したがって映像それ自体では、中国民衆はあたかも日本軍の〈恩恵〉からは独立した存在として映し出されており、両者の関係はあらかじめ切断されている。そのために観る者の側こそが意識的にその切断された関係に何らかの論理を当てはめていかなければならないのだが、それでも最後までその解釈には確定性が与えられないまま作品は終わる。なぜなら、『戦ふ兵隊』にはそのような両者の関係を物語るための解説はすでにその役割を放棄しており、製作者はそこに確定的な意味を付与することを峻厳なまでに拒み続けているからである。(42)

当時、これら解説の不在にもとづく意味の空白が、軍に苛立ちを与えたことは想像に難くない。なぜならその作品の意味はどこまでも未決定なものであるがゆえに、そこに観る者が同時代のありふれた論理を当てはめたとしても、常にその解釈は確定性を得ないまま不安さを抱え込むこととなり、またからこそそこにまったく想定に反した解釈をも誘発しかねない余地が生じていたためであった。亀井が行った解説の不在というこうした演出上の方法が、先にみた二つの主題の変更と相まって、『戦ふ兵隊』を公開禁止へと追いやるほどの国家への「抵抗」とみなさせたのであった。それは映像への確定的な意味づけを不可欠とする戦争記録映画という文体からの明らかな逸脱であった。

五　戦場の「真実」――「他者」の戦争体験

こうして亀井文夫の日中戦争三部作は、戦争記録映画という新たな映画ジャンルを確立するとともに、その戦争記録映画からの逸脱によって幕を閉じた。では、なぜ亀井は最後の作品『戦ふ兵隊』でこうした一連の態度をとったのだろうか。何が亀井をそこまで突き動かし、その作品の質をも転覆させるにいたらしめたのだろうか。最後に、亀井に訪れたこの「断絶」の歴史的意味について、亀井の戦場体験を追うことで試論的に迫っておきたい。

亀井は先にみた「記録映画と真実と」(『映画評論』三九年五月)のなかで、「真実を語つてはいけないどころか、時に嘘だつて、本当らしく、積極的に宣伝しなければいけないこともある。真実も、くそも、あつたものではない」と、国家に対してその憤る感情をあらわにしていた。しかしこのとき、亀井がそこまでして守ろうとした「真実」とは何だったのだろうか。亀井は「記録映画と真実と」のなかでその続きを次のように語っている。

キヤメラの馬鹿正直さが、却つて、荷厄介になることがある。僕等が戦地での経験だが、キヤメラを立てたところ、どつちを向けても、機密の兵器、機密に属する事柄、内地の人々に報せたくない事柄、死骸等々が、しのび込まうとする。それが、どうしても防ぎ様がなくて、手も足も出なかつたことがある。／スタジオで、セットの中の仕事だつたら、どうにでも塩梅できるのだが、なまじ現実の境遇の故に、始末が悪いのだ。／……現実は、美醜入り混つて、構成されている。／美は、醜の中で輝き、善は悪の中で逞しく生きているのが現実なのだ。／それを、若し少しでも醜が、悪が、レンズに這入つてくることを許さないとしたなら、記録映画も、セットの中で、俳優によつて作り上げるより他、道が無くなる。／本当は、この正邪入り混つて、美醜相闘つている処に、現実性があり、迫つてくるものがあるのだ。……だが、恐らく、制限は益々激しくなるだろう。真実を追ふ記録映画の製作余地など、なくなるかもしれない。そして記録映画の名にかくれた、虚構映画が、横行しだすかもしれない。（四五頁）

亀井が戦場でみた「真実」とは、「美」や「善」では糊塗できぬほどの「醜」と「悪」であった。それらはキャメラの内に拭い切れぬほど写り込み続けるものであり、またキャメラの外に広がっていたありふれた戦場の姿にほかならなかった。亀井は後年、このとき戦場で目撃した光景が、九江付近の村での日本軍による中国民衆に対する家屋の放火や虐待、そして「クーニャン〔姑娘〕」の強姦未遂などだったことを回想している。[43]亀井はこれら映像の外に広がっていた戦場の「真実」を、このときはじめて現実の戦場へと足を運ぶことで目の当たりにしたのだった。こうした亀井の戦場での経験が、かれに従前通り『上海』や『北京』のような「虚構映画」をつくり続けることを咎めたことは想像に難くない。それこそが日中戦争という暴力的経験のなかで、「他者」が亀井にもたらした衝迫にほかならなかった。

現実の戦場は、亀井を編集者然としてその場にたたずみ続けることも許さなかった。戦場には死者が溢れている。たしかに、かつて亀井が『上海』の編集を行っていたときにも、戦場から届けられた最初のラッシュプリントのなかには、実際にはカットされたものの、「グロテスクな支那人のクローズアプツ《ママ》」や「タンクにでも敷かれたのか、ペシヤンコになつてゐる」「左手に破れた傘を握り、右手に数珠をからんだ支那兵の死骸」などが含まれていた。[44]だが、それら映像のなかの死者たちは、そのときあくまでそれらを編集過程の「（映像）素材」としてまなざしていた亀井の感情を激しく突き動かすことはなかった。事実、亀井はそれらの「素材」に対して、あまりにも迂闊ながら「このカツトは、残酷な感じよりは、むしろユーモラスな感じがした」と、およそ死者には相応しからぬ形容をもってその中国兵に感想を寄せていたのだった。にもかかわらず、亀井が「われわれが内地から戦地へ行つて、初めて死骸を見た瞬間、可成烈しいショックを受けた」と語るように、亀井がその肉眼で目の当たりにした現実の死者という存在は、隠し切れないほどの動揺を亀井にもたらした（「『戦ふ兵隊』からの経験」）。

こんどの撮影では、対象が、時にわれわれを呑み込まん許りのはげしさで迫つて来た。こんな時、われわれの感情が対象に呑み込まれて了つたらもう仕事は駄目だ。／……戦地に永らくゐると、場馴れもしてきて、大概の事に動じなくなる。だがこれは、馴れることによつて、われわれの感受性が麻痺し、鈍感になつて、そうなる場合が多い。／……対象のはげしさに呑まれてはいけない。しかも、われわれの感受性は、生活のノーマルな時と変つてゐてはいけない。……対象に感動しろ！　しかも動じるな！（一〇五頁）

「対象に感動しろ！　しかも動じるな！」とみずからの身体に言い聞かせるように唱えられた言葉からは、戦場で自己の感情を激しく揺さぶられ、それを制御しようとする亀井の姿が窺える。ここでは戦場こそが主体であり、亀井に具わる感性はその死者に対して不感症を決め込むか、ただただ激しく動揺するしかなす術を持っていない。そして現実の戦場では、そのどちらをも逃れるために亀井が頼ろうとする編集者としての理性は、あまりに心もとないものだったのである。(45)

もちろん現実の戦場に足を運んだからといって、誰もがその感情を激しく突き動かされるわけではなかった。たとえば松井翠聲は、『上海』の撮影中に打ち捨てられた中国兵の屍体と遭遇した際、「支那人の死骸は苦痛を現してゐない」「尤も支那人は生きて居るやつでも死骸みたいな顔をして居る。死んで、も生きて、も同じなんだ(46)」と言い放つことで、その言葉と引き換えに自己を問うことまでも放棄した。つまり、ここでの問題は単に戦場で「他者」の戦争体験に遭遇したかどうかではなく、その人間が「他者」と出逢ってから何をなしたかという主体のあり方こそが問われていたのだった。亀井にとってそれは結果的に戦場の「真実」へのこだわりとして国家への「抵抗」まで引き起こすこととなったが、それが何よりもまず「他者」の戦争体験に呼応する主体性として出発していた点にこそ、今日あらためて亀井文夫の日中戦争の歴史的経験が顧みられるべき要諦がある。

こうして亀井文夫の『戦ふ兵隊』は、かつての『北京』のように中国民衆を「空想」で代弁するのではなく、むしろそれを拒絶することによって、みずからの戦争記録映画の倒錯を否定した点にこその画期性があった。だがそれでも、そこで記念されるべきは、亀井文夫その人ではないだろう。むしろそこで記念されるべきは、亀井にそうした「断絶」をもたらした存在、すなわち、そのとき戦場の暴力に曝されていた、いまとなってはその名も知ることも許されない「他者」たちの存在であろう。その「他者」たちの戦争体験こそが、長らく日本の映画界で「唯一の反戦作家」とされてきた亀井文夫の歴史的経験をめぐってさえ、これまで日本映画史のなかで忘却されてきたのではなかっただろうか。

おわりに

日中戦争で近代日本がはじめて経験した総力戦は、戦場と銃後を結ぶための新たな芸術として戦争記録映画を生み出した。当初それはたしかに日本の民衆の〝戦場の現実〟に触れたいという切実な要望に根ざしたものであったが、その後、国家は国民教化の手段として、映画会社は新たな市場として、また映画評論家たちは映画芸術のリアリズムのために、それらをよりいっそう追求していくこととなった。だが、戦場と銃後を結ぶために、〝戦場の現実〟を求めて遂に現実の戦場へと足を踏み入れることとなった映画作家のなかには、そこで中国民衆の戦争体験と暴力的なかたちでの接触を経験することで、それを契機として国家と芸術の関係に対して懐疑や反発を覚える者も生まれた。そのとき亀井文夫はみずからが生み出した戦争記録映画という枠組みに対して、かつてのように「他者」を「空想」で意味づけることを放棄し、そのことが結果的に国家に「抵抗」としてみなされたのであった。戦争記録映画は日本の映画界に記録映画という芸術を確立するための決定的な役割を果たすものであったが、同時にそれはあくまで国家統制の枠内でのみ映画芸術の表現を発展させるものに過ぎなかった。三九年三月の『戦ふ兵隊』の公開禁止という事件は、日本の記録映画にとって早くもその国家の存在が桎梏となった瞬間だったと言えよう。

戦争記録映画によって日本映画史にその名を刻んだ亀井文夫は、『戦ふ兵隊』のあと、敗戦まで戦争を主題とした映画を撮ることはなかった。それは東宝自体が、戦争記録映画には「危険が多い」として「これからの東宝文化映画は見た目にはちよつと地味にはなるでせう」と、日中戦争の泥沼化とともに戦争記録映画からの事実上の撤退を表明したためでもあった[47]。亀井はその後『小林一茶』（四一年二月）などいくつかの短編記録映画を手がけたが、四一年一〇月には、「唯物弁証法の観点より現実社会を分析描写し観客大衆に対して真実の姿を認識せしめ得る文化映画（記録映画）の製作を意図し、……一般大衆の反戦的共産主義的意識の啓蒙高揚を図りつ、ありたり」として、治安維持法違反容疑で検挙された[48]。四二年の釈放後、映画法により監督免許を剥奪された亀井は、東宝からも特別退職金が用意されて事実上の解雇となった。その後、亀井は監督登録試験をふたたび受けて合格するものの、敗戦まで亀井に映画監督の仕事が与えられることはなかった。こうして亀井文夫の『戦ふ兵隊』でみせた「抵抗」は、「孤独」という代償をともなった。そして敗戦後、亀井のこの「孤独」こそが、戦争に「抵抗」もせず止めもしなかった日本の民衆たちに対する不信の念となって、亀井を日本映画界での戦後啓蒙の旗手としてふたたび登場させることとなる。このような亀井の戦後啓蒙の行く先に、日中戦争という歴史的経験がいかなる東アジアへの想像力となって立ち現れることとなったのかについては、稿をあらためて論じることとしたい。

注

(1) もちろん、日中戦争以前にも日本の記録映画の伝統はあった。たとえば、満州事変以降には『海の生命線』(一九三三年)や『北進日本』(三四年)などの海軍指導による長編記録映画も製作されている。だが、日中戦争以前の日本の記録映画は、総じて文部省の教育映画や新聞社のニュース映画などの短編記録映画を中心とするものであった。教育映画に関しては、田中純一郎『日本教育映画発達史』(蝸牛社、一九七九年)、赤上裕幸『ポスト活字の考古学』(柏書房、二〇一三年)、ニュース映画に関しては、竹山昭子「メディア・イベントとしてのニュース映画」(津金澤聰廣・有山輝雄共編『戦時期日本のメディア・イベント』世界思想社、一九九八年)に詳しい。

(2) このような総力戦体制のもとでの日本の記録映画の確立に関する先駆的な戦時期文化研究として、赤澤史朗「日本ファシズムと大衆文化」(『日本史研究』二九五号、一九八七年三月)、北河賢三「戦時下の世相・風俗と文化」(『十五年戦争史2』青木書店、一九八八年)、同「戦時下の文化運動」(『歴史評論』四六五号、一九八九年一月)がある。これらは「文化映画」が、ニュース映画の成功と映画法による強制上映を梃子としながら映画界での周辺的位置からの浮上を果たし、国家統制が強まるもとでも生活記録映画や科学映画などの優れた作品を一時的に生み出していたことを明らかにした。本稿はこれらの研究に着想を得つつも、「文化映画」の成立に決定的な役割を果たした戦争記録映画に焦点を当てるものである。またそのほかにも戦時期の記録映画を扱った映画研究として、藤井仁子「文化する映画」(『映像学』六六号、二〇〇一年)が「文化映画」をめぐる言説分析を行なっており、川村健一郎「戦記映画について」(黒沢清・吉見俊哉・四方田犬彦・李鳳宇共編『踏み越えるドキュメンタリー』岩波書店、二〇一〇年)がアジア・太平洋戦争期の「戦記映画」を扱っている。本稿に関わる日中戦争期の戦争記録映画については、藤井仁子「上海・南京・北京」(岩本憲児編『映画と「大東亜共栄圏」』森話社、二〇〇四年)が東宝の大陸都市三部作として論じているが、亀井文夫という作家の経験に焦点を当てるものではない。

（3）瓜生忠生「悪意と能力について」（『映画製作』四号、一九七一年、一五一頁）。このような亀井文夫の戦後映画界での評価は、一九四八年一月（『戦後映画の出発』冬樹社、一九七一年、一九四八年の『人民評論』の座談会「戦時下の日本――文化弾圧・抗争の歴史」（九月号）に亀井が映画界を代表して一人で出席していることや、一九六一年の『文学』「戦争下の文学・芸術」特集（五月号）に亀井の戦時期の回想「コミンテルンと雑魚一匹」が掲載されていることなどからも窺い知れる。また、一九七一年の『映画評論』では特集「亀井文夫の再評価」（一二月号）が組まれ、戦時期の亀井の「抵抗」が『上海』を中心にあらためて注目された。

（4）戦後長らく「幻の反戦映画」とされてきた『戦ふ兵隊』のフィルムは、一九七五年に日本のある映画会社のダビングステージのスクリーン裏で発見された。また『北京』のフィルムは、一九九七年に米国国立公文書館で阿部マーク・ノーネスによってその存在が確認された。現在、亀井の日中戦争三部作のうち『上海』と『戦ふ兵隊』は市販の映像ソフトでも視聴可能であり、『北京』については山形ドキュメンタリーフィルムライブラリーや福岡市総合図書館などのフィルム所蔵館で視聴することができる。筆者は、二〇一七年二月に福岡市総合図書館にて『北京』を視聴する機会を得た。資料調査にご協力いただいた八尋義幸氏（同館映像資料課長）には、この場を借りてお礼申し上げたい。

（5）戦時期の亀井文夫の作品分析としては、佐藤忠男『キネマと砲聲』（リブロポート、一九八五年）、土本典昭「亀井文夫・『上海』から『戦ふ兵隊』まで」（『戦後映画の展開』岩波書店、一九八七年）、ピーター・B・ハーイ『帝国の銀幕』（名古屋大学出版会、一九九五年）、Abé Mark Nornes, *Japanese Documentary Film: The Meiji Era through Hiroshima*, Minneapolis and London: University of Minnesota Press, 2003、古舘嘉「戦時下における映画監督亀井文夫の抵抗」（三宅晶子編『文化における想起・忘却・記憶』千葉大学大学院人文社会科学研究科、二〇一四年）、同「日本占領下の北京を描く亀井文夫の『北京』」（『千葉大学人文公共学研究論集』三五号、二〇一七年）、フィオードロワ・アナスタシア『リアリズムの幻想』（森話社、二〇一八年）などがある。なお、このうち佐藤・土本・ハーイの論考は、『北京』のフィルムが発見される一九九七年以前に記されたものであり、同作品の映像を検討したうえで亀井を評価したものではない。

（6）これまでの亀井像に疑義を呈した研究としては、藤井仁子「上海・南京・北京」（岩本憲児編『映画と「大東亜共栄圏」』森話社、二〇〇四年）がある。
（7）清水千代太「文化映画の希望」（『キネマ旬報』一九三八年二月二一日）六一頁。
（8）「映画館景況調査」（『キネマ旬報』一九三七年八月一日、九月一日）一三五・一三七頁、一三三頁。
（9）「劇場続々とニュース興行に転向」（『キネマ旬報』一九三七年九月二一日）三四頁、増谷達之輔「全国映画観客調査中間報告」（『日本映画』一九三八年七月、八月）一四一頁、一七一頁。
（10）飯田心美「事変ニュース映画散見」（『キネマ旬報』一九三七年一〇月二一日）一一頁。
（11）「映画館景況調査」（『キネマ旬報』一九三七年八月一一日、八月二一日）一二五頁、一三一頁。
（12）前掲「事変ニュース映画散見」一一頁。
（13）「映画館景況調査」（『キネマ旬報』一九三八年二月一一日）一一四頁。
（14）「内務省当局でも安価な軍事物を取締」（『キネマ旬報』一九三七年八月一一日）二九頁、「軍事映画製作に内務省再び注意」（『キネマ旬報』一九三七年九月二一日）三三頁。
（15）植村泰二「〝際物〟の殻を脱して勇躍する時局映画」（『東京朝日新聞』一九三八年二月一九日）。
（16）「ニュース映画製作座談会」（『キネマ旬報』一九三七年一〇月一一日）、「映画館景況調査」（『キネマ旬報』一九三七年一〇月一一日）一〇四頁。
（17）「喋る難しさ」（『東京朝日新聞』一九三七年一〇月二一日）、前掲「事変ニュース映画散見」一一頁。
（18）田島太郎「ニュース映画を雑談する」（『映画評論』一九三七年一二月）四四頁。
（19）江村弘「〝上海〟に就いての感想」（『キネマ旬報』一九三八年三月二一日）七三頁、滋野辰彦「「上海」批評」（『キネマ旬報』一九三八年二月二一日）六二―六三頁。
（20）前掲「ニュース映画製作座談会」五四頁。
（21）宮沢俊義「ニュウス映画の真実性」（『東京朝日新聞』一九三七年九月二三日）。
（22）「（広告）上海」（『キネマ旬報』一九三八年一月一一日）一〇〇―一〇一頁。
（23）飯島正「戦争と映画」（『日本映画』一九三七年一一月）五五頁、辻久一「ニュース映画の問題」（『映画評論』一九三七年一二月）三四頁。なお、本稿での〔　〕はすべて引用者による。
(24)「記録映画『上海』座談会」（『キネマ旬報』一九三八年一月二一日）一四頁、大塚恭一「文化映画随筆」（『キネマ旬報』一九三八年八月一日）四七頁。
(25)「昭和十三年度優秀映画選考録」（『キネマ旬報』一九三九年二月一日）一二一―一二三頁。
(26) Ｑ〔津村秀夫〕「新映画評『上海』」（『東京朝日新聞』一九三八年一月一三日）。
(27) 前掲「記録映画『上海』座談会」一〇―一一頁。
(28) 芹沢光治良「支那の民衆」（『東京朝日新聞』一九三七年一〇月一一日）。
(29) 野田眞吉「亀井文夫ノート」（『映画評論』一九七一年一二月）九〇頁。
(30) 水町青磁「『北京』を観て」（『キネマ旬報』一九三八年九月二一日）四一頁。
(31) 亀井文夫「記録映画と構成」（『映画評論』一九三八年六月）五九頁。
(32)「『北京』をめぐって」（『キネマ旬報』一九三八年八月一一日）八頁。
(33)「映画懇談会協議事項」（『キネマ旬報』一九三七年一〇月一日）八〇頁。
(34) 前掲「『北京』をめぐって」七頁。
(35) 館林三喜男「映画統制の精神」（『日本映画』一九三八年五月）一三頁。
(36) 内務省警保局『活動写真「フイルム」検閲年報（昭和一三年度）』（一九四〇年二月、〔復刻版『活動寫真「フイルム」検閲年報』竜渓書舎、一九八四年〕）五頁。
(37)『戦ふ兵隊』は、東宝が検閲提出を自主的に取り下げたため、内務省警保局の『活動写真フイルム検閲時報』にも当該記録は残っておらず、いまとなっては公開禁止となった理由を直接知ることはかなわない。ただし佐藤忠男は、「陸軍の検閲官が東宝の製作面の責任者だった森岩雄に個人的に、これは検閲提出を取り下げないと面倒なことになると伝えたのである。理由は作品の中で軍を勝手に動かした疑いがあるからだと言われたと、私は森岩雄から直接聞いている」と証言しており、佐藤はこの理由が検閲時に亀井の作品に解釈レベルで指摘しても通過してしまう恐れがあったためだと推察している（『日本のドキュメンタリー1』岩波書店、二〇〇九年、一八頁）。

(38) なお当時から、日本兵に蝿が群がることは否定的な意味合いをもつものとして厭われていた。「偉い人は細かい所まで注意して、飯に蝿がとまつて居ると、蝿を追つてから映して呉れと云ひます」(松井翠聲)(前掲「記録映画『上海』座談会」一二頁)。

(39) 三木茂「戦ふ兵隊」(『東宝映画』一九三九年二月)一〇頁。

(40) 林芙美子『戦線』(朝日新聞社、一九三八年)八六・一一三頁。

(41) 石川達三『武漢作戦』(中央公論社、一九四〇年)一五六頁。

(42) 亀井は後年、『戦ふ兵隊』の場合は解説はいっさい入れない、音楽と絵で見せる、つまり意思表示をおさえようと、「無言の抵抗」という言葉があるけれども、そういう方法で意志をつたえようと考えた」と述懐している(「『戦ふ兵隊』――その受難と演出方法を語る」『シネ・フロント』一九七七年七月、五頁)。

(43) 亀井文夫「非公開映画〝戦う兵隊〟顛末記」(『丸』一九五八年一一月)五〇―五五頁。

(44) 亀井文夫「上海編集後記」(『新映画』一九三八年三月)七二―七三頁。

(45) また、もうひとつ戦場での亀井の動揺を物語る有名なエピソードがある。都築政昭は、撮影に同行した撮影助手・瀬川順一の証言として次のように記している。「前線からトラックに乗って帰ってくると、子供たちが稲刈りをしていた。……急いでトラックを止め、カメラを構えると、はっと気づいた子供たちは、殺されると思ったのか、とっさに後づさりしながら逃げ出した。亀井は後を追い年長の少年を捕まえると、後から羽交い締めにし、恐怖で引きつった少年の顔をやにわにカメラに向け、「三木くん、これを写せ!」と叫んだ。/「三木さん、気が動転してしまって、『亀井君、君の手が入るじゃないか』って回さないんです。『そんなものいいんだから、とにかく子供の顔を写せ!』と亀井さんは必死だった。しかし、とうとう、三木さんは回しませんでした」/と唯一の目撃者瀬川は証言する」(『鳥になった人間』講談社、一九九二年、九三頁)。それまで撮影に際して「亀井さんは細かいことは絶対に言わなかった」(瀬川)にもかかわらず、かれは戦争の凄惨さを伝えることへの衝動ゆえに、そのときみずからもまた戦場で暴力を行使する主体となった。このような行為は当然擁護されるものではないが、亀井がこのとき突き動かされた衝動の背後にある戦場という存在まで見落とされてしまってはならない。

(46) 前掲「記録映画『上海』座談会」一四頁。
(47)「森岩雄氏と東宝映画を語る」(『キネマ旬報』一九三九年一〇月一日)一二九頁。
(48) 内務省警保局「左翼映画運動の状況」(『昭和十六年中に於ける社会運動の状況』一九四一年〔復刻版、三一書房、一九七二年〕)五九—六〇頁。

原稿募集

『年報日本現代史』第25号（二〇二〇年刊行）の原稿を募集します。

応募資格は問いません。

内容は日本現代史にかかわる論文で、四〇〇字七〇枚以内（図表・注を含む）。

応募者は二〇一九年一一月三〇日までに完成原稿をお送りください。編集委員による審査を行い、その後に結果をお知らせします。なお、審査の結果、研究ノートとして採用する場合もあります。

ワープロ原稿は、原則としてＡ４判、四〇字×四〇行を一枚とし、プリントアウトした原稿を一部とＣＤなどを左記までお送りください。

採否にかかわらず、原稿は返却しません。ご了承ください。

原稿送り先

〒171-００２１　東京都豊島区西池袋２-36-11

株式会社　現代史料出版内

「年報日本現代史」編集委員会

『年報日本現代史』執筆規定

1. 原稿の種類

論文・研究ノート、及び編集委員が特に執筆を依頼したもの。

2. 原稿枚数

論文四〇〇字七〇枚程度、研究ノート四〇〇字五〇枚程度、その他は編集委員の依頼による。

3. 原稿提出

原稿は、完全原稿を提出する。

ワープロ原稿は、Ａ４判、四〇字×四〇行を一枚とし、プリントアウトしたもの一部とＣＤなどを提出する。

注は全体での通し番号とし、文末に一括する。

図版・写真などを転載する場合は、執筆者が許可を得ることとする。

4. 論文審査

編集委員による審査を行い、場合によっては、訂正・加筆を求めることがある。

5. 校正について

執筆者校正は原則として二回までとする。

編集後記

▼東北大学の文系部局では、来年度から合同で日本学国際共同大学院を開設する。海外の大学の教員と共同で日本研究を行う院生を教育し、国際的な研究者として養成しようとするものである。この準備のために、三年間で中国や韓国、ヨーロッパなど九回にわたり出張し、院生交流会や自身の学会発表・共同研究を行ってきた。その一端が今号の小特集になっている。海外の色々な場所に行ってみると、実に多彩な視点から日本研究を行っている研究者や院生が大勢いることがよくわかった。日本史研究をしていると、ついつい内向きになりがちであるが、「普遍的」な説明も求められている。この状況に対応するために、これからも、益々、海外との交流にたずさわり、研究を進めていきたい。（安達宏昭）

▼新自由主義、それは分析の対象である前に、日々対峙し、呻吟せざるをえない現実である。と書けば格好良さそうだが、要は、露骨な選別と恣意的な補助金政策、そして省益と天下り先確保に腐心する文教行政のあり方に、末端の大学行政担当者として振り回されているだけのこと。本誌刊行の遅れの責任まで取れとは言えないが、紙の飛礫くらい投げたくなる。しかし、このように貧相な相貌が政治の実態だとすれば、ファシズムも、デモクラシーも、新たな視点からの分析が要請されるのではないか。それは、すべてをアクターの合理性追求に還元する分析とは逆に、諸関係の複雑な編み目から社会の実相をのぞき見る作業となるだろう。何よりも恐れるべきは、怒りにまかせた事態の単純化である。（戸邉秀明）

▼二〇一七年秋から、初めて研究休暇を一年間取ることができた。前半の半年は、勤務先の共生社会研究センターが所蔵するミニコミの読解に没頭した。来る日も来る日も、同じタイプの史料を読む生活だ。院生時代に、国立公文書館に通い『公文雑纂』から戦前の都市計画関連の史料を読み続けていたころのことを思い出した。後半の半年は、秋の学会でのパネル・ディスカッションの企画と報告準備に時間を費やした。ときには研究室で丸一日、文字通りうなりながら構想を考えた。しかし、納得する答えが見つからない。もうダメと思った八月後半に、ようやく考えがまとまり始めた。時間の重みを改めて感じた。私にとって、かけがえのない一年間だった。（沼尻晃伸）

▼ある研究会で、アジア歴史資料センター研究員、中野良さんの報告を聞いた。研究会というより講習会といった方が正確だが、アジ歴の来歴や現状、多様な検索方法、史料を提供する立場にある外交史料館や防衛研究所との関係など、大変充実した内容だった。考えさせられたのは、どの史料を提供するか、どの史料を非開示にするか、という判断は提供する史料館の側にゆだねられていて、アジ歴が全く関与する余地がないことだ。公文書の保存と公開という問題について改めて議論していく必要があると思う。ちなみにアジ歴は、研究会等への講師の派遣要請には積極的に応じていく方針だとのことである。（吉田　裕）

新自由主義の歴史的射程
年報・日本現代史　第23号　2018

2018年12月20日　第1刷発行

編　者　「年報日本現代史」編集委員会

発行者　赤川博昭
宮本文明

発行所　株式会社 現代史料出版
〒171-0021　東京都豊島区西池袋2-36-11　TEL(03)3590-5038　FAX(03)3590-5039
発　売　東出版株式会社

Printed in Japan　印刷・製本　亜細亜印刷
落丁本・乱丁本はお取替えいたします
ISBN978-4-87785-344-0

「年報日本現代史」バックナンバー

創刊号　戦後五〇年の史的検証　本体価格二、九一三円

第2号　現代史と民主主義　本体価格三、一〇七円

第3号　総力戦・ファシズムと現代史　（品切）

第4号　アジアの激変と戦後日本　本体価格三、二〇〇円

第5号　講和問題とアジア　本体価格三、二〇〇円

第6号　「軍事の論理」の史的検証　本体価格三、二〇〇円

第7号　戦時下の宣伝と文化　本体価格三、二〇〇円

第8号　戦後日本の民衆意識と知識人　本体価格三、二〇〇円

第9号　象徴天皇制と現代史　本体価格三、二〇〇円

第10号「帝国」と植民地―「大日本帝国」崩壊六〇年―　本体価格三、六〇〇円

◆「帝国」論への提言　1　「帝国のはざま」から考える／駒込武　2　帝国後史への痛覚／戸邉秀明　3　帝国論によせて／岡部牧夫　◆特集論文　Ⅰ　「帝国」と「独立」／河西晃祐　Ⅱ　「移民」から「拓士」へ／大久保由理　Ⅲ　引揚者援護事業の推移／木村健二　Ⅳ　満州開拓地跡を訪ねて考える／森武麿　◆現代史の扉（大森とく子）

第11号　歴史としての日本国憲法　本体価格三、六〇〇円

Ⅰ　中曽根康弘からみた戦後の改憲史／渡辺治　Ⅱ　沖縄と「平和」憲法についての断章／明田川融　Ⅲ　戦後社会主義勢力と象徴天皇制／冨永望　Ⅳ　日本国憲法成立の世界史的・民衆的文脈／河上暁弘　◆現代史の扉（中村政則）

第12号　現代歴史学とナショナリズム　本体価格三、六〇〇円

Ⅰ　近衛新体制期における自由主義批判の展開／源川　真希　Ⅱ　「皇国史観」考／昆野伸幸　Ⅲ　敗戦後の皇居／河西秀哉　Ⅳ　一九五〇年代の反基地闘争とナショナリズム／松田圭介　Ⅴ　戦争の記憶とナショナリズム／吉田俊　Ⅵ　宗教右翼と現代日本のナショナリズム／上杉聰　◆現代史の扉（由井正臣）

第13号　戦後体制の形成―一九五〇年代の歴史像再考―　本体価格三、六〇〇円

Ⅰ　自由党型政治の定着／中北浩爾　Ⅱ　地方政治における戦後体制の成立／功刀俊洋　Ⅲ　一九五〇年代における経済自立と開発／浅井良夫　Ⅳ　一九五〇年代の農業諸制度と政府―農民関係／岩本純明　Ⅴ　鳩山政権期の日米関係とジュネーブ会談／吉次公介　【小特集】連合国戦争犯罪政策の再検討／林博史　手紙の中の「東京裁判」／川島高峰　◆現代史の扉（原朗）

第14号　高度成長の史的検証　本体価格三、六〇〇円

Ⅰ　自衛隊における〝戦前〟と〝戦後〟／植村秀樹　Ⅱ　一九六〇～七〇年代における日本社会党の党組織と江田三郎／岡田一郎　Ⅲ　社会開発の挫折とその背景／菊池信輝　Ⅳ日本の大気汚染問題の推移と教訓／傳喆・寺西俊一　Ⅴ　東京オリンピックと高度成長の時代／石坂友司　◆現代史の扉（暉峻衆三）

第15号　六〇年安保改定とは何だったのか　本体価格三、二〇〇円

Ⅰ「核密約」と日米安保体制／菅英輝　Ⅱ　戦後米国の情報戦と六〇年安保／加藤哲郎　Ⅲ　ゆれる運動主体と空前の大闘争／道場親信　Ⅳ　日米安保条約改定と沖縄／滝本匠　Ⅴ　被爆地からみた「六〇年安保」／大島香織　◆現代史の扉（暉峻衆三）

第16号　検証　アジア・太平洋戦争　本体価格三、二〇〇円

Ⅰ　日本外務省の対外戦略の競合とその帰結　一九三三～一九三八／武田知己　Ⅱ　日独伊三国同盟をめぐる蔣介石の多角外交／鹿錫俊　Ⅲ　海軍の対米開戦決意／手嶋泰伸　Ⅳ　戦争と財閥／春日豊　Ⅴ　音楽のアジア・太平洋戦争／戸ノ下達也　◆現代史の扉（粟屋憲太郎）

第17号　軍隊と地域　本体価格三、二〇〇円

Ⅰ　日本陸軍の典範令に見る秋季演習／中野良　Ⅱ　軍隊の「災害出動」制度の展開／吉田律人　Ⅲ　軍港都市呉における海軍受容／林美和　Ⅳ　〝基地の街〟岩国の戦後史／池田慎太郎　Ⅴ　一九五〇年代沖縄における「基地経済」と「自立経済」の相剋／櫻澤誠　Ⅵ　米軍基地売買春と地域／平井和子　◆現代史の扉（笠原十九司）

第18号　戦後地域女性史再考　本体価格三、二〇〇円

Ⅰ　〈はじめの一歩〉のために―山代巴の課題意識／牧原憲夫　Ⅱ　戦後農村女性の生活と生活記録／北河賢三　Ⅲ　米軍統治下沖縄における性産業と女性たち／小野沢あかね　Ⅳ　戦後思想史における森崎和江／小林瑞乃　Ⅴ　戦後農村における地域婦人会活動の軌跡／高木重治　Ⅵ　戦後女性史研究の動向と課題／早川紀代　◆現代史の扉（永原和子）

第19号　ビキニ事件の現代史　本体価格三、二〇〇円

Ⅰ　第五福竜丸事件と日米関係／黒崎　輝　Ⅱ　第五福竜丸事件の政治経済学／山本義彦　Ⅲ　ビキニ事件六〇年、今ふりかえる一九五三～五四年／丸浜江里子　Ⅳ「ビキニ事件」と安保改定／中西哲也　Ⅴ　第五福竜丸事件からビキニ事件へ／山本昭宏　Ⅵ　放射能汚染からの地域再生／中原聖乃

第20号　戦後システムの転形　本体価格三、二〇〇円

Ⅰ　戦時体制再考／米山忠寛　Ⅱ　「戦後法学」の形成／出口雄一　Ⅲ　都市・自治体政治における「戦後体制」とその変容／源川真希　Ⅳ　沖縄の米軍基地問題と「吉田ドクトリン」論／植村秀樹　Ⅴ　戦後七〇年の日本とアジア／宮城大蔵　Ⅵ　ドイツ連邦共和国における戦後システムと歴史認識／中田潤　◆現代史の扉（天川晃）

第21号　東京裁判開廷七〇年　本体価格三、二〇〇円

Ⅰ　パル意見書／中里成章　Ⅱ　「敗者の裁き」再考／永井均　Ⅲ　序列化された戦争被害／宇田川幸大　Ⅳ　カナダと東京裁判／高取由紀　◆現代史の扉（森武麿）

第22号　日中戦争開戦八〇年　本体価格三、二〇〇円

Ⅰ　村と動員体制／小林啓治　Ⅱ　日中戦争の拡大と海軍／手嶋泰伸　Ⅲ　日中全面戦争の展開と難民問題／芳井研一　Ⅳ　日中戦争期植民地鉄道の「軍用品」輸送／竹内祐介　Ⅴ　総力戦と日本の軍事精神医療／中村江里　Ⅵ　〈石川達三と火野葦平〉の語り／神子島健　◆現代史の扉（豊下楢彦）